AF330229

ESSAIS

HISTORIQUES

SUR

LA VILLE ET LE COLLÉGE

DE

LA FLÈCHE.

LK 3303

ESSAIS HISTORIQUES

SUR

LA VILLE ET LE COLLÉGE

DE

LA FLÈCHE,

PᴀR M. MARCHANT DE BURBURE,
ex-Membre de l'Académie des Sciences de
Châlons-sur-Marne, et Membre correspondant de la Société libre des Arts du
Mans.

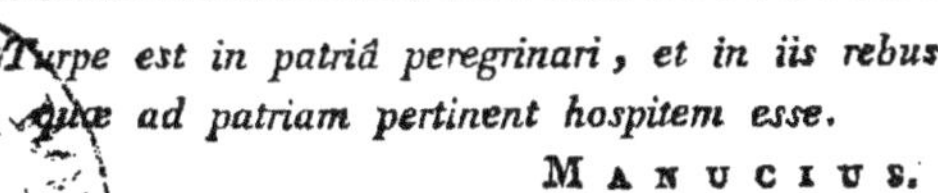

*Turpe est in patriâ peregrinari, et in iis rebus
quæ ad patriam pertinent hospitem esse.*

MᴀɴᴜᴄɪᴜS.

A ANGERS,

Chez Veuve PAVIE, Imprimeur-Libraire,
rue St.-Laud.

An XI. — 1803.

AUX MEMBRES

COMPOSANT

LE CONSEIL MUNICIPAL

DE LA COMMUNE

DE LA FLÈCHE.

CITOYENS,

*PUISSE cet ouvrage, en parois-
sant sous vos auspices, mériter du
public la confiance que vous avez dai-
gné m'accorder ! et puisse-t-il remplir*

la tâche que je me suis proposée ; celle de faire connoître plus particulièrement une ville célèbre dans l'histoire ancienne et moderne , autant par l'illustration des grands hommes qu'elle a fournis aux sciences , que par l'amabilité et la bravoure de ses habitans !

Agréez , je vous prie , citoyens , l'hommage et l'expression de ma vive reconnoissance.

MARCHANT DE BURBURE.

PRÉFACE.

Réunir l'utilité à l'agrément, est le but que je me suis proposé dans la composition des Essais historiques sur la Flèche.

Ces Essais tiennent à l'histoire de France, de Bretagne, de Normandie, du Maine, d'Anjou et d'Angleterre, par les seigneurs de la Flèche, dont la plupart ont figuré dans la classe des souverains.

Ils tiennent encore aux mœurs, usages et coutumes des siècles reculés, par des notes d'un grand intérêt ; à la littérature, par les hommes illustres en tous genres, que la Flèche a donnés à la république des lettres ; à la jurisprudence, par ses tribunaux, tant anciens que modernes ; à l'histoire ecclésiastique, par l'installation des maisons religieuses en cette ville ; à la chronologie, par les faits mémorables de plusieurs siècles ; à l'éloquence, par les discours prononcés dans les assemblées d'appareil ; à l'histoire naturelle, par les écarts de la nature ; à la physique, par les phénomènes ; enfin aux grands établissemens, par un collége qui, depuis deux siècles, n'a cessé de jouir d'une réputation justement méritée.

L'ordre des matières demandoit, en particulier, une attention suivie. On l'a divisé en trois parties principales.

La première, consacrée à l'introduction de l'histoire de la Flèche, renferme sa topographie, sa météorologie, ses antiquités, ses curiosités, l'histoire de ses seigneurs, la généalogie de leurs maisons, et l'éloge historique des grands hommes qui ont pris naissance dans cette ville, et de ceux nés dans les environs.

La seconde partie, composée des annales fléchoises, comprend non-seulement les évènemens remarquables arrivés à la Flèche, mais encore les établissemens publics, maisons d'éducation, faits extraordinaires, &c. &c.

La troisième partie, non moins intéressante que les deux précédentes, embrasse tous les détails relatifs au collége de la Flèche, qui, par son importance, demandoit à être traité séparément ; car la célébrité appartient autant aux établissemens utiles, que la mémoire des grands hommes : les uns et les autres méritent d'être rappelés au souvenir des gens de bien.

En un mot, rien n'a été épargné pour rendre cet ouvrage digne de l'attention du public. Il plaira surtout à ceux qui, nés ou domiciliés à la Flèche, ont un intérêt particulier à s'instruire de l'histoire de leur pays. « C'est une honte, dit Manucius, » de se trouver dans sa patrie comme » un homme qui y seroit venu d'ail- » leurs, et de rester dans l'ignorance » sur les objets qui la concernent, » comme si on y étoit étranger ».

AVERTISSEMENT.

LE désir d'être utile a fait entreprendre
cet ouvrage. M. François-Roger-Fidel Marchant de Burbure a pensé que ses concitoyens accueilleroient avec plaisir l'histoire
d'une ville qui, quoique peu conséquente,
présentoit néanmoins des faits intéressans
et des monumens célèbres, tant par leur
antiquité, que par l'importance de leur établissement. Il a donc cherché à réunir dans
ces Essais, tout ce qui lui a paru devoir instruire et amuser. Ses recherches ont été
longues, et ses travaux si pénibles, qu'ils
ne lui ont pas permis de recueillir le fruit
de ses peines, en voyant son ouvrage imprimé. Le 25 vendémiaire an 11, il a été
enlevé à sa famille et à ses amis.

Ce vieillard respectable, né à Béthune,
en Artois, vers l'an 1734, étoit fils de
messire Jean-François Marchant, seigneur
de Burbure, et de dame Marie-Thérèse Roger, son épouse. Le rang distingué de ses
parens, leur fortune assez brillante, auroient

pu suffire à son bonheur, si le goût pour l'étude qu'il manifesta dès l'âge le plus tendre, ne l'eût occupé sans partage. La nature et ses phénomènes fixèrent surtout son attention. Tout ce qui avoit trait à cette partie, l'intéressa tellement, que, soit dans les gardes du corps du roi, où il a servi pendant plusieurs années, soit dans la maréchaussée, à Sillé-le-Guillaume, et dans la gendarmerie nationale, à Château-du-Loir, où il a été reçu chevalier de saint Louis ; soit enfin dans la 284.ᵉ compagnie des vétérans nationaux, en garnison à la Flèche ; il n'a cessé d'écrire sur cette matière. Ses relations avec MM. de Buffon, Dolomieu et autres savans, leurs réponses flatteuses qui se trouvent à la tête de plusieurs manuscrits restés entre les mains de M.ᵐᵉ de Burbure ; sa réception à l'académie des sciences de Châlons et à la société libre des arts du Mans ; tous ces témoignages attestent son savoir et ses droits à l'estime générale.

EXTRAIT

DU

REGISTRE DES DÉLIBÉRATIONS

DU

CONSEIL MUNICIPAL

DE LA

COMMUNE DE LA FLÈCHE,

DÉPARTEMENT

DE LA SARTHE.

Séance du 18 pluviôse an 10.

Le citoyen maire, président, a donné lecture d'un *prospectus* adressé aux membres du conseil, par le cit. Marchant de Burbure, ex-membre de l'académie des sciences, arts et belles-lettres de Châlons-sur-Marne, et membre correspondant de la société libre des arts du Mans, demeurant à la Flèche.

Ce citoyen annonce qu'il s'est occupé de l'histoire de la Flèche ; que, désirant faire paroître son travail sous les auspices du conseil, il a l'honneur de lui en adresser le *prospectus*. Il termine en invitant l'assemblée à approuver son ouvrage.

Le conseil agréant avec reconnoissance l'offre qui lui est faite par le citoyen DE BURBURE, et voulant lui donner des témoignages de sa satisfaction, arrête :

1.º Que mention sera faite au procès-verbal du citoyen DE BURBURE et de ses Essais sur la Flèche.

2.º Que, pour seconder ses intentions et concourir à la publicité de son ouvrage, le maire est autorisé à faire imprimer le *prospectus*, et à souscrire pour douze exemplaires, dont deux seront déposés à la bibliothèque de la ville, et le surplus dans les archives de l'administration.

3.º Qu'expédition du présent sera adressée au citoyen DE BURBURE.

Fait et arrêté les jour et an que dessus. Le registre est signé : P. Salmon, Meslin, Maurin, Juchereau, Savardan, Bodin-Dumonceau, Fercocq, Lefebvre, Meignan, Davy-Lalamerie, Ducan, Dufour, Rojou, Richard, Rocher, Boissou, Tourault, Lespine, Couaslier, Auvé, Liberge, Fleuriot, Mandroux, Desvignes, Lepron, Lefranc-Malmouche, Jamin, Hennecart; Rocher-Desperrès, maire; Estourneau, secrétaire.

Pour copie conforme,

ROCHER-DESPERRÈS, maire.

Par les membres du conseil,

Estourneau, secrétaire.

NOTICE
DES OUVRAGES MANUSCRITS
DE M. DE BURBURE.

Dictionnaire, ou Encyclopédie raisonnée et réfléchie des trois règnes de la nature.

Les Phénomènes de la Nature, expliqués par le systême des molécules organiques vivantes.

Les Secrets des Arts, de la Physique, de la Chimie, etc.

Le Trésor des Champs.

La Médecine ramenée à ses premiers principes.

Minéralogie du Département de la Sarthe.

Les Fruits de mes Études.

Dictionnaire de la Maréchaussée.

Contes de l'ancien temps, extraits de Roland furieux.

Et autres Ouvrages et beaucoup de Notes.

ESSAIS HISTORIQUES

SUR

LA VILLE ET LE COLLÉGE DE LA FLÈCHE.

~~~~~~~~~~~~~~~~~~~~~~~

PREMIÈRE PARTIE.

ÉTAT ANCIEN ET MODERNE DE LA FLÈCHE.

~~~~~~~~~~~~~

L A ville de la Flèche, connue avant le dixième siècle sous le nom de Fissa (1),

---

(1) On la nommoit aussi *Fisca*, *Fissœa*, *Fixa*; et Ménage croit que le vrai nom de cette ville étoit *Fiches*, duquel on a fait *Flèche*; de même qu'en Anjou, on dit *fliger* pour *figer*. On peut même appuyer cette conjecture du sentiment de ceux qui appellent en latin la Flèche *Fixa Andegavorum*. Quoi qu'il en soit, il est certain qu'Odéric Vital, qui vivoit au onzième siècle, est un des premiers écrivains qui ait parlé de la Flèche, sous le nom de *Flechiœ Castrum*. Ce fut vers ce temps-là, que le comte Hélie fit élever une flèche magnifique sur le clocher de saint Thomas; d'où l'on peut croire que cette flèche si remarquable par sa hauteur et son élégance, donna lieu au nom que cette ville commença alors à porter; car les dénominations qu'elle avoit eues avant ce temps, c'est-à-dire, avant le onzième siècle, ne paroissoient avoir aucun rapport avec une flèche. La Martinière en convient. *Voyez son Dictionnaire historique, et celui de Trévoux.*

A

a eu ses degrés de force, de grandeur et de décadence. Dans le quatorzième siècle, à peine occupoit-elle une place dans la géographie de la France : tout ce qui caractérise une population nombreuse, lui manquoit.

Cependant il paroît, par le témoignage de l'histoire, que, dans un temps antérieur, la Flèche tenoit un rang distingué parmi les villes du Maine et de l'Anjou. Dans ce temps reculé, on y comptoit trois paroisses, qui depuis ont été réduites à une seule. Ces paroisses étoient : 1.º Notre-Dame-du-Chef-du-Pont, que Jean de la Flèche donna aux moines de saint Aubin d'Angers, en 1087, et que Louis XIII, Roi de France, concéda aux Carmes vers l'an 1620 ; 2.º saint Barthélemi, située au bout du grand cimetière, nommée depuis la chapelle de Notre-Dame-des-Vertus ; 3.º saint Thomas, paroisse et prieuré, que le comte Hélie, troisième seigneur de la Flèche, fit rebâtir quelques mois avant sa mort, en 1110.

La Flèche étoit alors habitée par de hauts et puissans seigneurs, dont la suite nombreuse devoit nécessairement accroître la population d'une ville où les suzerains attiroient une foule d'étrangers, de commensaux et d'autres gens soumis au service militaire.

Une autre source de population étoit les Juifs, que les seigneurs bannerets avoient le droit de fixer dans leurs terres, et de prendre sous leur protection (1), moyennant

______

(1) Cette protection s'achetoit très-cher, et toujours à des

un subside qu'ils s'obligeoient de leur payer.

Une rue de la Flèche, qui, avant l'an 1603, portoit le nom de LA JUIVERIE, fait présumer que cette ville avoit un grand nombre de Juifs dans les douzième et treizième siècles ; temps où ils exerçoient le commerce, à l'exclusion de tous les autres citoyens : eux seuls en faisoient mouvoir les ressorts ; et leur industrie avoit fait de la Flèche un lieu commerçant et riche.

On ignore l'époque à laquelle cette ville, après avoir brillé au second rang, est tombée au dernier ; on sait seulement qu'elle doit la splendeur dont elle jouit depuis la fin du seizième siècle, à Guillaume Fouquet, marquis de la Varenne, né à la Flèche, et un des favoris de Henri-le-Grand (1). Elle devint, à cette époque, la capitale du duché de Beaumont ; ce qui donna lieu à y créer un présidial, un siége prévôtal, et par la suite un collége, qui, fondé en 1603, attira dans cette ville des savans, des artistes et une multitude d'étudians, qui lui ont acquis une juste célébrité.

---

conditions également contraires à leur fortune et à leur liberté. Leur personne, leurs biens et leurs meubles appartenoient le plus souvent aux barons du lieu où ils habitoient. La loi leur défendoit de changer de domicile, sans la permission du maître qui pouvoit les aller reprendre jusque dans les domaines du roi. Serfs et main-mortables, on les vendoit avec la terre, ou séparément. Tant d'humiliantes servitudes n'empêchoient pas ces malheureux de venir s'établir en France, dont insensiblement ils envahirent tout le commerce. Pour arrêter le débordement de ces sangsues publiques, Philippe-Auguste n'y vit d'autre remède que de confisquer leurs immeubles, et de les chasser du royaume. (Hist. de France, par Vély, tom. 1, pag. 152 et suiv. édit. in-12.)

(1) V. ci-après l'art. des Hommes illustres nés à la Flèche.

Pendant près de deux siècles, ce collége a fait fleurir à la Flèche les arts, les sciences, et même le commerce. Mais cette ville riche et populeuse sous l'ancien régime, a beaucoup perdu à la révolution de 1789. Un temps plus heureux lui rendra sans doute sa première activité (1).

TOPOGRAPHIE

DE LA FLÈCHE.

DE toutes les villes du département de la Sarthe, la mieux bâtie et une des plus considérables par sa population, est la Flèche. Placée sur les limites de quatre départemens, elle est à sept myriamètres de Laval, six et demi de Tours, cinq d'Angers, autant du Mans, deux du Lude, même distance de Baugé, et trois de Sablé. Longitude, 17, 33, 38 ; latitude, 47, 42, 48 ; et suivant Cassini, longitude, 17, 23, 30 ; latitude, 47, 42.

Située sous un ciel pur et serein, la Flèche jouit de tous les avantages que procure un emplacement agréable et riant. Bâtie au milieu d'une plaine vaste et fertile, tout se réunit pour en faire les délices du département de la Sarthe.

(1) Voyez ci-après, art. *Commerce de la Flèche*, première partie de l'ouvrage.

A sa gauche serpentent les eaux de la rivière du Loir, qui, dans leur cours paisible, arrosent des prairies charmantes, où une fraîcheur salutaire entretient la verdure, et fournit aux bestiaux une nourriture abondante. A sa droite, une chaîne de montagnes forme un superbe amphithéâtre où la nature se plaît à varier les scènes animées de la végétation et de la vie.

Ces montagnes formées en côteaux , et dans une direction de l'est à l'ouest, sont d'une fécondité inépuisable. Là , les communes de Clermont, saint Germain , Verron, Cromières , Bazouges , etc. , rivalisent en beautés et en richesses. Là encore, de vastes plantations de vignes s'étendent graduellement de la base au sommet. A cette hauteur est un pays plat où les plantes céréales prospèrent au gré des cultivateurs. En face de ces montagnes, sur la rive gauche du Loir, est une autre chaîne dont la direction suit assez exactement le cours de la rivière. Quant à l'espace qui se trouve entre ces deux chaînes, il forme un bassin d'une étendue considérable, dont la ville de la Flèche occupe à-peu-près le centre.

Aussi cette ville est-elle depuis long-temps comptée au nombre des plus agréables de la France. Son ciel doux et tempéré , sa position avantageuse, sa plaine fertile en blé , et ses montagnes embellies par des vignobles d'un grand produit , en font un séjour d'agrément et d'utilité. On y trouve tout ce qui est avantageux à la vie, même à l'éducation de la jeunesse.

A 3

MÉTÉOROLOGIE
DE LA FLÈCHE.

La température de la Flèche est plus chaude que froide, et le baromètre s'y soutient le plus souvent à 28 pouces 3 lignes.

Tous les vents y règnent les uns après les autres ; mais les plus ordinaires sont le sud-ouest, le nord, le nord-est et le nord-ouest. Le premier paroît rarement sans la pluie, et le dernier sans le sec et le froid. Sa présence occasionne assez fréquemment des catharres fâcheux. Mais la Flèche trouve un dédommagement aux effets nuisibles des vents désastreux, dans la forme de son bassin ; et cette forme particulière la garantit de la foudre et de la grêle.

On prétend que la butte de la chapelle saint Lô, située au sud-est et à un myriamètre et demi de cette ville, est pour elle et ses environs, un puissant paratonnerre. L'observation prouve que cette butte attire puissamment les nuages orageux qui se forment dans la partie du sud, et qu'elle les partage ensuite de droite et de gauche ; de manière que la Flèche est, par cette séparation, exempte des effets funestes de ces météores dévastateurs.

Ce qu'il y a de certain, c'est que les plus anciens habitans du canton de la Flèche, n'ont jamais vu la grêle ravager leurs champs.

Quant à l'orage, il n'est à craindre, pour le pays fléchois, que lorsqu'il vient de l'est, et qu'il court vers le couchant ; alors, resserré entre ces deux chaînes de montagnes, il reste au-dessus du bassin, des jours entiers, et y fait un bruit épouvantable et presque continuel. On voit la foudre se détacher de la nuë, éclater avec violence, descendre et se plonger à chaque instant dans les eaux de la rivière qu'elle semble préférer à tout autre lieu. Ce phénomène laisse écouler peu d'années, sans se faire remarquer (1).

A l'égard des saisons, le printemps offre la Flèche peu d'agrémens ; il est presque toujours froid et pluvieux. A quelques jours sereins et rians, succèdent tout-à-coup des gelées blanches assez fortes pour préjudicier à la floraison des arbres ; et ces gelées se prolongent souvent jusqu'à la fin de floréal. Nous pouvons en citer un exemple récent. Dans la nuit du 24 au 25 de ce mois, (an 10) il gela assez fortement pour produire de la glace.

Les grandes chaleurs ont lieu ici comme dans les autres départemens de l'ouest de la France. En messidor, thermidor et une partie de fructidor, elles sont à la Flèche communément de 20 à 23 degrés, rarement au-dessus (2).

L'automne est, à cette température, la

---

(1) Nous devons ces détails intéressans à M. Deslandes, cultivateur, à Bazouges, qui lui-même a observé plus d'une fois l'attraction que la butte de la chapelle saint Lô a sur les nuages orageux qui se forment dans son voisinage.
(2) Voyez ci-après les Annales fléchoises, 5.e section, degré de froid et de chaleur.

saison la plus agréable. Si, dans les mois de vendémiaire et brumaire, on éprouve quelque froid, on en est dédommagé par des jours où la chaleur du soleil est encore assez forte pour achever la maturité des raisins.

Un air tempéré permet de jouir à la campagne, des douceurs d'un bel automne ; et souvent cette jouissance est prolongée jusqu'au milieu de frimaire.

Alors commence la saison des frimats ; des neiges abondantes couvrent quelquefois la terre pendant un mois et plus. Le froid ordinaire y est de 2, 3 et 4 degrés au-dessous de la congélation.

Cette douce température de l'air influe avantageusement sur le physique et le moral des Fléchois. Elle contribue à leur procurer, non-seulement une constitution heureuse, mais encore tout ce qu'on peut désirer du côté de l'esprit. La taille des hommes est médiocre, mais bien proportionnée. Ils ont le teint brun, le son de la voix doux, un peu traînant, le cœur bon, le jugement droit, l'imagination pénétrante, la repartie vive, et même un peu caustique.

Quant aux Fléchoises, elles sont en général bien tournées, d'une figure agréable ; toutes joignent au goût de la parure et aux charmes de l'élégance, d'heureuses dispositions à devenir de bonnes mères de famille. Ordinairement les jeunes femmes de la classe aisée voient leurs charmes se flétrir dès leur seconde couche, tandis que les femmes des artisans jouissent plus long-temps de la fraîcheur de la jeunesse. Cela provient, dit-on, de ce que les femmes d'artisans ne se marient que quand leur tempérament est entièrement formé ; au lieu que souvent les plus riches sacrifient à l'hymen dans un âge peu propre à seconder les vues de la nature, dans la reproduction des êtres.

Des précautions sagement établies concourent, avec la pureté de l'air, à diminuer à la Flèche la malignité et le nombre des maladies. Cette ville ne renferme dans son enceinte aucune des causes qui en forment ordinairement les principes. Ses rues sont larges, droites, bien aérées ; on n'y laisse séjourner aucunes immondices : les maisons n'ont qu'un étage ; ceux qui les habitent, sont au large, et non entassés les uns sur les autres : les boucheries, les tanneries, les fontes de suif, le lieu des sépultures, ne touchent à aucun lieu habité ; ensorte qu'on n'a à redouter aucune des causes qui le plus souvent font éclore les épidémies.

Les maladies les plus communes à la Flèche, sont les affections nerveuses, qui naissent, ou de la trop grande violence des passions, ou des excès en tous genres. La danse, poussée trop loin chez les jeunes personnes, les veilles, le jeu et la boisson chez les adultes, le peu d'exercice chez les femmes, et l'assujettissement à certaines modes, sont d'autres causes de maladies graves et souvent mortelles ; mais elles ne sont à craindre que pour les imprudens, qui, livrés à toutes sortes d'excès, négligent les précautions qu'indiquent la raison et la prudence.

Néanmoins on peut dire à la louange des habitans de la Flèche, que la plupart saisissent les occasions d'éloigner de leur demeure toute espèce de contagion, et particulièrement les germes de la petite vérole. Cette ville a été le berceau de l'inoculation en France : elle y fut établie en 1769 ; et, depuis cette époque, M. Boucher, officier de santé, a inoculé plus de deux mille individus, sans qu'aucun soit mort des suites de cette pratique salutaire ; nul n'a éprouvé de difformité, ni payé un second tribut à cette cruelle maladie.

Tout récemment encore, les officiers de santé de la Flèche, guidés par les lumières de l'expérience, viennent d'introduire la vaccine en cette ville. Nombre d'essais ont été faits, et tous ont parfaitement réussi.

Ceux-là méritent bien de la patrie et de l'humanité, qui, veillant à la conservation du genre humain, trouvent les moyens d'éloigner de la société les maladies contagieuses. Leur récompense est la bénédiction du peuple.

P O P U L A T I O N

D E   L A   F L È C H E.

U N calcul fait d'après la comparaison de dix années, a produit les résultats suivans : Année commune, il naît à la Flèche 153 personnes ; il en meurt 143. La différence des naissances, par rapport aux deux sexes, est de 13 au plus pour les hommes ; et celle des morts est de cinq au plus pour les femmes : d'où il existe un excédent de 18 en faveur des hommes.

L'annuaire de la République française, pour l'an 8, évalue à 4897, le nombre des habitans de la Flèche ; et celui du département de la Sarthe, pour la même année, à 5214 habitans ; mais suivant le relevé de l'an 9, la population de la Flèche est de 5021 individus ;

S A V O I R :

Hommes mariés et veufs	921
Femmes mariées et veuves	1114
Garçons au-dessus de 12 ans	699
Filles au-dessus de 12 ans	984
Garçons au-dessous de 12 ans	473
Filles au-dessous de 12 ans	538
Profess., élèves et domest. du collége.	230
Défenseurs de la patrie au service . .	62

T O T A L 5021

En général, les femmes vivent ici plus long-temps que les hommes. Vers la fin du dix-huitième siècle, on comptoit à la Flèche cinq femmes qui approchoient de leur centième année, et qui, malgré cette extrême vieillesse, étoient exemptes des infirmités qui y sont attachées. Il a été constaté, que, pendant sept années consécutives, il n'est mort au collége de la Flèche, aucun élève sur le nombre habituel de quatre cents : phénomène remarquable et peut-être unique dans les annales de l'instruction.

Ce qui prouve encore en faveur de la salubrité de l'air de la Flèche, c'est que d'après une proportion établie sur huit années, il est entré par an, à l'hôpital de cette commune, quatre cents malades tant de la ville que de la campagne, sur lesquels il n'est mort que trente-six personnes ; et sur cent-dix militaires qui s'arrêtent à cet hospice, soit en passant, soit en séjournant, il n'en meurt, année commune, que dix : d'où l'on peut tirer cette conséquence, que les malades guérissent moins par l'usage des remèdes, que par la pureté de l'air ; et qu'en la prenant pour régulateur dans l'établissement des hôpitaux, on posséderoit un puissant moyen de guérison (1), et dans les prisons un préservatif assuré contre les maladies pestilentielles que l'insalubrité de l'air y entretient d'un bout de l'année à l'autre.

---

(1) Ces détails nous ont été communiqués par M. Boucher, membre correspondant de la ci-devant académie royale de chirurgie, membre de la société libre des arts de la Sarthe, résidant à la Flèche, à qui nous devons nombre de notices dont nous ferons usage.

NATURE, QUALITÉS, PRODUCTIONS,

ET CULTURE

DU SOL DE LA FLÈCHE (1).

LE sol de la Flèche, presque par-tout sablonneux, seroit encore à présent dénué des
principes de la vie, si le travail et les engrais
n'avoient porté dans son sein les germes de
la fécondité. Mais il s'en faut bien qu'on ait
épuisé à cet égard les moyens d'amélioration
dont il est susceptible. Les engrais terreux
lui conviennent parfaitement ; cependant on
néglige d'employer ce moyen si avantageux
aux intérêts de l'agriculture.

Au lieu d'appliquer les engrais à la nature
du sol, au lieu de choisir les plus propres à
la végétation des plantes, on s'en sert indistinctement, sans étudier leurs propriétés
diverses.

D'autres cultivateurs, encore moins réfléchis, font usage de la poudrette, qui est le
résultat de toutes les immondices. Cet engrais, naturellement très-chaud, ne convient nullement à la nature du sol de la
Flèche, par la raison qu'un terrain sablonneux exige plus d'humidité et de fraîcheur ;

---

(1) La culture des terres, dont nous allons parler, sont
celles de la rive droite du Loir. Elles tiennent, d'un côté,
à la Flèche ; et de l'autre, aux communes de Bazouges, Verron, saint Germain-Duval, Créans, etc.

que de chaleur artificielle. Il est vrai que les laboureurs fléchois ne font usage de la poudrette qu'après l'avoir rendue inodore ; mais son odeur, affoiblie par la manipulation, n'est jamais entièrement dissipée ; elle retient toujours quelques-uns de ses principes primitifs ; et ces principes suffisent pour la rendre dangereuse, non-seulement aux blés, mais encore à la farine, à la pâte, et même au pain ; aussi produit-elle assez fréquemment des maladies putrides, dont les suites sont toujours à craindre et souvent mortelles (1).

Malgré le défaut d'attention dans le choix des engrais, le sol de la Flèche, par-tout léger et friable, se prête facilement aux grandes et petites cultures. Toutes les espèces de blés y prospèrent, ainsi que le chanvre, le lin, et principalement les plantes à racines pivotantes. On y cultive aussi avec succès, mais seulement comme objet de curiosité, le pavot blanc, simple, à calice, couronné et non-troué par-dessous, et de la graine duquel on exprime (2) une huile d'une saveur douce, agréable et peu inférieure à l'huile d'olive. On y fait aussi un peu de colza, espèce de chou sauvage, dont la graine fournit une huile très-propre à brûler, et d'un grand usage dans les arts et métiers.

Un autre objet de culture, intéressant pour

____

(1) Voyez au sujet des effets nuisibles de la poudrette, le Manuel-pratique du Laboureur, pag. 95 et suiv.

(2) Des expériences faites par d'habiles chimistes, ont prouvé que la graine de pavot simple, seule partie qui donne de l'huile, ne possède aucune qualité nuisible, et qu'il n'y a que la tige et les feuilles qui donnent l'opium.

la Flèche, seroit le tabac. Il faut à cette plante une terre légère, meuble, poreuse ; et la plupart de celles de la Flèche réunissent ces qualités au suprême degré. Les essais qu'on a faits dans ce genre, n'ont laissé aucun doute sur la réussite. On a vu de ces plantes survivre aux rigueurs de trois hivers, et produire, dans ce laps de temps, des feuilles en abondance. Si, à cette culture, les laboureurs fléchois ajoutoient les prairies artificielles, ils pourroient se féliciter de jouir de tous les trésors de l'agriculture.

On nous dira, sans doute, que les laboureurs fléchois suppléent aux prairies artificielles par des champs de navets et de raves. Ce supplément est bon, mais il est insuffisant. Ces racines, utiles en automne, ne remplissent qu'un objet passager ; au lieu que la luzerne, le sainfoin, le trèfle, la vesce ou vescerot, sont des fourrages de toutes les saisons, et propres à la nourriture de tous les animaux domestiques.

Il importe donc aux intérêts des laboureurs fléchois de s'adonner à la culture des prairies artificielles ; de-là naissent, et la félicité des champs, et l'opulence des moissons.

En effet, c'est en créant ces sortes de prairies, qu'on utilise les moyens d'établir l'abondance là où régnoient la disette et la stérilité.

Au surplus, on doit des louanges à la manière dont on travaille ici les terres. Celles qu'on destine à la culture du chanvre, sont mises en valeur par l'action des bras ; et cette façon de remuer la terre vaut infiniment mieux que celle de la charrue ; elle lui est supérieure en ce qu'elle divise plus exactement les molécules terreuses, en ce qu'elle ne laisse aucune motte entière ; et en ce qu'elle forme des sillons assez hauts pour donner au fond les moyens de conserver une fraîcheur salutaire à la végétation des plantes.

La justice que nous rendons ici à l'intelligence des laboureurs fléchois, leur est due à tous égards. Nous ne pensons pas qu'on puisse travailler la terre, pour la culture du chanvre, avec plus d'art et de soins. Aucune partie du jardinage n'entre en comparaison avec les précautions que prennent ici les laboureurs pour ensemencer le chanvre ; aussi celui de ce canton possède-t-il toutes les qualités qu'on peut désirer dans ce végétal perfectionné par la culture.

Ainsi les laboureurs de la Flèche, habiles dans l'art de remuer la terre, n'ont qu'à faire un pas de plus pour obtenir de la nature tout ce qu'il est en son pouvoir de produire ; et ce pas à faire dans la science agronomique, consiste dans le choix des engrais, la culture du pavot simple, du colza, du tabac, et dans la pratique des prairies artificielles ; objets nécessaires aux progrès de l'agriculture, et sans lesquels elle ne peut ni prospérer ni s'élever à un état florissant.

COMMERCE

COMMERCE

DE LA FLÈCHE.

La position de la Flèche, sur les bords du Loir, offre tous les avantages qu'une ville peut procurer aux arts et aux manufactures.

Cependant le commerce de la Flèche est aujourd'hui dans un état de dépérissement qui le fait pencher vers sa ruine.

Avant la révolution, cette ville, heureuse de son industrie, voyoit fleurir dans son sein deux branches de commerce dont elle tiroit un produit immense. La première étoit une fabrique de voiles à l'usage des religieuses, et une autre d'étamines employées au vêtement du clergé. Le débit de ces étoffes manufacturées en laine de la meilleure espèce, étoit d'autant plus considérable qu'on en faisoit passer un grand nombre de pièces en Espagne, où elles se vendoient au poids de l'or.

La seconde branche consistoit en toiles et en cuirs tannés. Ce genre de commerce, activé par l'émulation, faisoit la richesse de la grande majorité des Fléchois : il s'est soutenu jusqu'à l'époque du MAXIMUM et du discrédit des assignats. Alors le désordre des finances l'a fait chanceler, et sa chûte a suivi de près l'affoiblissement de ses forces. Mais à présent tout se réunit pour le rendre à sa première activité.

B

La Flèche tire de son crû une quantité prodigieuse de bon chanvre : ce chanvre filé,
tissé et ouvré sur les lieux, deviendroit bientôt l'objet d'un commerce d'autant plus lucratif, que les Nantais tireroient de ces toiles,
non-seulement pour la voilure, mais encore
pour l'usage des habitans de nos possessions
d'Amérique.

Alors l'argent circuleroit à la Flèche ; et
cette ville, riche du produit de son territoire, se trouveroit dans peu au nombre des
villes commerçantes de la France.

Un autre avantage de la position de la
Flèche, est de pouvoir établir, avec la plus
grande facilité, des tanneries superbes et du
plus grand rapport. Vers le milieu du dix-
huitième siècle, nombre de familles fléchoises
ont dû leur fortune à ce genre de travail.

Tout invite les habitans de la Flèche à
rouvrir ces deux sources de bonheur et de
prospérité publique ; et tout leur fait un devoir d'appeler dans leur ville des artisans,
et d'y élever des manufactures. La classe
indigente du peuple, qui, faute d'ouvrage,
languit dans la plus affreuse misère, soupire
après la restauration du commerce ; tous de-
mandent à sortir de leur état de souffrance.
Ce changement avantageux au peuple et aux
riches, peut s'opérer sans efforts et sans
peines. Que le chanvre soit filé, ouvré, et
les tanneries remises en vigueur ; on verra
alors renaître à la Flèche les beaux jours qui
en ont fait pendant long-temps la gloire et
la richesse.

Nous aimons à croire que dans peu les

vœux que nous formons pour le rétablissement du commerce à la Flèche, se trouveront remplis. La France jouit maintenant des
bienfaits de la paix, de la liberté des mers,
de la possession paisible de ses colonies, et
de l'encouragement que le gouvernement
accorde à ceux qui s'appliquent aux arts,
aux métiers, aux manufactures. Que faut-il
de plus pour aiguillonner l'émulation ? Un
peuple encouragé et libre est le premier
de l'Univers. Son industrie lui assigne la
première place parmi les nations commerçantes.

ANTIQUITÉS

DE LA FLÈCHE.

QUOIQUE la date de la première construction du château ou forteresse de la Flèche,
ne nous soit pas connue, nous pouvons
néanmoins assurer que ce château existoit
bien avant le dixième siècle de l'ère chrétienne. Ses ruines encore existantes an-
noncent sa haute antiquité, et en même
temps la puissance des anciens seigneurs de
la Flèche.

Ce château, placé primitivement au milieu de la rivière du Loir, offroit non-seulement un coup-d'œil ravissant, mais une
position très-forte. Il ne reste de sa première
splendeur, que des masses informes d'un

corps-de-logis, dont la grande solidité a bravé la fureur de plus de dix siècles (1).

Par l'apperçu des ruines de cette antique forteresse, on peut présumer que sa construction a coûté un travail de plusieurs années, et des sommes immenses. Il a fallu non-seulement vaincre de grands obstacles de la part du courant d'eau, mais encore construire un grand nombre d'arches sur pilotis, pour élever ensuite sur ces arches, liées les unes aux autres, un édifice de plusieurs étages et d'une grande étendue (2).

Si à ces travaux on ajoute ceux qu'il a fallu faire, afin de rendre cette forteresse inexpugnable, on pourra se former une idée de l'entreprise, ainsi que de la dépense. L'épaisseur, la largeur et le nombre des arches, dont plusieurs sont sur pied, prouvent qu'on n'a rien épargné pour en faire une des merveilles de la province du Maine.

Indépendamment de la situation avantageuse de ce château, l'art s'est réuni à la nature pour en faire une place de guerre. Deux îles placées sur ses flancs, lui servoient de défense et de corps de réserve.

La première, baignée d'un côté par les eaux du Loir, et de l'autre défendue par des canaux profonds où circuloient les eaux

____

(1) Ce corps-de-logis, seuls restes du château, a douze mètres de longueur et neuf de largeur. On en doit la conservation aux soins du père Belamy de Chérie, carme, qui, en 1753, le fit réparer aux frais des carmes de la province de Bretagne.

(2) La construction dont nous parlons ici, est de beaucoup antérieure à celle du pont des Carmes.

de la même rivière, formoit un avant-poste presque impossible à forcer.

La seconde, également entourée des eaux du Loir, communiquoit au château par un pont-levis, et renfermoit une partie de la rue basse.

Outre ces deux îles fortifiées par des canaux artificiels, l'ancien château avoit encore pour se défendre au levant et au couchant, l'étendue de la rivière, où aucun bateau ne pouvoit passer qu'avec la permission des seigneurs de la Flèche ; et telle étoit leur puissance, que chacun d'eux tranchoit du souverain. Tous habitoient des forteresses ; et celle de la Flèche étoit une des plus formidables du Maine et de l'Anjou. Elle a soutenu plusieurs siéges, sans qu'on ait pu la réduire. Jean de la Flèche y fut assiégé, et s'y défendit courageusement pendant plus de six mois. Les Anglois en ont aussi fait le siége ; et ce sont eux, dit-on, qui, au quinzième siècle, l'ont mise dans l'état de ruines où elle est aujourd'hui (1). De plus, des médailles romaines, trouvées en abondance autour de la Flèche, attestent la haute antiquité de cette ville. Ces médailles sont du Bas-Empire, la plupart en petit bronze. On en a de douze empereurs romains nés dans les premier et deuxième siècles de l'ère chrétienne. Ces empereurs sont :

Vespasien , ... grand bronze.

____

(1) Voyez la seconde partie de cet ouvrage, troisième section des Annales fléchoises, année 1420.

Antonin , ... petit bronze.
Faustine , ... idem.
Marc - Aurèle , ... idem.
Constantin , ... idem.
Maxime , ... grand et petit.
Valérien , ... idem.
Claude , ... idem.
Gordian , ... idem.
Postume, fils, associé à son père , . idem.
Victorin , successeur de Postume , . idem.
Galien , ... idem.

CURIOSITÉS

DE LA FLÈCHE

ET DE SES ENVIRONS.

LE premier objet de curiosité qui se présente à la Flèche , est le château de la Varenne , dont les premiers fondemens furent jetés vers l'an 1603. Plusieurs anciens géographes l'ont cité comme un des plus beaux édifices qui existoient de leur temps (1).

(1) Ce château , dit la Martinière, est une des plus belles maisons de particulier qu'il y ait dans aucune ville du royaume.

Elle est accompagnée d'eau, de jardins , et le château est entouré de quatre grands canaux très-larges , dans lesquels coule la rivière du Loir. Les meubles répondent à la magnificence de la maison, et sont dignes de celle du roi Henri-le-Grand, qui les a donnés. On y admire sur-tout un magnifique service de vermeil doré, ciselé en perfection; il y a une tapisserie qui représente l'histoire de Joseph , admirable par le

Aujourd'hui il n'offre de remarquable que l'étendue de ses prairies, la multitude de ses canaux, la longueur de son mail, et la beauté de son orangerie que nous estimons être une des plus belles de la France. Elle est composée de 23 à 30 orangers, dont plusieurs ont deux mètres de tige et deux tiers de mètre de circonférence. Tout annonce leur vétusté. Nous les croyons du temps de Henri IV.

Ce château, après avoir été bâti et habité par Guillaume Fouquet de la Varenne et ses descendans, est échu à la maison de Choiseul-Praslin.

Les autres curiosités de la Flèche sont :
1.º La pièce d'eau renfermée au milieu des bâtimens des ci-devant carmes (1).
2.º Quelques ruines de l'ancienne forteresse, et plusieurs arches, à l'une desquelles est un trou appelé depuis long-temps le TROU-L'EVÊQUE, qui servit à l'évasion de Hoël, évêque du Mans, que Hélie, comte du Maine, tint prisonnier dans ce lieu (2).
3.º L'église du collége, une des plus belles

---

dessin et la vivacité des couleurs. On conserve aussi, dans un cabinet, les armes qu'avoit Henri-le-Grand à la journée de Fontaine-Françoise. (Dictionnaire historique.) Tout cela existoit encore du temps de la Martinière.

Le château du marquis de la Varenne (dit aussi Expilly, dans son Dictionnaire des Gaules), est un des plus beaux ornemens de la Flèche. Il fut bâti par ordre de Henri-le-Grand, qui en gratifia Guillaume Fouquet, son favori, né dans cette ville.

(1) Voyez ci-après l'art. *Carmes*, deuxième section des Annales fléchoises.

(2) Voyez ci-après l'Histoire du comte Hélie, première partie.

du département, tant par la noblesse de son architecture, que par les chefs-d'œuvre qui la décorent (1).

4.° La buanderie du même collége, composée de plusieurs corps-de-logis et de deux lavoirs d'une grande commodité (2).

5.° Le cabinet d'antiquité de M. Quique, maître d'armes, dans lequel on trouve les objets suivans :

1.° Le casque et une partie de l'armure de Henri IV, roi de France, travaillés en or moulu, représentant des hommes de guerre, tant à pied qu'à cheval, armés et dans l'action du combat : ouvrage précieux par l'expression des combattans.

2.° La clef dorée qu'on présenta à ce prince lors de son entrée au Mans : le bas de la tige représente trois chandeliers surmontés de trois fleurs de lis.

3.° Un mousquet à rouet, aux armes de Gaspard de Coligny, amiral de France, massacré à la journée de la saint Barthélemi.

4.° Un pistolet à rouet, dont le canon et la platine sont incrustés en or et argent. Ce pistolet est encore remarquable par le bout de sa crosse, arrondi en forme de boule, sur laquelle est une plaque d'argent où est dessiné un guerrier assis sur un trophée d'armes.

5.° Un autre pistolet à rouet, d'un travail précieux et fini.

---

(1) Voyez la troisième partie de cet ouvrage, *Description de l'église du collége.*
(2) Idem.

6.º Un pistolet d'arçon à sept coups, qui, au moyen d'un cylindre placé entre le canon et la batterie, rapporte chaque coup à la lumière du bassinet.

7.º Une serpette ou petite hache, de forme antique, damasquinée en or très-bien ouvragé.

8.º Un bas-relief sculpté par Jean Gorjon, un des plus célèbres sculpteurs que la France ait produits. Il vivoit sous le règne de François I.ᵉʳ Ses ouvrages sont du meilleur goût, et très-estimés des amateurs.

Quant aux curiosités des environs de la Flèche, nous indiquerons d'abord les deux étangs du Doussay, situés à plus de trente mètres au-dessus du niveau de la rivière du Loir. Une source plus élevée encore fournit à leur entretien. À quelques pas du premier étang, à l'entrée du jardin, à main gauche, est une fontaine d'eau minérale, laquelle tient en dissolution une partie de fer, qui, étant mêlée à l'acide carbonique, forme le carbonnate de fer, et met cette fontaine dans la classe des eaux martiales simples. Un bâton dépouillé de son écorce, plongé dans la vase de cette source, prend insensiblement une couleur de noir d'ébène, que rien ne peut effacer par la suite.

Dans l'étendue du territoire de la commune de saint Germain-Duval, est une maison de campagne appelée YVANDEAU. Indépendamment de sa belle situation, de son air salubre, de ses points d'optique et de sa salle de spectacle creusée très-avant dans le

roc , cette demeure a eu l'avantage de posséder pendant dix-huit mois, David Hume ,
si connu par ses lumières et ses talens pour
l'histoire de son pays. C'est là que, livré
tout entier à l'étude et à la réflexion , ce
savant composa la plus grande partie des
ouvrages qui lui ont valu une réputation
immortelle (1).

Auprès de ce lieu solitaire , est l'antique
château de l'Arthuisière. Placé sur le sommet
d'un rocher, il semble pencher vers sa ruine,
et être prêt à s'écrouler.

Ce qui rend ce château encore plus remarquable , est une tourelle adossée au bâtiment , et servant de cage à un escalier tournant , d'une construction des plus hardies ;
un pilier de douze à quinze pouces de circonférence , lui sert de noyau , et en fait
toute la solidité. Les marches ou degrés ,
au nombre de quatre - vingt - un , sont
composés d'une pierre de taille plus dure et
beaucoup plus belle que celle de la rairie.
Ni le frottement des pieds , ni le laps de
temps, n'ont pu y imprimer la plus légère
marque de destruction. Chaque marche a
dix-huit pouces dans sa plus grande largeur,
et deux dans la partie moyenne. Entre ces
quatre-vingt-une marches, douze seulement
sont moins larges que les autres : celles-ci

____

(1) On a de David Hume , 1.º l'Histoire d'Angleterre , de la
maison des Plantagenet, 2 vol. , histoire remarquable par son
impartialité et la sagesse de ses réflexions ; 2.º des recherches
sur l'entendement humain ; 3.º sur l'hist. nat. de la religion ;
4.º des Essais de morale de politique. Ce savant, né en 1711 ,
à Edimbourg en Ecosse , est mort en 1776 , âgé de 65 ans.

terminent l'escalier et conduisent au donjon de la tourelle, où l'on jouit d'une des plus belles vues du département de la Sarthe.

On voit, en outre, dans une des chambres de cet ancien château, une cheminée d'une construction très-antique et d'une élégance recherchée. De plus, ce lieu possède des souterrains très-vastes, dont quelques-uns sont encore praticables, mais peu fréquentés. A en croire la tradition, saint Louis a honoré ce château de sa présence, et y a passé plusieurs jours à prendre le divertissement de la chasse (1).

Les sources d'eau vive de la même commune de saint Germain-Duval, sont d'autres objets de curiosité. La plupart jaillissent de terre aux deux tiers de la hauteur des côteaux adossés à cette commune. Celle de Tabor est à plus de trente-cinq mètres d'élévation au-dessus de la plaine, et celle du presbytère de saint Germain est remarquable par ses incrustations. Si on y dépose des plantes herbacées, deux ou trois mois après leur séjour dans ce lieu, on les trouve enveloppés d'un sédiment pierreux, qui leur donne l'apparence de corps pétrifiés.

Les alentours de la Flèche ont encore ceci de particulier, qu'on y trouve une assez grande quantité de fruits pétrifiés, tels que des poires, des figues, des pêches, des abribricots, des amandes, des noix, et sur-tout des prunes de différente grosseur. Tous ces

____

(1) Voyez la deuxième partie de cet ouvrage, section troisième, Annales fléchoises, année 1203.

fruits ont conservé la plupart des traits qui les caractérisent dans leur état naturel. On reconnoît les pêches, les prunes, les abricots, etc., tant par leur forme arrondie, plus ou moins ovale, que par la loge du noyau, et particulièrement par les aspérités de son enveloppe, qui y sont parfaitement imprimées.

Ces fruits pétrifiés en silex, se trouvent confondus parmi les cailloux en petites masses que l'on fait entrer dans la composition des grands chemins, et dont les carrières sont abondantes aux environs de la Flèche. Les routes du Mans, de Baugé, de Sablé, nous en ont fourni une collection nombreuse.

Ce qui mérite encore l'attention de l'observateur, sont les pierres volcaniques répandues en profusion, tant sur les côteaux de saint Germain-Duval, que sur le Mont-à-Foin, le Rouge-Mont, etc. La plupart des pierres qu'on y trouve, portent un degré de fusion plus ou moins avancé, un degré de cuisson plus ou moins prononcé, ou un degré de vitrification plus ou moins évident : toutes ont les caractères qui distinguent particulièrement les substances volcaniques ; telles que des aspérités, des boursoufflures, des cellules, des cavités, etc.

Ces sortes de pierres sont de genres différens. Nous en avons fait trois classes principales.

PREMIÈRE CLASSE. Substances minérales vitrifiées. Les preuves qui indiquent leur vitrification, se tirent : 1.º de tous les indices qui caractérisent les divers changemens que ces substances ont éprouvés par la fusion ; 2.º des empreintes que ces substances ont retenues au moment de leur refroidissement ; 3.º des corps étrangers englobés dans ces masses lors de leur liquéfaction.

SECONDE CLASSE. Pierres fondues en laitiers. La blancheur de la pâte, la finesse du grain, la demi-transparence, et la surface extérieure plus ou moins émaillée, sont autant de preuves de leur sublimation.

TROISIÈME CLASSE. Argile briquefiée, dont les espèces et variétés sont en grand nombre. Tout annonce en elles un degré de cuisson plus ou moins fort. Les unes sont tendres, légères, spongieuses ; et d'autres vont en augmentant de densité, jusqu'à la dureté du caillou. La quantité de ces pierres est incalculable. On les trouve en morceaux errans sur les hauteurs d'Yvandean, de saint Germain, et le long des côteaux au-delà de Verron.

On peut donc croire que, dans un siècle fort antérieur au nôtre, une partie du territoire de la Flèche a été formée aux dépens de matières volcaniques, que de fréquentes éruptions y ont accumulées successivement. Cela est d'autant plus vraisemblable, que ces substances volcaniques sont enfouies à toutes sortes de profondeur ; de manière qu'elles ne peuvent laisser aucun doute sur la volcanisation de cette partie du département de la Sarthe. De plus, les recherches que nous avons faites à ce sujet, nous ont pleinement convaincus de ce fait intéressant pour l'histoire naturelle. Nous nous sommes aussi assurés du séjour des eaux de la mer, sur le même terrain, tant par le dépôt de corps marins que nous y avons trouvés, que par l'arrangement symétrique des couches de terre.

HISTOIRE

DES SEIGNEURS DE LA FLÈCHE.

INTRODUCTION.

L A maison de la Flèche, une des plus illustres de l'Europe, a non-seulement produit de grands capitaines, mais encore des seigneurs de la haute extraction. Il en est issu des comtes du Maine, des ducs d'Anjou, d'Alençon, de Vendôme, même des empereurs, des rois, et en particulier Henri-le-Grand, conçu à la Flèche, et né à Pau, en Béarn, en 1553.

Quoique l'histoire se taise sur l'origine de l'illustre maison de la Flèche, tout prouve néanmoins qu'elle existoit antérieurement au dixième siècle. Nous savons même que cette ville étoit possédée, vers l'an 1050, par

Lancelin, ou Hamelin de Beaugenci, que plusieurs historiens ont mal-à-propos appelé Lancelin de Baugé.

Ce Lancelin, un des plus puissans seigneurs de son temps, ayant à se plaindre de Guillaume de Preuilly, comte de Vendôme, lui déclara la guerre et le fit prisonnier. Il auroit pu lui demander une partie de sa fortune pour rançon ; mais il n'exigea de lui que les conditions suivantes. 1.º Que les cadets nobles du pays de Vendôme, qui, dans ce temps-là, n'avoient que l'usufruit des biens dont ils héritoient, en auroient la propriété. 2.º Que les procès de conséquence du Vendomois seroient portés par appel à Baugé. C'est à quoi s'obligea Guillaume de Preuilly, par acte passé entre lui et Lancelin de Beaugenci.

On voit, par ces conditions, que Baugé étoit dès-lors une ville considérable, puisqu'il y avoit un siége, et que ce siége fut désigné pour juger les procès de conséquence en dernier ressort.

Nous ignorons le rôle que cette ville a joué dans le onzième siècle ; mais nous savons qu'en 1188, Richard Cœur-de-Lion donna Baugé à Geoffroy, évêque de Lincoln, son frère naturel, pour en jouir pendant sa vie.

Jean Sans-Terre l'assura depuis à la reine Isabeau d'Angoulême, sa femme, pour partie de son douaire.

En 1206, Philippe-Auguste la donna à Guillaume Desroches, sénéchal des trois provinces unies.

En 1486, Louis XI fit don de la ville de

Baugé au maréchal de Giée, en échange du vicomté de Vire en Normandie ; et depuis, Charles VIII engagea en 1493, au même maréchal de Giée, les villes de Baugé et Malicorne, sous la réserve du rachat perpétuel, lequel eut lieu le 15 avril 1516, en faveur de Charles, duc d'Alençon. A la mort de ce prince, Françoise, sa fille aînée et une des héritières de ce prince, fut maintenue en possession de cette ville contre le procureur-général du roi.

Depuis, Baugé a appartenu à la duchesse de Nemours, du chef de Louise de Bourbon, sa mère, petite-fille de Louis I.er, prince de Condé, septième fils de Charles de Bourbon, duc de Vendôme, et de Françoise d'Alençon, dame de la Flèche.

Trouillard, dans la vie des comtes du Maine, parle de Lancelin de Beaugenci, au sujet de la vente que fit Hugues III de son comté du Maine, à Hélie de la Flèche, pour une somme de dix mille sous mançais. Hélie, dit cet auteur, répondit à Hugues : Qu'il avoit l'honneur d'être son parent ; que la fille de Hebert, comte du Maine, avoit épousé Lancelin de Beaugenci, duquel mariage étoient issus Lancelin, père de Raoul, et Jean de la Flèche.

« Il est certain, dit Ménage dans son Histoire de Sablé, (p. 45.) que cette fille, nommée Paule, née de Hebert Eveille-Chien, comte du Maine, avoit épousé Lancelin de Beaugenci, et que cette Paule étoit sœur de Gildegarde, première femme de Foulques-Rechin, comte d'Anjou. »

Ainsi,

Ainsi, avant le onzième siècle, les seigneurs de la Flèche figuroient déjà parmi les familles les plus distinguées du pays, et ils n'ont cessé depuis d'y tenir le premier rang.

Lancelin de Beaugenci eut de son mariage avec une des filles de Guillaume Hebert, comte du Maine : 1.º Lancelin, qui garda le nom de Beaugenci ; 2.º Jean, seigneur de la Flèche, qui épousa Pauline, sa cousine-germaine, fille de Hugues II, comte du Maine. Il en eut plusieurs enfans, entre autres, Hélie de la Flèche, qui fut comte du Maine. Il ne laissa de son mariage avec Mahaut, héritière de la maison de Château-du-Loir, qu'une fille nommée Sibille, ou Eremburg de la Flèche, laquelle épousa Foulques V, comte d'Anjou, et ensuite roi de Jérusalem, etc.

A la suite de cette Introduction, nous allons donner le précis historique des seigneurs de la Flèche, et nous arrêter sur ceux qui se sont distingués, soit en commandant les armées, soit par des négociations importantes, ou par des actions d'éclat : et si l'on considère que le plus grand nombre de ces seigneurs ont joui des prérogatives du trône, on sentira combien l'histoire de leur vie doit prêter à l'intérêt particulier et général.

JEAN,

FILS DE LANCELIN DE BEAUGENCI,

IIe SEIGNEUR DE LA FLÈCHE.

Dans le siècle où vivoit Jean de la Flèche, vers l'an 1060, les querelles les plus légères occasionnoient entre les barons des guerres sanglantes, auxquelles les seigneurs qui tenoient des fiefs de leurs mains étoient obligés de se trouver, accompagnés d'un certain nombre de vassaux.

L'histoire de ce temps ne parle que de ces sortes de guerres, et nous rappelle le siége mémorable que Jean de la Flèche soutint dans le château de ce nom. Voici la manière dont s'exprime à ce sujet un des auteurs de l'histoire de Bretagne.

« L'an 1078, Foulques-Rechin ayant été dépouillé de ses états du Maine par Guillaume-le-Conquérant, duc de Normandie et roi d'Angleterre, qui avoit dans ses intérêts le comte d'Anjou ; ce Rechin résolut de se venger contre lui, en haîne du Conquérant, en assiégeant Jean de la Flèche dans son château, sur le Loir. Guillaume lui envoya du secours, dès qu'il apprit le dessein du Manceau. Ses troupes étoient commandées par Guillaume de Moulin et Robert de Vieux-Pont. Jean de la Flèche garnit toutes les

places de sa seigneurie de ses troupes auxi-
liaires.

» Le comte du Maine, afin de ne pas
manquer son coup, envoya demander du
secours en Bretagne. Le duc Hoël vint se
joindre à lui avec une grande armée ; ensuite
ils allèrent ensemble assiéger le château de
la Flèche.... La place étoit déjà vivement
pressée, lorsqu'ils surent que Guillaume-le-
Conquérant venoit au secours de Jean, à la
tête de six mille chevaux.

» Foulques-Rechin et le duc Hoël, loin
d'être effrayés de cette nombreuse armée,
défièrent le Conquérant au combat. Ils firent
passer la rivière à leurs troupes sur un pont
de bateaux qu'ils rompirent, afin de mettre
leurs soldats en nécessité de se bien battre
ou de périr.

» On en venoit déjà aux mains, lorsqu'un
cardinal avec quelques religieux et gens d'é-
glise, se firent les médiateurs d'une paix qui
se conclut entre les deux partis. Ceci ce passa
dans la lande de la Bruyère, autrement dite
la Lande blanche » (1).

Aux qualités estimables d'homme brave
et courageux, Jean de la Flèche joignoit les
préjugés de son siècle. Crédule et supersti-
tieux, il se laissa prendre aux piéges que lui
tendirent les moines, pour surprendre sa

---

(1) L'auteur des Mémoires historiques sur les seigneurs
d'Alençon, tome 1.er, page 152, ne diffère de ce récit qu'en
ce qu'il donne à Montgomery et au comte d'Evreux la gloire
d'avoir terminé cette guerre à l'avantage des deux partis. Quant
à la Lande blanche, elle est située à 5 kilomètres de la Flèche,
non loin du chemin de cette ville au Lude.

bonne foi. Il écouta leurs conseils, et leur concéda des fiefs, des droits, des terres; le tout pour mériter le pardon de ses péchés, et le stérile bonheur d'être enterré avec l'habit du bienheureux saint Benoît.

Un titre latin, de l'an 1087, tiré des archives de l'abbaye de saint Aubin d'Angers, nous instruit de ces particularités. En voici la traduction (1) :

« Comme il nous importe d'éviter l'oubli des choses utiles, autant qu'il est possible, il est bon de conserver par écrit tout ce qui peut servir aux générations futures ; aussi nous écrivons ce qu'un homme noble et de haute valeur, nommé Jean de la Flèche, a donné à Dieu, à saint Aubin et à ses religieux, espérant par-là, que ses péchés pourront lui être remis pour une aussi bonne œuvre ; car il n'exigea des moines ni or ni argent; mais tout ce qu'il leur donna leur fut donné pour le salut de son ame et de celle de ses père et mère.

» Il faut donc spécifier ce dont il leur fit donation, pour que ceux qui verront cet écrit sachent comment le tout s'est passé.

» Il leur donna en propre l'église de saint Odon (2), comme il la possédoit lui-même, et

____

(1) Ce titre très-précieux est entre les mains de M. Desperrés, homme de loi et maire de la Flèche.

(2) Nous ignorons le lieu où pouvoit être placée cette église; mais nous pensons que primitivement la paroisse de sainte Colombe étoit dédiée à saint Odon, et que c'est de cette église dont il est parlé dans l'acte de 1087 : cela nous paroît d'autant plus probable, que sainte Colombe a été pendant long-temps possédée par les moines de saint Aubin, à titre de prieuré.

'Au reste, saint Odon, religieux bénédictin, né dans le Maine, la chapelle de son château, dédiée à Marie toujours vierge.

» Il leur donna aussi une mesure de terre de la meilleure qualité, et autant que quatre bœufs vigoureux peuvent en labourer dans un jour. Plus, un pré devant l'église de saint Odon, avec d'autres prés un peu plus loin.

» Il leur donna aussi son jardin, son verger, et leur désigna un endroit, tant pour y bâtir un bourg (1), que pour y construire un four banal. Il décida que ceux qui l'habitoient seroient sous la puissance des moines; que ces habitans leur prêteroient foi et hommage, et qu'il leur appartiendroit pour le service, à l'exception du temps qu'ils seroient employés à la garde de son château, en temps de guerre.

» Il leur donna, en outre, la dîme du blé qui seroit porté à ses moulins, celle du poisson qu'on prendroit dans les rivières de ses fiefs, et celle du pain qui seroit cuit à son four banal.

» A toutes ces donations, le généreux Jean de la Flèche ajouta encore la dixième partie de ses vignes et des charrois qu'on lui devoit.

» Hélie, son fils, présent à ces donations, loin de s'y opposer, y consentit. Les témoins

---

d'une famille noble, vivoit dans le dixième siècle. Il fut chanoine de saint Martin de Tours, et mourut en 942. (Dictionnaire historique de l'Avocat.)

(1) L'acte laisse ignorer l'emplacement du terrain concédé aux moines pour y bâtir un bourg. L'origine de la Beuffrie et de la Boirie date peut-être de la cession de ce terrain ; mais ceci n'est qu'une conjecture que nous hasardons en attendant des preuves plus positives.

furent Qualdin, seigneur de Malicorne ; Girard de Clef ; Archambaud, fils d'Uric ; Girard, abbé de saint Aubin, etc. Le tout passé à la Flèche, l'an de grace 1087 ».

Quoique ces dons fussent considérables, les moines de saint Aubin surent encore en obtenir d'autres de Jean de la Flèche.

Etant tombé malade à Châteaugontier, il leur légua le péage de son château et la dîme du droit de pacage. Il obtint, pour prix de cette nouvelle générosité, l'éminente faveur d'endosser le froc, et de recevoir la bénédiction de ces religieux. Une si grande faveur valoit quelque chose de plus ; et Jean de la Flèche permit à ses vassaux de disposer de leurs biens en faveur des mêmes moines. De plus, ceux-ci en reçurent un terrain sur lequel le Seigneur obligea les habitans de leur bâtir un presbytère. (Même titre.)

Après la concession de ces nouveaux droits, Jean de la Flèche mourut à Châteaugontier ; son corps fut de suite transporté à Angers, et inhumé dans l'église de saint Aubin.

Hélie, son fils, présent aux cérémonies funèbres, mit entre les mains de l'abbé une baguette d'argent, pour gage de son adhésion aux dons faits par son père à l'abbaye de saint Aubin. Ce gage fut reçu par Girard, abbé, et Geoffroy, son frère, évêque d'Angers (1).

______

(1) Dans ce temps, les investitures et les réparations des dommages se faisoient par l'offrande d'un morceau de bois sur lequel l'acte étoit écrit, ou par celle d'une baguette d'argent, suivant la condition de celui qui se soumettoit à cette cérémonie, laquelle se terminoit ordinairement par un baiser que le donataire payoit toujours au poids de l'or.

Pendant que ceci se passoit à Angers, Gaulberg, autre fils de Jean, irrité contre les moines, des dons que son père leur avoit faits, protesta contre; mais voyant que ses réclamations étoient de nul effet, il s'adoucit et demanda à s'accommoder. Alors l'abbé Girard, accompagné de trois de ses religieux, vint trouver Hoël, évêque du Mans, auquel il donna plein pouvoir d'arranger cette affaire. Hoël fit si bien, qu'il parvint à la terminer au moyen d'une somme de dix livres deux deniers, que les moines de saint Aubin s'engagèrent à payer à Gaulberg, qui, à cette condition, confirma tout ce que son père leur avoit donné. Il reçut, par reconnoissance, des mains de l'évêque, l'affiliation à l'abbaye de saint Aubin. L'abbé y donna son consentement, et lui accorda en même-temps le bénéfice du lieu (1), que Gaulberg paya par le don d'une ferme, de laquelle une partie fut léguée gratuitement pour le repos de son ame, et l'autre vendue comme excédant la valeur du bénéfice du lieu. En échange, Duraut, moine de saint Aubin, offrit à Archambault, chargé de procuration, une mesure d'avoine et une oie.

Par la suite, Hélie, comte du Maine et seigneur de la Flèche, ajouta aux dons que son père avoit faits à Dieu et aux moines de saint Aubin, le terrain qui s'étend depuis

______

(1) Le bénéfice du lieu consistoit à être inhumé dans l'église d'une abbaye à côté des moines; droit que les plus grands seigneurs de ce temps-là ambitionnoient et payoient d'une partie de leur fortune. Quiconque étoit riche fondoit alors des abbayes, des prieurés, et y établissoit sa sépulture.

la terre des moines , jusqu'au prieuré de saint Jacques.

Le même comte donna en outre , le 12 novembre 1110 , à Dieu et aux moines de saint Aubin , pour son salut et celui de ses parens , la bannière de la fête de saint Thomas , auquel il venoit d'élever une nouvelle église. Il ordonna qu'on célébreroit cette fête tous les ans.

Viard de la Flèche , un des frères du comte Hélie , donna aussi à Dieu , à saint Aubin et à ses religieux , la cinquième partie de la dîme des quatre moulins de la Flèche , la dixième d'un bordage et un arpent de vigne.

Pour confirmer ce don , il se rendit au chapitre de saint Aubin , avec son frère Gaulberg , le jour de la fête de la Nativité de la sainte Vierge. Ces deux frères reçurent , pour cette offrande , le bénéfice du lieu. Ils touchèrent d'une baguette le don qu'ils venoient de faire , et la placèrent ensuite sur l'autel de saint Aubin , comme un témoignage de l'engagement qu'ils venoient de contracter.

HÉLIE DE LA FLÈCHE,
COMTE DU MAINE,
III.e SEIGNEUR DE LA FLÈCHE.

DE tous les princes qui se sont distingués dans le onzième siècle et au commencement du douzième, un des plus célèbres fut Hélie, comte du Maine, fils de Jean de la Flèche (1). Ce seigneur s'est rendu fameux autant par son courage à la tête des armées, que par son habileté dans l'art de gouverner ses états. Grand capitaine et habile négociateur, il acquit de la gloire dans les combats, et se distingua par ses lumières.

Il devint comte du Maine, non du chef de sa mère; car elle avoit une sœur aînée, nommée Hersende, qui avoit épousé Azor, marquis de Ligurie, dont elle avoit eu un fils nommé Hugues, auquel appartenoit de

____

(1) L'auteur des Mémoires historiques sur les seigneurs d'Alençon, tome 1, page 294, dit que Rotrou, surnommé le Grand, mort en 1143, maria sa fille Philippe à Hélie, comte du Maine et frère du comte d'Anjou.

L'auteur a commis, à ce sujet, deux méprises qui méritent d'être relevées. Hélie, comte du Maine, fut marié à Mahaut, héritière de la maison de Château-du-Loir. De ce mariage naquit une fille nommée Eremburg, ou Sibille de la Flèche, laquelle épousa Foulques V, comte d'Anjou. Celui-ci fut gendre du comte Hélie et non son frère, et il épousa Mahaut, et non Philippe. Il faut que l'auteur ait pris un autre Hélie pour Hélie de la Flèche.

droit le comté du Maine : mais ce prince, d'une humeur pacifique, avoit à disputer son comté contre Guillaume-le-Conquérant, roi d'Angleterre et duc de Normandie, qui prétendoit y avoir des droits, en vertu d'une donation que lui avoit faite le comte Hebert. Tous ces motifs déterminèrent Hugues à vendre son droit à Hélie de la Flèche, son cousin-germain, qui d'ailleurs étoit un homme de courage et de grande capacité. Cette vente se fit moyennant la somme de dix mille liv. de sous mançais (1).

Par cette acquisition, la seigneurie de la Flèche se trouva jointe au comté du Maine ; ou, pour mieux dire, le comté du Maine entra dans la maison de la Flèche.

Ce ne fut pas sans peine qu'Hélie se mit en possession de son nouveau comté. Il eut à combattre la puissance de son compétiteur Guillaume-le-Conquérant, et le crédit de Hoël, évêque du Mans, qui, pourvu à cet évêché par le roi d'Angleterre, se ligua aussi contre le seigneur de la Flèche. Ce prélat alla même jusqu'à lancer les foudres de l'excommunication sur la tête du comte et sur celle de tous ceux qui tenoient son parti. Mais bientôt après, le seigneur de la Flèche trouva l'occasion de faire repentir l'évêque de sa témérité. Ayant appris qu'il visitoit son diocèse, il le fit saisir et le tint prisonnier dans son château de la Flèche, d'où

---

(1) Le sou Mançais valoit le double de la monnoie de Tours, alors en circulation dans la plupart des provinces de France.

ce prélat trouva à la fin le moyen de s'évader (1).

Non-seulement Hélie eut à défendre son comté contre Guillaume-le-Conquérant, mais encore contre Guillaume-le-Roux, fils du précédent, et héritier de sa couronne. Le Conquérant étant mort en 1087, Hélie prit ce temps pour chasser les Normands de ses états. Ceux-ci, attaqués et trop foibles pour résister, mirent le feu à la ville, et se retirèrent ensuite dans le château.

Guillaume-le-Roux, instruit des hostilités d'Hélie, passa la mer et vint asseoir son camp dans la plaine de Coutaine, et en partie sur le mont Barbet. Hélie ne pouvant lui opposer des forces suffisantes, abandonna la ville et se retira vers le Château-du-Loir.

Guillaume le poursuivit jusqu'à Mayet, dont il fit en vain le siége. Il revint honteusement au Mans, y mit garnison, et repassa en Angleterre.

Vers ce temps-là, Hoël, évêque du Mans, réconcilié avec Hélie, avoit fait travailler à la construction de la cathédrale qu'on avoit commencé à bâtir dans le huitième siècle. A peine cet ouvrage fut-il achevé, que le prélat fit inviter l'archevêque de Tours à en faire la consécration ; et cette auguste cérémonie eut lieu le 16 novembre 1093. Hélie

____

(1) Le père Baudonet, bénédictin, auteur de la Vie des évêques du Mans, parle de cette prison et du château de Fissa, comme d'un lieu inconnu ; et Courteil, qui ne sait où prendre cette prison, dit, au hasard, que c'étoit le château du Loir ; mais l'un et l'autre se sont trompés, pour n'avoir pas su que Fissa étoit alors le vrai nom de la Flèche.

y assista, accompagné de ses barons, et mit sur la châsse de saint Julien une déclaration signée de sa main, portant exemption des droits que les comtes étoient dans l'usage de lever sur les terres que l'évêque et les chanoines possédoient dans la Quinte. Cet acte fut souscrit par Foulques, cinquième comte d'Anjou ; Raoul, vicomte de Beaumont ; Rotrou de Montfort, et plusieurs autres seigneurs de distinction.

Si, dans cette occasion, Hélie donna des preuves de sa bienfaisance en faveur du clergé, dans une autre, il sacrifia ses propres intérêts au bonheur de tous.

Le siége du Mans étant venu à vaquer par la mort de Hoël arrivée en 1097, le comte du Maine eut à disputer ses droits contre le chapitre de la cathédrale. Il nomma d'abord pour évêque Geoffroy, doyen de cette église. Le clergé, de son côté, élut par acclamation Hildeberg, archidiacre, né à Lavardin ; le fit asseoir dans la chaise épiscopale, chanta le *Te Deum*, et fit toutes les cérémonies usitées en pareille circonstance.

Quoiqu'Hélie eût lieu d'être peu satisfait de l'élection d'Hildeberg, il la confirma néanmoins ; et la raison qui le détermina fut la crainte de mettre un schisme dans l'église.

Le même prélat, attaché par reconnoissance au parti du comte Hélie, tomba quelque temps après entre les mains du roi d'Angleterre, auprès duquel il fut accusé par Hubert Chevreuil, d'avoir favorisé la dernière reddition de la ville du Mans au comte du Maine.

Hildeberg, ayant nié le fait, le roi exigea qu'il se purgeât de cette accusation, par l'épreuve du feu (1).

Si, d'un côté, la coutume commandoit impérieusement à Hildeberg de se soumettre à cette épreuve, de l'autre, les principes du christianisme y opposoient une barrière invincible. Dans cette perplexité, l'évêque du Mans consulta celui de Chartres ; et celui-ci lui fit une réponse digne d'un philosophe au-dessus de son siècle. Il lui manda qu'il détestoit cette cérémonie, comme superstitieuse et contraire aux saints canons. Heureusement la mort du roi d'Angleterre, arrivée en 1100, exempta l'évêque de cette épreuve barbare.

Non moins judicieux qu'Hildeberg, Hélie de la Flèche posséda l'art de bien voir et de bien asseoir son jugement. Dès qu'il eut acquis les droits des vrais héritiers du comté du Maine, sa première occupation fut de maintenir l'ordre et d'affermir son autorité. Belesme lui en fournit la première occasion. Ce seigneur, en sa qualité de baron de Sonnois, prétendoit avoir droit de faire élever des forteresses sur les terres de ses vassaux, et de forcer ceux qui en possédoient de recevoir garnison de sa part.

____

(1) Cette épreuve consistoit à appliquer la main de l'accusé sur un fer plus ou moins rouge ; après quoi on l'enveloppoit dans un sac sur lequel le juge et les parties apposoient leurs sceaux qu'on levoit trois jours après.

S'il ne paroissoit aucune brûlure, l'accusé étoit renvoyé absous ; et s'il y demeuroit quelques traces de feu, il étoit déclaré coupable. Mais l'épreuve du petit peuple se faisoit par l'eau bouillante, dans laquelle on plongeoit la main.

Hélie, comme seigneur suzerain, s'opposa formellement à ces prétentions onéreuses au peuple. Il employa d'abord la voie de la conciliation auprès de son vassal; mais la douceur de ses remontrances n'ayant pu engager Belesme à se désister de son projet liberticide, Hélie prit les armes et lui déclara la guerre. Dans peu, les deux armées en vinrent aux mains; et, après un combat meurtrier, Belesme fut vaincu; et dans cette journée, Hélie fit prisonniers Robert de Courci, Geoffroi de Villeroy, Guillaume, seigneur de Moulin - la - Marche, Geoffroi de Gacé, et plusieurs autres seigneurs dont il tira de grosses rançons. Il sut encore profiter des avantages de cette journée, en faisant bâtir le château de Dangueil, qu'il destina à couvrir la partie du Maine qui reconnoissoit son obéissance.

Belesme, vaincu, mais non découragé, se rendit, en juillet 1098, auprès du roi d'Angleterre, pour solliciter son appui. Ce prince, informé de ce qui se passoit dans le Maine, donna ordre à ses troupes d'entrer en campagne.

Hélie, de son côté, prit les précautions nécessaires pour faire échouer les projets de son ennemi. Son premier soin fut de faire rompre les chemins, les ponts; et, par ce moyen, il opposa tant d'obstacles à la marche de l'armée royale, que le roi étant arrivé à Alençon, fut contraint de reprendre la route de Normandie. Mais il laissa sous les ordres de Belesme, un corps considérable de troupes, tant pour rendre vaines les entreprises du seigneur de la Flèche, que pour établir de fortes garnisons dans les places qu'il possédoit dans le Maine.

Alors la guerre s'alluma de plus en plus; et les gens commandés par Belesme, firent dans la semaine sainte, environ trois cents prisonniers que leur chef refusa de rendre, et qu'il eut la cruauté de laisser périr misérablement dans les cachots.

Hélie, outré de cette barbarie, résolut de se venger. Il se mit à la tête de ses troupes, et pénétra dans le Sonnois, où il leva de fortes contributions.

En revenant, chargé de gloire et de butin, trop de sécurité causa sa perte. Se croyant loin de tout danger, il quitta sa troupe vers la nuit, et marcha en avant, accompagné seulement de sept à huit de ses compagnons d'armes. Arrivé à peu de distance du château de Dangueil, il donna dans une embuscade où se trouvoit Belesme avec un grand nombre de ses soldats. Hélie fut pris et fait prisonnier avec Hervé de Montfort; et presque tous ceux qui l'accompagnoient subirent le même sort.

Hélie fut conduit à Rouen et présenté au roi d'Angleterre, qui non-seulement lui fit un accueil honorable, mais recommanda qu'on eût pour sa personne tous les égards dus à son rang.

Le Maine, privé de son chef, devint la proie des Normands. Tous les jours voyoient naître de nouveaux malheurs et de nouveaux crimes. La province fut livrée au pillage; le roi même fit arracher les vignes des environs du Mans, et raser un grand nombre de maisons.

Heureusement le manque de vivres de l'armée vint mettre fin à tant de maux. Le roi, forcé par la disette, de licencier ses troupes, leva le siége du Mans, et se retira en Normandie. Mais au mois de juillet de l'année suivante, une armée formidable d'Anglois et de Normands obligea le comte d'Anjou, à la tête des Manceaux, de demander la paix. Elle se fit; et un des articles du traité fut la liberté du comte du Maine, et celle de tous les prisonniers qu'on avoit faits de part et d'autre.

Rendu à ses sujets, Hélie employa ses premiers momens à réparer ses anciennes pertes, à mettre ses places en état de défense, et à ranimer le zèle de ses partisans. Y étant parvenu, il assembla ses troupes, pénétra dans la ville du Mans, et tint les Normands assiégés dans le château. Mais à peine Guillaume-le-Roux fut-il informé des succès du comte Hélie, qu'il quitta l'Angleterre. Débarqué à Tonque, il se mit en campagne, entra dans le Maine et mit cette province à feu et à sang.

Obligé de repasser en Angleterre, il laissa à Belesme le soin de terminer sa querelle. Enfin la mort du roi, en délivrant Hélie d'un concurrent formidable, le rendit paisible possesseur de son comté du Maine.

Par-tout l'histoire nous présente ce seigneur comme le héros de son siècle. Nous le voyons en 1106, unir ses forces à celles de Henri, roi d'Angleterre, contre Robert,

son

son frère, duc de Normandie ; commander le corps de réserve à la bataille de Tinchebray ; décider la victoire en faveur de son allié, et lui garder foi et fidélité, malgré les pressantes sollicitations de Belesme, qui, ne pouvant l'attirer dans son parti, accepta enfin sa médiation auprès du roi, qui lui rendit une partie de ses domaines.

Voici la manière dont s'exprime à ce sujet l'auteur des Mémoires historiques sur les seigneurs d'Alençon :

« Le roi d'Angleterre en vouloit particulièrement à Guillaume, comte de Mortain. Non-content de l'avoir dépouillé de ses possessions en Angleterre, il résolut de lui arracher le comté qu'il possédoit en Normandie. Quoique l'automne fût pluvieux, il mit le siége devant Tinchebray, dont il confia la garde à Thomas de saint Jean. Le comte rassembla alors le plus de troupes et de vivres qu'il fut possible, et les fit entrer dans la place, à la vue des troupes angloises. . . . Il implora le secours du duc de Normandie, de Belesme et de tous ses amis.

» Bientôt les troupes que le roi avoit laissées devant Tinchebray, se trouvèrent elles-mêmes bloquées. Henri rassembla toutes ses forces pour aller en personne presser le siége de cette place. De son côté, le duc s'étant rendu à Hiesmes, fut joint par toutes ses troupes. Il marcha vers Tinchebray, et fit sommer son frère de lever le siége, en menaçant, en cas de refus, de lui livrer bataille. Henri répondit à la sommation, en donnant ses ordres pour le combat. Il fit à l'instant avancer son armée partagée en cinq corps, dont il donna le commandement du corps de réserve à Hélie, comte de Maine. Il n'étoit composé que de Manceaux et de Bretons. Il avoit ordre de venir fondre sur les troupes du duc, lorsqu'elles seroient toutes engagées au combat. Le duc de Normandie, de son côté, donna le signal du combat, et marcha droit à l'ennemi.

» Le désordre commençoit à se mettre dans l'armée royale qui étoit prête à fuir, lorsque le comte de Maine vint fondre à propos sur les troupes du duc, qui, en un moment, furent mises en déroute. Plusieurs seigneurs furent faits prisonniers, ainsi que le duc de Normandie (1).

» Belesme, voyant tout perdu, ne pensa qu'à sauver l'héritier du duché. Trop foible pour résister à l'armée victorieuse, il tâcha de susciter au roi un nouvel ennemi qui fût en état de le seconder. Il s'adressa au comte de Maine, qui avoit décidé la victoire ; mais Hélie fut inébranlable. Il exhorta Belesme à changer de façon de penser, et lui offrit d'être son défenseur auprès du roi. Belesme, forcé de dissimuler son mécontentement, accepta ; et, à la sollicitation du comte, le monarque lui laissa Argentan, mais il retint la ville de Séez, etc. »

Preux et vaillant chevalier, Hélie avoit pour devise : POINT DE GLOIRE SANS HONNEUR, ET POINT D'HONNEUR SANS GLOIRE.

---

(1) Cette bataille se donna le 27 septembre 1106.

Aussi se distingua-t-il particulièrement par la loyauté de sa conduite.

Depuis quelque temps, Foulques-Rechin, comte d'Anjou, tourmenté par le désir de tout envahir, non-content d'avoir dépouillé Geoffroi-le-Barbu, son frère, de ses possessions, le tenoit prisonnier, et le traitoit cruellement. Hélie, touché du sort affreux de ce malheureux prince, prit son parti et se déclara son défenseur. Voulant le servir efficacement, il fit tant qu'il engagea Etienne, comte de Blois, et Philippe, roi de France, à forcer le comte de rendre la liberté à son frère, et de lui restituer la Touraine dont il s'étoit emparé. Mais Foulques-Rechin sut détourner l'orage prêt à fondre sur sa tête, en faisant un hommage de la Touraine à Etienne, comte de Blois, et en donnant à Philippe Château-Landon, partie des dépouilles de son frère.

Au moins l'histoire se tait-elle sur le don que reçut Hélie, comte de Maine, pour sa perte; et ce silence prouve assez que, si le comte de Blois, et Philippe, roi de France, s'arrangèrent avec Foulques-Rechin, au préjudice de Geoffroi-le-Barbu, ce fut sans la participation du comte Hélie; et, d'après son caractère de loyauté, on peut croire qu'il se refusa constamment à partager les dépouilles d'un prince qui n'avoit d'autre tort que celui d'avoir succombé sous la puissance d'un frère ambitieux et barbare.

Bourdigné qui nous fournit ce trait, le rapporte de la manière suivante :

« Geoffroi, dit-il, fut mis entre les mains de son frère, avec la ville d'Angers, en 1087. Selon la chronique de Vendôme, les comtes de Chartres et de Blois, et Hélie, comte de Maine, entrèrent en armes dans la Touraine, et envoyèrent sommer Foulques de remettre son frère en liberté, et de lui rendre la Touraine. En cas de refus, ils lui dénoncèrent la guerre. Foulques, considérant les forces de ses ennemis, et se défiant de plusieurs des siens, envoya ses ambassadeurs au comte de Chartres, et lui manda que si le vouloit relaisser en paix, il deviendroit son homme du comté de Touraine (1), et lui en feroit hommage. Le comte de Chartres qui ne demandoit autre chose, en fut très-content, et moyennant cette promesse, se retira. »

Hélie, fameux par ses revers et ses succès, joignoit aux qualités d'un excellent général, les talens d'un habile politique et les lumières de l'homme d'état. Actif, vigilant, équitable, il fut aimé de ses vassaux, et mérita de l'être.

Ce prince a été très-bien apprécié par Hildeberg, évêque du Mans, dans cette épitaphe :

Jura luens, et pacis amans, et maximus armis,
Helia, censor scelerum, patronus honesti,
Justitia et quidquid in principe mundus adorat
Occidit et pariter pax ; et deus urbis et orbis
Excidit Helia, patriæ heu ! et rebus ademptus.

---

(1) Le comté de Touraine est resté dans la maison d'Anjou pendant 160 ans, et celui du Maine 94 ans. Pendant cette réunion, la Touraine, l'Anjou et le Maine ont été soumis à la même coutume et gouvernés par les mêmes lois.

Le comte Hélie, mort en 1110, fut inhumé dans l'église de l'abbaye de la Couture du Mans, où sa tombe est restée intacte jusqu'au moment où l'anarchie de 1793, armée de la hache de l'insurrection, vint détruire ce monument que la religion avoit érigé à la mémoire d'un homme de bien et d'un des bienfaiteurs du clergé.

FOULQUES V,

COMTE D'ANJOU ET DE MAINE,

ROI DE JÉRUSALEM,

IV.e SEIGNEUR DE LA FLÈCHE.

Au moyen du mariage de Foulques V avec Eremburg, fille unique du comte Hélie, la maison de la Flèche passa, avec le comté de Maine, dans celle d'Anjou (1).

Poussé par l'intérêt et le plus souvent par l'ambition, Foulques V sut profiter des divisions des rois de France et d'Angleterre, pour s'enrichir en servant tantôt l'un et tantôt l'autre parti. S'étant déclaré pour Guillaume Talvas, fils de Belesme, il fut sollicité

______

(1) Ce comté, réuni à la couronne de France, en 1204, fut érigé en pairie au mois de septembre 1297, par Philippe-le-Bel, pour récompenser les services et la fidélité de son frère le comte de Valois, et afin que lui et ses successeurs pussent en jouir comme avoient fait les possesseurs des anciennes pairies.

par Henri, roi d'Angleterre, d'abandonner la fédération ; et pour le déterminer, il lui fit proposer le mariage de sa fille Mathilde avec son fils. Foulques, plus ambitieux que fidèle à ses alliés, se rendit à Hertré, où la paix fut conclue, aux conditions que le comte d'Anjou demeureroit en pleine possession du comté de Maine, dont il feroit hommage à Henri. On y arrêta aussi le mariage de la fille du roi avec le fils du comte.

Les intérêts du monarque anglois étant devenus ceux de Foulques, ce prince servit dans l'armée d'Angleterre, assista au siége et à la prise de Belesme, en 1113.

Pendant quelques années, le comte d'Anjou resta attaché aux intérêts du roi d'Angleterre, et le servit fidèlement ; mais d'autres vues d'ambition le firent entrer dans la coalition que formèrent le roi de France et plusieurs seigneurs normands, en faveur du fils du duc Robert.

Henri, pour se venger de la désertion de plusieurs de ses grands vassaux, entr'autres Robert Girois, seigneur de saint Ceneric, fit le siége de cette place. Alarmé des suites fâcheuses que ce siége pouvoit causer, ce seigneur eut recours à Foulques V, qui, à sa sollicitation, entra dans le Perche, à la tête de deux cents chevaliers de renom, et mit le siége devant le château de la Motte-Gautier. Les assiégés se défendirent vigoureusement pendant huit jours, et firent alors savoir au roi d'Angleterre l'extrémité où ils se trouvoient réduits. Henri leva sur le champ

le siége de saint Ceneric, se rendit à Alençon, d'où, ayant rassemblé le reste de ses
troupes, il se mit en route pour livrer bataille
aux Angevins; mais sa marche emporta un
temps si considérable, qu'il donna le temps
à l'armée ennemie de forcer le commandant
à capituler.

Le comte d'Anjou s'étant rendu maître de
cette place, la fit raser le 1.er août 1117, et
retourna ensuite dans son pays.

L'année suivante, le même comte eut une
nouvelle occasion de signaler son courage.
Au mois de décembre 1118, se donna la
fameuse bataille d'Hertré, proche Alençon,
où le comte d'Anjou défit complètement
l'armée anglaise et normande. Elle prit la
fuite et fut vivement poursuivie par les Angevins et les Manceaux. Ce fut en vain que
le roi Henri employa prières et menaces
pour arrêter les fuyards; lui-même fut forcé
de se retirer avec eux vers la ville de Séez.

A la bravoure du soldat, Foulques savoit
allier la plus profonde politique, et faire
tourner les préjugés religieux de son siècle
au maintien de son autorité. Après le gain
de la bataille d'Hertré, il ne rentra dans
son camp que la nuit; et le lendemain,
dès trois heures du matin, il ordonna aux
moines qui demeuroïent au-dessous du château d'Alençon, de célébrer avec pompe une
messe à la Vierge, pour rendre graces à
Dieu de la victoire qu'il venoit de lui donner. Lorsqu'il voulut entrer dans l'église, il
fut arrêté par un grand nombre de prisonniers qui y avoient été renfermés. Alors se

tournant vers ceux qui commandoient, il
leur fit des plaintes amères d'avoir manqué
au respect qu'ils devoient au lieu saint. Il
leur rappela le reproche que Dieu fit aux
Juifs, d'avoir fait de son temple un repaire
de voleurs. Il leur cita ensuite les canons
ecclésiastiques, qui ordonnent que tout cri-
minel qui cherche un asile dans l'église,
doit avoir la liberté d'en sortir sans punition. Il ordonna sur-le-champ à son sénéchal de faire apporter à manger à tous ces
prisonniers, et d'en renvoyer cinq cents,
sans exiger d'eux aucune rançon.

Ainsi agit un prince qui cherche à gagner
la confiance de ses sujets et l'estime de ses
ennemis. Aussi le comte d'Anjou ne laissoit-
il échapper aucune occasion d'augmenter sa
puissance. La prévoyance et l'activité étoient
les deux mobiles de sa conduite. Trois jours
après la bataille d'Hertré, il trouva le
moyen de se rendre maître du château d'A-
lençon.

Henri, humilié, mais non découragé,
chercha de nouveau l'occasion de détacher
Foulques de ses alliés; il le prit par son
foible et y réussit. Leur raccommodement
se fit au mois de juin 1119. Le mariage de
sa fille avec le fils du comte, fut derechef
arrêté; et si Foulques ne put obtenir la
liberté de Belesme, au moins il fit rétablir
son fils dans la possession d'Alençon et de
toutes les autres places qui avoient appartenu
à son père.

Aux qualités de grand capitaine, Foulques

joignoit la piété d'un bon chrétien. Ses expéditions militaires ne l'empêchèrent pas de s'occuper de son salut, et de penser aux moyens de gagner le ciel. Ce qu'il imagina pour y parvenir, fut des donations en faveur de l'église. Il fonda, en 1117, du consentement d'Eremburg, sa femme, le prieuré de Fontaine-saint-Martin, à deux lieues de la Flèche.

Après la mort de cette Eremburg, arrivée en 1126, Foulques fut appelé dans la Terre sainte, par Baudouin II, roi de Jérusalem, qui le fit son gendre et son successeur. Il lui donna en mariage Mélissende, sa fille unique (1). Il fut roi de Jérusalem pendant onze ou douze ans, et mourut en cette ville en 1142.

Il laissa de son second mariage deux fils, Baudouin et Amaury. Ce dernier hérita de la couronne de son père, et fut roi de Jérusalem.

Ainsi l'ambition de régner fut de toutes les passions celle que Foulques V aima le plus à satisfaire : il lui sacrifia son repos et quelquefois sa gloire ; il fit tout pour elle, et peu pour son bonheur.

---

(1) L'auteur des antiquités d'Anjou, page 121, induit en erreur sur ce double mariage, a cru que Foulques V avoit abandonné sa première femme en Europe, pour aller en Sirie épouser Mélissende, fille de Baudouin, roi de Jérusalem. Le fait est que Foulques étoit veuf, lorsque Baudouin demanda à Louis-le-Jeune un gendre pour sa fille, et un successeur à sa couronne.

GEOFFROI-LE-BEL,

DIT PLANTAGENET,

Comte d'Anjou, de Maine, de Touraine, roi d'Angleterre,

V.ᵉ SEIGNEUR DE LA FLÈCHE.

FOULQUES V, appelé dans la Terre sainte, par Baudouin II, roi de Jérusalem, avoit laissé à son fils, Geoffroi-le-Bel, le gouvernement des comtés d'Anjou, de Maine et de Touraine, dont la propriété lui appartenoit en partie du côté d'Eremburg, sa mère.

Il devoit encore, comme époux de l'impératrice Mathilde, fille et unique héritière du roi Henri, prétendre à la couronne d'Angleterre ; mais ce prince fut à peine descendu dans la tombe, qu'il eut à disputer ses droits contre Etienne, comte de Mortain, neveu du roi, qui, au préjudice de la véritable héritière, s'empara du trône. Cette violation du droit des gens occasionna entre lui et Geoffroi, une guerre sanglante. D'abord le comte d'Anjou fut repoussé et obligé de lever le siége de Montreuil-en-Houlme ; ensuite il essuya un autre échec, en retournant dans son pays : il fut attaqué dans la forêt de Malefer, par plusieurs troupes de brigands qui tuèrent son chambellan, pillèrent ses équipages et volèrent ses effets les plus

précieux. Mais la défaite d'Etienne, en 1140,
et sa détention comme prisonnier, déterminèrent la plupart des seigneurs normands à
reconnoître Geoffroi-le-Bel pour héritier légitime du royaume d'Angleterre.

L'état habituel d'un souverain n'est guère
celui du repos : ou il est attaqué, ou il attaque lui-même ; et toute sa vie s'écoule
dans les soucis et l'inquiétude.

Le nouveau roi d'Angleterre eut à se défendre contre Lisiard de Sablé (1) et Robert IV,
son fils, seigneur de la Suze et de Briolé,
qui tous deux lui déclarèrent la guerre à
plusieurs reprises. D'abord Lisiard leva des
troupes, s'avança jusqu'aux portes d'Angers,
en menaçant le comte, et en le défiant au
combat. Mais ce fier guerrier étoit un rival
trop foible pour résister aux forces d'un des
plus puissans seigneurs de la France. Celui-ci
s'arma, se mit en campagne, et se vengea
de son ennemi, en pillant Briolé et en dé-
vastant les environs de Sablé ; il s'avança
même jusqu'à la Suze qu'il prit. Mais, après
la mort de Lisiard, cette place fut rendue
à Robert, son fils, à condition qu'il feroit
hommage à Geoffroi des seigneuries de Sablé et de la Suze.

Robert, trop foible alors pour s'opposer
aux volontés du comte d'Anjou, consentit
à cet hommage ; mais, bientôt après, excité
à la vengeance par des instigations perfides,
il recommença la guerre, et ravagea la cam-

____

(1) Ce Lisiard de Sablé étoit fils de Robert II, qui eut
pour père Robert-le-Bourguignon. (Ménage, hist. de Sablé.)

pagne, depuis Briolé jusqu'aux murs d'Angers. Geoffroi ne tarda pas à faire repentir Robert de sa témérité ; il arma contre lui, enleva Briolé, la Suze, et en obligea les habitans à lui prêter serment de fidélité.

Robert, vaincu, et incapable de lutter plus long-temps contre la puissance d'un ennemi si redoutable, demanda et obtint la paix, par l'entremise d'Ulger, évêque d'Angers, et de Hugues de saint Calais, évêque du Mans : car alors les évêques étoient les conciliateurs des querelles des princes ; et leur médiation manquoit rarement son effet.

Geoffroi-le-Bel goûtoit à peine les fruits d'une vie tranquille, lorsque la mort vint l'enlever à ses sujets dont il commençoit à faire le bonheur. Il mourut à Château-du-Loir ; son corps fut transporté au Mans, et inhumé dans la même église où il avoit reçu le baptême. Son effigie, gravée en émail sur une lame de cuivre, fut attachée à un pilier, auprès de sa tombe.

Ce prince commença la famille royale d'Angleterre, du nom de Plantagenet. Il fut père de Henri II, dont la branche masculine a fini à Edouard Plantagenet, comte de Warwick, que le roi Henri VII fit décapiter, sous prétexte qu'il avoit trempé dans la conspiration de Perkin.

L'histoire impute à Geoffroi-le-Bel un crime qui fut commis à Séez, par les gens de sa suite, et dont toute la noirceur retomba sur lui.

Jean, évêque de Séez, étant mort en

1143, on procéda, l'année suivante, à l'élection de son successeur. On ne put d'abord se concilier; à la fin, quatre des chanoines choisirent Gérard, un des anciens chanoines réguliers, qui n'étoit pas agréable à Geoffroi. Les gens du comte l'outragèrent et portèrent la violence jusqu'à le faire eunuque. On prétend que plusieurs autres chanoines subirent le même sort. Cependant Eugène III, étant venu en France deux ans après, remit le malheureux évêque dans les bonnes grâces de son prince.

HENRI II,

Comte d'Anjou, de Maine, de Touraine, Duc de Normandie, Roi d'Angleterre,

VI.e Seigneur de la Flèche.

Ce prince fut, du chef de son père, comte d'Anjou, de Maine, de Touraine; et du chef de sa mère, roi d'Angleterre et duc de Normandie.

Ce qui acheva de le rendre un des plus puissans princes de son siècle, fut le mariage qu'il contracta avec Eléonore d'Aquitaine, reine de France, que le roi Louis-le-Jeune avoit impolitiquement répudiée. Cette princesse apporta en dot à Henri II la Guienne et le Poitou dont elle étoit héritière.

Il ne devint seigneur de la Flèche qu'en 1156, non par la mort de son père, mais par usurpation, ayant dépouillé son frère cadet des provinces d'Anjou, de Maine, de Touraine ; car Geoffroi avoit laissé ces trois provinces à son second fils, dans la persuasion que le duché de Normandie et la couronne d'Angleterre suffiroient à l'ambition de l'aîné. Il lui avoit même fait jurer qu'il exécuteroit ponctuellement cette condition. Mais Henri II trouva bientôt le moyen de se faire relever par le pape. Alors il s'empara, sans scrupule, des possessions de son frère cadet. Celui-ci, chassé de l'Anjou, se retira en Bretagne, où il fut reconnu en 1157, comte de Nantes, par les habitans qui venoient d'expulser de leurs murs leur ancien seigneur.

Deux ans après, ce prince étant venu à mourir, Conan, duc de Bretagne, s'empara de Nantes. Mais le roi d'Angleterre, dont l'ambition ne pouvoit être rassasiée, s'avança en Bretagne, avec des forces si considérables, que Conan se vit obligé, non-seulement de lui céder le comté de Nantes, mais encore de faire avec lui un traité, par lequel il promit de donner Constance, sa fille unique, à son troisième fils, alors au berceau.

Roi puissant et voisin redoutable, Henri II fit aussi la guerre à Louis-le-Jeune, roi de France. L'un et l'autre se signalèrent par des vols, des massacres et des incendies. En 1168, le roi d'Angleterre entra dans le pays de Vimeu, et plus de quarante villages furent la proie des flammes. Louis brûla, par représailles, le château de Chaîne-Brun, en Normandie. Henri accourut dans le Perche, incendia à son tour le château de Bazole et celui de Châteauneuf. Ainsi les rois se vengent aux dépens de la fortune des sujets paisibles, qui souvent n'ont d'autre tort que d'être les plus foibles. Heureusement la paix qui se conclut entre les deux monarques, vint mettre fin à tant d'atrocités.

A de grands vices, Henri joignoit des qualités éminentes : la prudence, la générosité, l'élévation du génie, la politique et une grande étendue de connoissances. Mais ces vertus estimables étoient effacées par un orgueil excessif, une ambition démesurée et une luxure sans bornes.

Son règne fut signalé par des réformes utiles. Celle qu'il avoit le plus à cœur étoit de mettre un frein au pouvoir illimité du clergé. Les tentatives qu'il fit pour le réprimer, occasionna la mort de Thomas Becker, archevêque de Cantorbéry, dont on lui fit un crime.

Si Henri II eut des guerres à soutenir au-dedans et au-dehors de ses états, au moins il les termina avec succès. Après avoir conquis l'Irlande, il força Guillaume, roi d'Ecosse, de se reconnoître son vassal.

Il fut obligé de faire rentrer dans le devoir trois fils qui se révoltèrent plusieurs fois contre son autorité : leur ingratitude lui causa tant de chagrin, qu'il en mourut en 1189, après 34 ans de règne.

Dans le temps où il vivoit, les créanciers d'un seigneur qui ne payoit pas ses dettes, étoient autorisés à saisir les biens de ses vassaux, quoique ceux-ci n'eussent contracté aucun engagement à cet égard. Pour remédier à cet abus, Henri II ordonna par une loi pleine d'équité : 1.º Que les biens d'un vassal ne pourroient être saisis par les créanciers de son seigneur, à moins qu'il n'eût été caution de la dette. 2.º Que les rentes dues par les vassaux, seroient payées, non au seigneur, mais aux créanciers. Comme cette loi fut rendue à Verneuil, dans un conseil du roi, où assistoient quelques barons et prélats de Maine, de Bretagne, de Normandie, de Poitou, d'Anjou, elle eut lieu pour ces différentes provinces.

Quoiqu'il se fût déclaré ennemi du pouvoir illimité du clergé, Henri ne s'en montra pas moins généreux à son égard. Il donna des fiefs et des biens à l'église ; il fit bâtir Angers, et ailleurs un grand nombre de monastères qu'il donna aux religieux de saint Etienne de Grand-Mont.

Il confirma et augmenta la fondation faite par son père, du prieuré de saint Jacques de la Flèche ; il fonda aussi celui de saint André, aux portes de cette ville, et l'abbaye de Malinais (1).

____

(1) Voyez la troisième partie de cet ouvrage : *Revenus du collége de la Flèche.*

RICHARD,

RICHARD,

surnommé COEUR-DE-LION,

Roi d'Angleterre, duc de Normandie, comte de Maine, etc.

VII.e Seigneur de la Flèche.

Richard, fils de Henri II, comte d'Anjou, monta sur le trône d'Angleterre, immédiatement après la mort de son père.

A cette époque, la fureur des croisades étoit si universelle dans l'Europe, que Richard y prit part comme les autres souverains. Il se croisa avec Philippe-Auguste, en 1190. Mais les deux rois croisés ne furent pas long-temps d'accord. La division se mit parmi eux. Philippe, mécontent de son associé, se sépara de lui et revint en France. Richard, maître du commandement, déploya en vain le courage le plus héroïque ; ses troupes étoient plus divisées entr'elles que ne l'avoient été les deux rois. Tout ce que Richard acquit de gloire dans cette expédition, fut de désarmer Saladin qui revenoit vainqueur de la Mésopotamie. Mais moins prudent que Philippe-Auguste, il partit de la Terre sainte en 1192, avec un seul vaisseau, et alla échouer sur les côtes de Venise. Il se déguisa et traversa ensuite la moitié de l'Allemagne, où il fut reconnu et trahi. Il

E

avoit offensé au siége d'Acre, par sa hauteur, Léopold, duc d'Autriche, sur les terres duquel il eut l'imprudence de passer. Le duc le fit charger de fers et le livra au lâche et barbare empereur, Henri VI, qui le garda prisonnier, et ne lui rendit la liberté qu'après en avoir reçu 10,000 marcs d'argent. De retour dans son royaume, en 1194, Richard le trouva déchiré par la faction que Jean, son frère, y avoit formée. Il la dissipa et tourna ensuite ses armes contre Philippe-Auguste, qui lui opposa des forces suffisantes pour balancer le succès de cette guerre.

La soif des richesses, plus ardente chez les rois que chez les simples particuliers, excite souvent en eux le désir de ravager la terre, pour l'appaiser.

Richard, qui aimoit autant l'or que la gloire, ayant appris qu'il y avoit un trésor renfermé dans Chalus, place du Limousin, y fit marcher son armée, alla lui-même l'attaquer, et y reçut une blessure dont il mourut le 6 avril 1199, âgé de 42 ans.

« La seule qualité de ce prince, dit un auteur moderne, fut la valeur; non cette valeur, fruit de l'élévation de l'ame, mais celle qui vient d'un caractère violent. Il fut brave, mais féroce; entreprenant, mais inquiet; ferme, mais opiniâtre; passionné pour la gloire des armes, mais jaloux de tous ceux qui pouvoient la lui disputer. Rien ne lui coûtoit pour satisfaire son ambition.... Il étoit d'ailleurs si gonflé d'orgueil, qu'il regardoit les rois comme des sujets, et ses sujets comme des esclaves. De plus, sa lubricité ne reconnoissoit aucun frein. On raconte qu'un pieux ecclésiastique eut la hardiesse de lui reprocher un jour d'entretenir trois méchantes filles, l'ambition, l'avarice et la luxure ». « Si cela est, » dit Richard à ses courtisans, voici mes » dispositions : Je laisse mon ambition aux » templiers, mon avarice aux moines, et » ma luxure aux prêtres ».

RAOUL II,

De la maison de Beaumont (1),

VICOMTE DU MANS,

VIII.e Seigneur de la Flèche.

CE fut après la mort de Richard Cœur-de-Lion, que la seigneurie de la Flèche, possédée par les rois d'Angleterre, de la branche des Plantagenet, passa à Raoul II, vicomte du Mans, et de la très-ancienne famille de Beaumont.

Plusieurs généalogistes la font descendre d'un des fils de Louis-le-Gros, roi de France, qui épousa l'héritière de Beaumont, en prit

(1) A cette époque la maison de Beaumont-le-Vicomte possédoit dans le Maine le Sonnois, Beaumont, Fresnai, sainte Suzanne ; et dans l'Anjou, la Flèche, le Lude, Châteaugontier, Pouancé, etc. : elle portoit dans ses armes d'azur, semées de fleurs-de-lys, un lion aussi d'azur.

le nom, et retint les armes de France qu'il chargea d'un lion.

D'autres ont avancé que les mêmes vicomtes sont issus de Louis de Brienne, second fils de Jean de Brienne, roi de Jérusalem, et de Bérangère de Castille, sa seconde femme.

Mais avant le mariage de Louis de Brienne avec Agnès, héritière de Beaumont, cette maison étoit depuis long-temps comptée parmi les plus illustres du Maine et de l'Anjou. Cependant on peut croire que les seigneurs de cette maison, qui se sont établis en Angleterre, sont sortis de Louis de Brienne et d'Agnès de Beaumont. Ceux-ci furent appelés au parlement, parmi les pairs, dès le treizième siècle; et un de ces vicomtes accompagna Edouard en France, lorsqu'il y vint à la tête d'une puissante armée, pour soutenir le parti de Marguerite de Flandres, contre Jeanne-la-Boiteuse, à qui le roi Philippe avoit accordé, en 1341, le duché de Bretagne.

Vers ce temps-là, en 1364, on voit un autre vicomte de Beaumont, établi en France, figurer avec honneur dans l'armée de du Guesclin, qui, le 19 mai, défit totalement les Navarrois, commandés par Jean de Graïlly. Le jeune vicomte commandoit à cette bataille une partie de l'armée françoise; il y perdit la vie, et fut vivement regretté de tous les françois dont il possédoit le cœur et la confiance.

Selden, auteur anglois, nous apprend encore que le roi Henri VI donna, en 1440, à un des Beaumont d'Angleterre, la vicomté de Beaumont, au Maine, dont il avoit fait la conquête.

Mais ce seigneur ne doit pas être confondu avec ceux qui existoient alors dans le Maine : ceux-ci, fidèles à l'honneur, furent, dans tous les temps, attachés aux intérêts des rois de France, comme ceux d'Angleterre l'étoient à la patrie qui les avoit adoptés.

Les seigneurs de cette maison tenoient en France un des premiers rangs ; ils étoient vicomtes du Mans ; et, en cette qualité, ils exerçoient les fonctions de lieutenans des comtes de Maine ; c'est-à-dire, qu'ils commandoient en leur absence.

« Or, dit Ménage, dans son histoire de Sablé, comme la ville de Beaumont appartenoit en propre aux seigneurs de Beaumont, vicomtes de Maine, ces seigneurs furent appelés vicomtes de Beaumont ; et la ville de Beaumont fut nommée ensuite Beaumont-le-Vicomte (1).

Plusieurs auteurs ont écrit que la seigneurie de la Flèche étoit sortie de la maison d'Anjou, et entrée dans celle de Beaumont-le-Vicomte, par le mariage d'une fille naturelle de Henri I.er, roi d'Angleterre, avec Richard II, vicomte de Beaumont, aïeul de Raoul IV.

______

(1) Elle porte aujourd'hui le nom de Beaumont-la-Sarthe. Elle fut établie avant le onzième siècle, par les vicomtes du Mans ; et c'est d'eux qu'elle prit le surnom de vicomte. Elle fut prise plusieurs fois par Guillaume-le-Conquérant, duc de Normandie et roi d'Angleterre. Elle suivit le sort de la province de Maine, qui changea trois ou quatre fois de maître en moins de trente ans.

Ce qui détruit cette opinion, c'est que, dans ce temps-là, la Flèche appartenoit au comte d'Anjou, et non à Henri I.er

Il est encore certain que Raoul II fut le premier de la maison de Beaumont qui devint seigneur de la Flèche, et il le fut immédiatement après Richard Cœur-de-Lion.

Ce changement de dynastie empêcha même que la Flèche ne devînt un domaine de la couronne de France. En effet, le roi Jean Sans-Terre, frère et successeur de Richard Cœur-de-Lion, ayant fait mourir en prison Artus, duc de Bretagne, son neveu et son pupille, le roi Philippe-Auguste fit prononcer, en 1203, par arrêt de la cour des pairs, la confiscation de tout ce qui étoit mouvant de la couronne de France.

Raoul II, vicomte du Mans, seigneur de Beaumont, de la Flèche, etc., se distingua autant par des actes de bienfaisance que par son courage. Il fut un des fondateurs de l'abbaye d'Estival, en Charnie, où il fut inhumé à côté de Raoul I.er

Il eut de sa première femme Richard, et Robert, évêque d'Angers, mort en 1197.

Et de quatre enfans qu'il laissa de son second mariage avec une fille de la maison de l'Aigle, celui qui hérita de la vicomté de Beaumont et de la châtellenie de la Flèche, fut Raoul, troisième du nom.

Ce Raoul III (neuvième seigneur de la Flèche) (1) , se distingua par de grandes

______

(1) Manquant de faits historiques sur Raoul III et les autres seigneurs de la Flèche, de la maison de Brienne, nous les.

largesses qu'il fit au clergé et aux moines. En 1202, il donna cent sous de rente aux religieux de Marmoutier, à l'effet de prier pour l'ame de Richard, son frère aîné. Il confirma, en 1215, l'exemption que son père avoit donnée à l'abbaye de saint Martin de Séez, et fonda, en 1218, le prieuré de Loué qu'il légua aux moines de l'abbaye de la Couture du Mans.

Il fut un des seigneurs de France qui écrivirent au pape Clément IX, au mois de septembre 1235 (1).

La même année, il donna, du consentement de Richard et de Guillaume, ses enfans, à Marguerite, comtesse de Fiez, sa nièce, son parc d'Orque. Elle y fonda, l'année suivante, une chartreuse, dont saint Louis confirma la donation quatre mois après.

Raoul III mourut en 1236, et il laissa de sa femme Lucie, morte en 1227, trois fils, et de son second mariage, pour héritière de son nom, Agnès, vicomtesse de Beaumont et dame de la Flèche, qui épousa Louis de Brienne, troisième fils de Jean de Brienne, roi de Jérusalem; et, au moyen de ce mariage, Louis de Brienne, (dixième seigneur

___

avons portés à la suite les uns des autres, sans en faire autant d'articles séparés, pour passer de suite à l'histoire de ceux qui ont figuré dans les grands évènemens de leur siècle.

(1) Cette lettre écrite par les seigneurs de France, au pape Grégoire IX, avoit pour objet de réclamer contre la juridiction des prélats, qui, à l'instar des barons, s'étoient arrogé le droit de haute, moyenne et basse justice.

de la Flèche) devint possesseur de tous les grands biens de la maison de Beaumont, qu'il transmit à ses descendans.

Ce seigneur augmenta, en 1235, la fondation de la Chartreuse du Parc, de cent livres de rente (1), à prendre sur la baronie de Fresnai, de sainte Suzanne, de Châteaugontier et le château de la Flèche. Le même seigneur remit, en 1253, aux religieux de Belle-Branche, le droit d'amortissement que les moines lui devoient. Il mourut quelques années après, et fut inhumé dans l'église de la Chartreuse du Parc.

Il eut d'Agnès de Beaumont, sa femme, entre plusieurs enfans, Jean, vicomte de Beaumont (onzième seigneur de la Flèche), qui épousa Jeanne de la Guerche, fille de Geoffroi et de N***, dame de Châteaugontier. De ce mariage naquirent plusieurs enfans, entr'autres, Robert, vicomte de Beaumont, baron de sainte Suzanne (2) (douzième seigneur de la Flèche), mort le 28 septembre 1312.

Ce Robert eut de son mariage avec Marie de Craon, fille de Maurice et de Mahaut de Maline, Jean II, vicomte de Beaumont, chevalier banneret (treizième seigneur de la Flèche). Il épousa, en premières noces,

______

(1) Cette somme étoit d'autant plus considérable, que, vers le milieu de ce siècle, la livre d'argent poids de marc valoit cinquante-six sols de notre monnoie courante ; ainsi cent sols de ce temps-là vaudroient aujourd'hui plus de cent francs de nos livres.

(2) Ce fut Lucie de sainte Suzanne, héritière de cette maison, qui porta cette terre en dot à Raoul III, vicomte de Beaumont.

Isabeau d'Harcourt, fille de Paul III et d'Alix de Brabant, dont il eut deux filles, Jeanne, et Marie qui lui succéda.

Il prit, en secondes noces, Marguerite de Poitiers, fille d'Aimar X, comte du Valantinois, et de Sibille de Baux, dont il eut Louis, vicomte de Beaumont, tué à la bataille de Cocherel, en Bretagne, le 20 mars 1362. Il avoit épousé Isabelle, fille de Jacques de Bourbon, comte de la Marche, mort sans postérité.

Après lui, l'héritière de son nom et de ses biens fut Marie, vicomtesse de Beaumont, qui épousa Guillaume Chamaillard, seigneur d'Antenaise, et grand sénéchal du Maine (quatorzième seigneur de la Flèche), mort avant l'an 1391. Il fonda, en 1377, une messe perpétuelle dans l'église de Belle-Branche, où il fut inhumé avec Marie de Beaumont, son épouse.

De ce mariage naquit Marie Chamaillard, vicomtesse de Beaumont, dame de la Flèche, morte le 18 novembre 1425.

Par son union avec Pierre, comte d'Alençon, la seigneurie de la Flèche passa avec la vicomté de Beaumont, dans la maison d'Alençon, dont nous allons entretenir nos lecteurs.

Le plus ancien seigneur d'Alençon qui soit connu, est York de Belesme, premier comte de Perche, qui vivoit en 925.

Guillaume I.er, son fils, posséda en même-temps le Perche et l'Alençonnois.

Après lui, ce fut Mabile de Belesme, sa fille, qui porta les biens de la maison d'Alençon à Roger II de Montgomery, vi-comte d'Hiesmes.

En 1221, Alix, sœur et héritière de Robert IV, vendit ou céda au roi Philippe-Auguste le chef-lieu du comté, avec ses dépendances.

L'année suivante, Philippe-Auguste joignit à cette acquisition le château d'Assé et la forêt de Bourse, qu'il échangea contre la baronie d'Ecouche.

En 1268, saint Louis donna Alençon avec ses dépendances, et à titre de comté, à Pierre de France, le cinquième de ses fils; il eut aussi le comté de Perche; mais étant mort sans postérité, le 6 avril 1287, ces deux comtés retournèrent à la couronne.

En 1293, Philippe-le-Bel donna les comtés d'Alençon et de Perche à son frère Charles, comte de Valois, qui monta depuis sur le trône de France. Son fils puîné, Charles II, reçut en 1326, le comté d'Alençon, avec pairie. Il fut tué le 26 août 1346, à la bataille de Crecy, où il commandoit l'avant-garde.

Jean, dit le Sage, petit-fils de Charles II, succéda au comté d'Alençon, qui fut érigé, en sa faveur, en duché-pairie, le 1.er janvier 1414.

Enfin le roi François I.er laissa la jouissance entière de l'apanage d'Alençon, à Marguerite, sa sœur, veuve du duc Charles IV, qui épousa, en 1526, Henri d'Albret, roi de Navarre, dont la fille unique, Jeanne d'Albret, porta la riche succession de ses ancêtres à son mari Antoine de Bourbon, duc de Vendôme, prince du sang, et père de Henri IV dont nous parlons ci-après.

Quant à la maison d'Antenaise, nous dirons qu'elle remonte au-delà du neuvième siècle. Elle a pris son nom de la terre d'Antenaise, située dans le voisinage de Laval. Le premier de cette maison, dont on ait connoissance, est Guillaume d'Antenaise, père d'Hamelin, qui, vers l'an 1066, fonda le prieuré de la Basoges, proche Laval. Savary d'Antenaise, son fils, et Pierre, doyen de Sablé, signèrent en 1199, le traité de paix entre Guy de Laval et Hammon. Il est fait mention de ce Savary dans le catalogue des chevaliers bannerets de Touraine.

Il fut père de Hamelin III, qui donna, vers l'an 1203, quelques terres à l'abbaye de Belle-Branche. Il fit aussi présent, en 1239, à Hamelin, son neveu, de la forteresse de Beaulieu et de celle de Ruillé-le-Gravelais.

Outre ce Savary, Hamelin III eut encore Amaury d'Antenaise dont il est fait mention dans un titre de saint Vincent du Mans, de l'an 1207.

Savary II épousa Sibille dont naquit Hamelin IV, bienfaiteur de Belle-Branche.

Ce Savary mourut sans enfans; et, après sa mort, Emmanuelle d'Antenaise, sa sœur, fut dame d'Antenaise. Elle épousa Jean Chamaillard; et de ce mariage elle eut deux enfans : le premier fut père de la comtesse d'Alençon, dame de Beaumont, de la Flèche, etc.; et l'autre, marié à Guillaumette de Jarsay, est appelé dans un titre, oncle de Pierre, comte d'Alençon.

PIERRE II,

COMTE D'ALENÇON ET DE PERCHE,

XV.e SEIGNEUR DE LA FLÈCHE.

PIERRE II, surnommé le Loyal et le Noble, devint comte d'Alençon (1), par la profession de son frère aîné dans l'ordre de saint Dominique, et la cession des droits que lui fit l'archevêque de Rouen, son autre frère. Il fut créé chevalier dès l'an 1350, et passa en Angleterre, comme un des ôtages du roi Jean : il se rendit à Calais, le 24 octobre 1351, où il ratifia le traité passé pour la délivrance du monarque français, et en jura l'exécution, conjointement avec les autres ôtages.

Une contestation élevée au sujet de l'étendue de la terre de Belleville, servit ensuite de prétexte au roi d'Angleterre, pour retenir le comte d'Alençon prisonnier, longtemps après l'échange du roi. Il n'obtint la

_____

(1) La ville d'Alençon n'étoit anciennement qu'un château qui appartenoit à la maison de Belesme, en Perche, et dont les seigneurs étoient vassaux des ducs de Normandie, à raison de ce château. Au commencement du huitième siècle, Alençon devint le chef-lieu d'une centaine ou arrondissement de cent communes. Deux siècles après, ce château fut fortifié et compté au nombre des places de guerre. Dans la suite, il se forma aux environs une ville considérable, qui est celle qui existe aujourd'hui.

permission de revenir en France, qu'en 1366;
et, avant de partir, il jura, comme loyal
chevalier, et en toute loyauté de chevalerie :
Que si les commissaires françois et anglois
ne pouvoient s'accorder pour terminer l'affaire de Belleville, avant Pâques 1368, il
rétourneroit se constituer prisonnier. Il donna en outre pour ôtages plusieurs gentilshommes attachés à sa personne. Il paya, de
plus, la somme de soixante mille écus d'or.

· Les hostilités avec l'Angleterre ayant re-
commencé, le comte d'Alençon et son frère
le comte de Perche, furent d'abord employés
dans l'armée du duc de Berry, qui, en 1370,
fit la conquête du Limousin. De là ils passèrent en Normandie, où commandoit Bernard du Guesclin. Ayant su que les Anglois
avoient leur quartier-général à Pont-Vallain,
dans le Maine, les deux frères les surprirent
et les mirent en déroute.

· En 1372, le même comte eut part à la
conquête du Poitou, de l'Aunis et de la
Saintonge.

· L'année suivante, les deux frères vinrent
se joindre au connétable, entrèrent avec lui
en Bretagne, et coopérèrent à la conquête
de la majeure partie de cette province. Pierre
d'Alençon fut même blessé au siége de Hen-
nebon ; et quoique sa blessure fût profonde,
elle ne l'empêcha pas de se trouver au siége
de Dervad.

· Après la conquête de la Guienne, le même
comte fit une seconde campagne en Bretagne, où il obligea les Anglois à lever le
siége de saint Malo. Dégoûté du service et

de la cour, il se retira dans son comté d'A-
lençon, où, mettant de côté toute vue
d'ambition, il se livra aux paisibles jouissances de la vie privée. Il chercha le bonheur, et le trouva non-seulement au sein
de sa famille, mais encore dans l'affection
de ses vassaux. Dégagé de toute prétention,
il n'eut aucune part aux malheurs que les
brigues et l'ambition des autres princes cau-
sèrent à l'état. Quoique généreux, il sut
établir une si sage économie dans sa dépense, qu'il trouva le moyen de doubler ses
domaines par les grandes acquisitions qu'il
fit.

Sollicité, après la mort de Charles V,
arrivée le 16 septembre 1380, de grossir la
faction des ducs d'Anjou, de Berry, de
Bourgogne, il eut la sagesse de résister, en
alléguant pour cause de son refus, son grand
âge et ses infirmités.

Le 29 août 1404, Pierre d'Alençon sen-
tant approcher sa dernière heure, choisit sa
sépulture dans l'église des chartreux de Val-
Dieu, où il avoit fondé quatre religieux,
à charge de dire chaque jour la messe pour
le repos de son ame (1). Après sa mort
arrivée à Argentan, le 20 septembre suivant,
son corps y fut porté et inhumé dans le chœur
des frères convers.

Malgré la défense que le comte avoit faite

____

(1) Cette fondation ne coûta au comte que 80 livres de
rente. Cette somme si modique de nos jours, suffisoit alors
pour la nourriture, l'entretien et le logement de quatre religieux.

de ne lui ériger aucun monument sépulcral,
on ne laissa pas de mettre à main droite du
maître-autel, une longue épitaphe en vers
françois, tels qu'on en faisoit de son temps.

De son mariage avec Marie Chamaillard,
dame de la Flèche, naquirent plusieurs enfans, entr'autres Jean I.er, qui fut seigneur
de la Flèche, comte d'Alençon, etc.

Sa mère, Marie Chamaillard, après la
mort de son mari, dérangea tellement ses
affaires par une prodigalité sans bornes, que
le roi fut obligé de l'interdire et de la mettre
sous la tutelle du comte son fils. Elle passa
le reste de ses jours dans le château d'Argentan, et mourut à l'hôpital de cette ville.

JEAN I.er,
COMTE ET DUC D'ALENÇON,
XVI.e SEIGNEUR DE LA FLÈCHE.

JEAN I.er, comte et ensuite duc d'Alençon, surnommé le Sage, naquit au château d'Assay le 9 mai 1385. Tout jeune encore, il se distingua dans l'armée du roi. Il fut un des plus fermes appuis du trône. Sa bravoure, ainsi que sa prudence, contribuèrent beaucoup aux traités de paix qui furent conclus entre la maison d'Orléans et de Bourgogne. Ses services lui méritèrent les bonnes grâces de son souverain. Le roi érigea en sa faveur le comté d'Alençon en duché-pairie, par lettres-patentes du premier janvier 1414 (1).

L'année suivante, le nouveau duc reçut du même monarque le commandement de l'armée, et fut tué à la funeste bataille d'Azincourt, en Artois, le 15 octobre 1415. On porta son corps à Séez, où il fut inhumé dans l'église de l'abbaye de saint Martin.

____

(1) Avant cette époque, les comtes d'Alençon jouissoient de la pairie. En 1331, on voit que le comte d'Alençon fut forcé, en sa qualité de pair, d'assister au jugement du comte Robert d'Artois, son beau-frère, et d'entendre la sentence de bannissement et de confiscation de biens, qui fut prononcée contre lui.

Ce

Ce prince eut de son mariage contracté le 26 juin 1396, avec Marie de Bretagne, dame de la Guerche, morte le 15 décembre 1446, entre plusieurs enfans, Jean II, qui hérita des titres et des biens de son père.

A la noblesse de l'ame, Jean joignoit les qualités de l'esprit et du cœur. Allié du duc d'Orléans, il défendit ses intérêts et plaida sa cause avec la chaleur d'un véritable ami. Sa prudence dans un âge peu avancé, décìda le roi à lui permettre de faire foi et hommage à dix-neuf ans. Il le fit le 29 mai 1405, entre les mains du duc d'Anjou, tant de la vicomté de Beaumont, que des baronies et châtellenies de Châteaugontier, la Flèche, Pouancé, Segré, le Lude (1), etc.

Animé de l'amour de Dieu, Jean I.er s'occupa, en 1406, mais infructueusement, à étouffer le schisme scandaleux qui divisoit l'église depuis 1370.

Dévoué aux intérêts de ses amis, à peine le duc d'Alençon eut-il appris l'assassinat du duc d'Orléans, qu'il se rendit aussitôt auprès de sa veuve, et de là à Paris, où il assista au lit-de-justice tenu dans la grand'-chambre du parlement. Il assista également

---

(1) Le marquisat du Lude passa dans la maison des vicomtes de Beaumont, par mariage. Cette terre y étoit encore en 1355. De là elle passa dans la maison de Vendôme, par le don qu'en fit, en 1378, Marie de Poitiers, femme de Jean, vicomte de Beaumont, à Jean de Vendôme, son neveu, par son mariage avec Marie d'Orange. Ensuite cette terre fut vendue à la famille de Daillon, et érigée en duché, en faveur d'un des seigneurs de cette maison. Mais les lettres-patentes n'ayant point été enregistrées après sa mort, cette terre redevint marquisat.

F

à l'assemblée dans laquelle le gouvernement de l'état fut donné à la reine et au dauphin. Il fut encore présent au lit-de-justice, convoqué pour entendre la justification du duc de Bourgogne.

Ardent à maintenir la tranquillité dans l'intérieur du royaume, il fit, le 8 juin 1408, avec Jean, duc de Bretagne, un traité d'alliance envers et contre tous, excepté le roi, la reine, le dauphin, la reine d'Angleterre, Artus Gille et Richard de Bretagne.

En 1412, Jean I.er négocia le mariage de son fils aîné, Jean, comte de Perche, avec Yolande, seconde fille du roi de Sicile; et le contrat fut signé à Sablé, le 1.er mars de la même année.

En faveur de ce mariage, le duc d'Alençon fit présent à son fils de la vicomté de Beaumont; et au moyen de cette donation, Jean II. devint seigneur de la Flèche.

Brave et courageux, le duc d'Alençon fit preuve, à la bataille d'Azincourt, de toutes les qualités d'un preux et loyal chevalier. Il avoit sous ses ordres le second corps de bataille. S'étant apperçu que les Anglois venoient de battre l'avant-garde, et que cette défaite influoit déjà sur les troupes qu'il commandoit; il les fit avancer, se flattant de réparer la perte que les François venoient d'essuyer. Ce combat, plus sanglant que le premier, n'eut pas un succès plus heureux. Le duc seul espéroit encore. Supérieur à la fortune qui le trahissoit, il fait un dernier effort; se met à la tête de quelques braves qui ne l'avoient point abandonné; fond sur les ennemis ; porte la terreur et la mort dans les rangs ; arrive auprès du duc d'Yorck, qui conduisoit le premier corps des Anglois ; l'atteint et le fait tomber mort aux pieds de son père. Bientôt il apperçoit le roi lui-même. Les deux héros se mesurent de l'œil. Le duc se nomme, s'élance sur son adversaire, et d'un coup de hache il abat une partie de la couronne d'or qui formoit le cimier de son casque.... Il alloit redoubler, venger la France, et peut-être la faire triompher.... Déjà son bras étoit levé.... Mais Henri, d'un coup de revers, l'étend à ses pieds, et ses gardes l'achèvent, malgré les efforts qu'employa le vainqueur pour le sauver.

Au surnom de Sage que Jean I.er mérita presque toujours, il allioit toutes les qualités qui forment le grand homme de guerre et tous les agrémens de l'homme de cour. Le seul reproche qu'on lui a fait a été de s'être déclaré un des chefs de la ligue, pour venger la mort du duc d'Orléans. Il est vrai que s'il eût imité la prudence de son père, il n'auroit pris aucun parti aux troubles que la faction de Bourgogne, de Berry, d'Orléans et d'Anjou causa dans l'état. Mais il auroit cru déshonorer sa naissance et flétrir son nom, en restant étranger aux grands intérêts de la couronne. Il devoit, pour obéir aux lois de l'honneur, soutenir les droits du trône ; et il le fit sans hésiter. Loin de croire, avec l'historien de sa vie, qu'on ne pourra jamais effacer cette tache de sa mémoire ; nous ne voyons, au contraire, dans cette prétendue tache, que le devoir et non l'infamie. Cet article et les deux suivans sont extraits des Mémoires historiques sur les seigneurs d'Alençon ; de l'histoire généalogique des grands officiers de la couronne ; et d'autres ouvrages tant imprimés que manuscrits.

JEAN II,

DUC D'ALENÇON, &c.

XVII.e Seigneur de la Flèche.

Jean II, duc d'Alençon, surnommé le Beau, et non le Bon, naquit au château d'Argentan, le 2 mars 1409.

Il commença ses premiers faits d'armes à l'âge de treize ans. Il se trouva à la bataille de Verneuil, où commandoit son père : on l'y fit prisonnier, et il ne recouvra sa liberté que cinq ans après, et moyennant une rançon de trois cents mille écus d'or. Pour compléter cette somme, sa première femme, Jeanne d'Orléans, fut obligée non-seulement d'engager les diamans de la maison d'Alençon, mais encore de vendre beaucoup d'immeubles, entr'autres, le fief et l'étang de la Motte-Alain, et des vignes situées dans la commune de la Basoges, dont les moines de Belle-Branche firent l'acquisition, pour la somme de trois cents cinquante écus d'or.

Le roi suppléa à cette vente, par un don de 14,000 livres, et un autre de 10,000 liv.

En outre, le duc donna, pour gage de l'en_
tier paiement de sa rançon, plusieurs seigneurs qualifiés.

Rendu à la liberté, le duc ne tarda pas à
se venger des ennemis de la France. Il prit
d'assaut Jargeau, et se rendit maître des
places de Melun, Baugenci et Joinville. Il
eut aussi beaucoup de part à la victoire que
remportèrent les François à Patay, en Bauce.

Appelé au sacre de Charles VII, il y représenta le duc de Bourgogne ; et, avant la
cérémonie, il eut l'honneur d'armer le roi
chevalier. Il assista aussi à la première entrevue que la Pucelle d'Orléans eut avec
Charles VII. Cette entrevue étoit d'une telle
importance, que le roi fit jurer au duc qu'il
ne révéleroit rien de ce qu'il avoit entendu.

Jean II, après avoir servi avec fidélité
Charles VII contre les Anglois, jusqu'en 1440,
devint coupable de trahison envers lui. Il
fut soupçonné premièrement d'être l'auteur
de la mésintelligence survenue entre Louis,
dauphin, et le roi son père ; secondement,
de correspondre avec les Anglois contre les
intérêts de la France. Accusé et convaincu
de ces faits, il fut condamné à mort, par
arrêt du parlement de Paris, le 10 octobre
1454. Mais heureusement Louis XI qui monta
sur le trône de son père, le fit mettre en
liberté.

Aigri par le malheur, mécontent de la
cour, ce duc s'emporta en propos séditieux,
et fut bientôt accusé de trahison, et condamné de nouveau à mort en 1474. Il eut
encore le bonheur d'échapper au supplice ;

seulement il garda la prison du Louvre. Il mourut deux ans après, et fut inhumé dans l'église des jacobins de Paris.

A une belle figure, Jean joignoit quelque goût pour la poésie, et d'heureuses dispositions pour l'art militaire. Mais il étoit violent, jaloux, ingrat et parjure : son humeur inquiète et vindicative lui fit commettre des actions déshonorantes et bien opposées à l'esprit de sa devise : LOYALEMENT. Il fit assassiner Fortin, que Charles VII avoit mis sous sa sauve-garde, et fit noyer un orfévre qui, de son consentement, lui avoit fabriqué de la fausse monnoie.

Son imprudence lui occasionna plusieurs guerres sanglantes ; et, malgré l'habileté de Loré, un de ses capitaines, il n'en vint pas toujours à son honneur. Il ne reprit Alençon qu'en 1449 ; et encore ne s'empara-t-il de cette ville que par l'entremise des échevins, qui formèrent un parti en sa faveur.

Pour achever de peindre ce personnage et l'esprit de son siècle, il suffira de dire que Jean II croyoit aux magiciens, et leur accordoit sa confiance. Il les consultoit souvent sur ses projets ; et, non-content d'interroger les sorciers de France, il avoit encore recours aux étrangers. Au reste, les personnes de son temps, les plus respectables par leurs vertus et leur piété, avoient la foiblesse d'esprit d'ajouter foi aux discours de ces imposteurs.

Jean contracta deux mariages. Le premier, en 1421, avec Jeanne d'Orléans, fille aînée de Charles, duc d'Orléans, et d'Isabelle de France. Cette princesse mourut sans enfans, le 19 mai 1432. Le second, en 1437, avec Marie d'Armagnac, fille aînée de Jean IV, comte d'Armagnac, et d'Isabelle de Navarre. Il eut plusieurs enfans de ce mariage, entr'autres, René, qui succéda à son père dans le duché d'Alençon, et dont nous allons parler.

RENÉ,
DUC D'ALENÇON, &c.
XVIII.e Seigneur de la Flèche.

Ce prince naquit en 1440. Il donna de grandes preuves de sa fidélité aux intérêts du roi, que son père, Jean II, avoit desservis.

Egaré un instant par l'obéissance qu'il croyoit devoir à l'auteur de ses jours, il reconnut bientôt son erreur, et sacrifia, à son devoir, les engagemens indiscrets qu'il avoit formés. Il chassa les Bretons de la ville d'Alençon, et la remit au roi, comme un gage de sa fidélité.

De bonne heure instruit dans l'art de la guerre, René servit son souverain avec honneur, à la bataille du bien public, en 1465. La même année, il assista aux états-généraux assemblés à Tours, et fut un des princes qui contribua le plus au traité de Conflans, conclu le 5 octobre de cette même année.

Ami de son roi, il se déclara, en 1467, le protecteur des droits de sa couronne, envers et contre tous.

Cette conduite noble et généreuse, à l'égard de Louis XI, contribua beaucoup au rétablissement de sa fortune, que l'inconduite de Jean II avoit considérablement altérée. Le roi lui remit Alençon, et lui donna, en outre, une somme de vingt mille écus, et une compagnie de cent lances.

Les grâces qu'accorde un monarque, excitent toujours la jalousie des courtisans. Le duc de Berry, frère du roi, ne put voir d'un œil tranquille, l'éminente faveur dont jouissoit à la cour René d'Alençon, et forma le dessein de le perdre dans l'esprit du roi. Il l'accusa donc publiquement d'être d'intelligence avec le duc de Bretagne, et d'avoir tenu des propos séditieux contre le roi lui-même. Ces calomnies, adroitement répandues, produisirent l'effet que le duc en avoit attendu. Elles firent une telle impression sur l'esprit soupçonneux de Louis XI, que, sans d'autres preuves que ces faux rapports, il fit emprisonner et juger le duc d'Alençon, comme un simple particulier (1).

____

(1) Le duc étoit alors à la Flèche avec la dame de saint Quentin, sa sœur, qui, vendue aux intérêts du duc de Berry, le dénonça comme un traître. Quelque temps après, Simon Lépine, aubergiste, vint l'avertir que du Lude paroissoit avoir l'intention de l'arrêter. Sur cet avis, le duc fit ses dispositions pour se rendre secrètement en Bretagne; mais du Lude qui veilloit sur ses démarches, l'arrêta prisonnier à la Roche-Talbot, le 10 juillet 1480; de là il fut conduit à Chinon où l'on instruisit son procès.

Non-seulement on n'observa à son égard aucune des formalités usitées à la cour des pairs ; mais encore on lui fit essuyer toutes les avanies, et éprouver tous les tourmens réservés aux plus grands criminels. Ayant cherché à s'évader de sa prison, il fut dès-lors renfermé dans une cage de fer, d'un pas et demi de longueur. On l'y retint six jours entiers, pendant lesquels on lui donnoit à manger avec une fourche. Il y resta encore douze semaines ; mais seulement on le tiroit de sa cage, pour lui faire prendre de la nourriture. Cette cruauté inouie exercée sur René d'Alençon pendant les plus grandes rigueurs de l'hiver, lui occasionna un rhumatisme à la cuisse, et une plaie à la tête, dont il manqua mourir.

Enfin, le 22 mars 1481, intervint arrêt du parlement de Paris, portant : « Que le comte avoit été pris et constitué prisonnier à bonne et juste cause ; qu'il demanderoit merci et pardon au roi, pour les faits et désobéissances par lui commis ».

Ce malheureux prince, plus indiscret que coupable, resta en prison jusqu'au 17 septembre suivant, époque de la mort de Louis XI.

Remis en possession de tous ses droits, par Charles VIII, René prit alors la qualité de duc d'Alençon, et assista au sacre de ce roi, où il représenta le duc de Normandie. Il se retira ensuite de la cour, et trouva dans la retraite, la paix qu'il n'avoit pu goûter au sein des grandeurs. Instruit à ses dépens, il demeura tranquille spectateur des querelles excitées par les ducs d'Orléans et de Berry.

Le 14 mars 1488, René épousa Marguerite, troisième fille de Favri II, duc de Lorraine, et d'Yolande d'Anjou, reine de Sicile. Il en eut Charles d'Alençon, né en 1489. Il fut marié avec Marguerite d'Orléans, sœur de François I.er, roi de France, qui mourut à Lyon, le 5 août 1524, sans lui laisser d'enfans.

René, duc d'Alençon, mourut en son château d'Alençon, le 1.er novembre 1492, et fut inhumé, le 10 du même mois, dans l'église de Notre-Dame de cette ville, où Marguerite lui fit élever un superbe mausolée, en albâtre.

Françoise, sœur de René, tante de Charles, hérita après la mort de son neveu, des titres et biens de la maison d'Alençon.

Elle fut mariée deux fois : la première, en 1505, avec François d'Orléans, duc de Longueville ; la seconde, le 14 mai 1513, avec Charles de Bourbon, duc de Vendôme (1). De ce mariage naquit Antoine de Bourbon, père de Henri IV.

Ce fut Françoise d'Alençon, qui, en 1540, fit rebâtir le château du parc de la Flèche, qu'elle appela le Château-neuf, pour le distinguer de l'ancienne forteresse, qui avoit été, dans les douzième et treizième siècles, la demeure ordinaire des anciens seigneurs de cette ville.

---

(1) Voyez la seconde partie de cet ouvrage, art. *Cordeliers*, où l'on trouvera le précis de la vie de cette princesse.

Elle obtint aussi de François I.er l'érection en duché-pairie de la vicomté de Beaumont. On la forma des terres, baronies et seigneuries de sainte Suzanne, Fresnai, la Flèche, Châteaugontier (1). Les lettres-patentes de cette érection sont de septembre 1540.

Cette princesse mourut à la Flèche le 14 septembre 1548. Son corps fut transporté à Vendôme, et inhumé dans l'église de saint Georges, à côté de son époux.

____

(1) On attribue la foundation de Châteaugontier à Foulques Néra, comte d'Anjou. Il la fit bâtir sous le nom de son concierge, qui s'appeloit Gontier, et lui en donna la jouissance, sous le titre de châtelain. Quelque temps après, le même comte en fit don à Yvon, fils d'Yves, comte de Belesme et d'Alençon, dont la postérité prit le nom de Châteaugontier.

La fille de Jacques de Châteaugontier et de Denise de Montmorency, porta cette terre en dot à Geoffroi, seigneur de la Guerche; et de là elle passa à Jean de Brienne, vicomte de Beaumont et seigneur de la Flèche, par son mariage avec Jeanne, fille de Geoffroi; ensuite Marie de Beaumont-Brienne la fit passer à Guillaume de Chamaillard, seigneur d'Antenaise; et ce fut Marie de Chamaillard qui la porta dans la maison royale d'Alençon, par son mariage avec Pierre II. Son petit-fils Jean II l'aliéna à la maison d'Amboise. Le roi Charles VII la fit saisir en 1431. Depuis ce temps jusqu'en 1627, elle fut unie à la couronne. Mais à cette époque, Châteaugontier fut donné à titre d'engagement et de marquisat, à M. Colet de Bailleul, président à mortier au parlement de Paris.

CHARLES DE BOURBON,

Duc de Vendôme, pair de France,

XIX.ᵉ SEIGNEUR DE LA FLÈCHE.

CHARLES de Bourbon, en épousant Françoise, duchesse d'Alençon, fit passer les titres et les domaines de cette maison dans celle de Vendôme : il devint duc d'Alençon, de Beaumont, comte de Perche, seigneur de la Flèche, etc.

Ce prince ne s'écarta jamais des étroits sentiers de l'honneur. Fidèle à la patrie, à ses devoirs, il servit son roi avec zèle, et lui donna, dans toutes les occasions, les témoignages d'un sincère dévouement.

Il fut un des seigneurs qui accompagnèrent Louis XII dans son voyage d'Italie. Il assista à la prise de Gênes, en 1507, et se trouva à la bataille d'Aignadel, gagnée sur les Vénitiens, en 1509, où il fut fait chevalier de la main du roi.

Après la mort de ce monarque, il représenta le comte de Flandres, au sacre de François I.ᵉʳ

Les services que Charles de Bourbon avoit rendus à l'état, méritoient une récompense; et le roi le créa duc de Vendôme en 1514; il le fit en même-temps gouverneur de Paris et de l'île de France, et bientôt de Picardie.

Inébranlable dans sa fidélité, ni la révolte, ni la confiscation des biens du connétable de Bourbon, ne purent le faire sortir du devoir. La confiance qu'il avoit inspirée à François Ier, fut partagée par la duchesse d'Angoulême, qui, pendant sa régence, l'établit chef du conseil de France.

Chargé de négocier la rançon du roi, fait prisonnier à Pavie, il employa toutes les ressources de la politique, pour lui faire rendre la liberté.

Entièrement dévoué aux intérêts de la maison de France, il mit le sceau à la gloire qu'il s'étoit acquise par ses exploits guerriers, en forçant l'armée impériale à lever le siége de Péronne.

En 1537, ce prince mourut d'une fièvre maligne, à Amiéns. Son corps fut transporté à Vendôme, et inhumé dans l'église de saint Georges.

Il laissa de son mariage avec Françoise, duchesse d'Alençon, plusieurs enfans, entr'autres, Antoine de Bourbon, dont nous allons nous occuper.

ANTOINE DE BOURBON,

Duc de Vendôme, etc.

XX.ᵉ Seigneur de la Flèche.

Quoique plusieurs historiens semblent s'être accordés pour peindre Antoine de Bourbon comme un homme foible, irrésolu et même pusillanime, néanmoins il a souvent développé une ame forte et un courage héroïque, et particulièrement dans la circonstance la plus périlleuse de sa vie.

François II, roi de France, avoit, à la prière du duc de Guise, consenti la perte d'Antoine de Bourbon.

Celui-ci, informé du complot, ne laissa pas que d'entrer dans l'appartement du roi, où l'assassinat devoit se commettre ; et s'adressant à un gentilhomme qui l'accompagnoit : « S'ils me tuent, dit-il, portez ma » chemise sanglante à mon fils et à mon » épouse ; ils liront, dans mon sang, ce » qu'ils doivent faire pour me venger. » A ce trait-là reconnoît-on une ame pusillanime ?

Antoine de Bourbon ne se montra pas moins courageux, quand, à la tête des armées, en 1562, il s'empara des villes de Blois, Tours et Rouen. Ce fut devant cette dernière place qu'il reçut, dans la tranchée, un coup d'arquebuse à l'épaule gauche. Il entra dans la ville, triomphant, et sur son lit de mort : trente-cinq jours après, la France perdit en lui un de ses meilleurs généraux.

Ce prince eut de son mariage avec Jeanne d'Abret (1), fille et seule héritière de Henri d'Albret, roi de Navarre ; et de Marguerite Valois, sœur de François I.er, quatre enfans, dont trois fils : deux périrent par accident ; et le troisième, si connu par sa courtoisie, sa franchise et son amour pour le peuple, fut Henri IV, roi de France et de Navarre, et justement surnommé le Grand.

––––––––––––––––––––

(1) Cette princesse si chère à ses parens, fut élevée d'abord à Alençon. Le roi ayant décidé que le reste de son éducation se feroit au Plessis-les-Tours, elle s'y rendit en 1539 ; et l'auteur des Mémoires sur les seigneurs d'Alençon, nous apprend que cette jeune princesse laissa à Alençon six poules d'Inde, les premières qui parurent en France. On assigna pour leur entretien et nourriture, 31 liv. 8 s. 6 d. par an.

HENRI IV, DIT LE GRAND,

Roi de France et de Navarre,

XXI.e SEIGNEUR DE LA FLÈCHE.

CE prince, né à Pau, en Béarn, le 3 décembre 1553, fut conçu à la Flèche, où Antoine de Bourbon, son père, et la princesse de Navarre, sa mère, demeurèrent, depuis la fin de février 1552, jusqu'au 15 mai de l'année suivante.

Dès qu'il fut venu au monde, son grand-père, Henri d'Albret, l'emporta dans le pan de sa robe, frotta ses petites lèvres avec une gousse d'ail, et lui fit sucer une goutte de vin dans sa coupe, afin de lui rendre le tempérament plus mâle et plus vigoureux.

« Par la suite, dit Péréfixe, il ne voulut pas qu'on le nourrît avec la même délicatesse que les personnes de sa qualité ; sachant bien que dans un corps mou et tendre, il ne loge ordinairement qu'une ame molle et foible. Il défendit aussi qu'on l'habillât richement, qu'on le flattât et qu'on le traitât de prince, parce que toutes ces choses ne font que donner de la vanité, et disposent le cœur des enfans plutôt à l'orgueil qu'aux sentimens de générosité ; mais il ordonna qu'on l'habillât et qu'on le nourrît comme les autres enfans du pays, et même qu'on

l'accoutumât

l'accoutumât à courir , à grimper sur les rochers ».

Que pouvoit devenir un prince élevé de cette manière ? Un bon roi , un bon père et l'appui de son peuple. Henri réunit toutes ces qualités ; et jamais la France n'eut de meilleur ami et de plus grand roi. « Il fut, dit le président Hainault , son général et son ministre ; il unit, à une extrême franchise , la plus adroite politique ; aux sentimens les plus élevés, une simplicité de mœurs charmante ; et au courage du soldat, un fonds d'humanité inépuisable ».

Toutes ses paroles peignent bien cette bonté d'ame et cette sensibilité qui le caractérisoient. « Je ne puis , disoit-il, après une bataille qu'il venoit de gagner, me réjouir de cette journée ; je vois mes sujets étendus morts sur la place ; je perds trop pour que je gagne ».

S'il dut à la nature ses vertus éminentes, les circonstances ne contribuèrent pas peu à les développer : en effet, il rencontra , dans le cours de sa vie , ce qui forme les grands hommes ; des obstacles à surmonter , des périls à vaincre , et l'adversité , écueil des ames communes.

Il fut aussi indulgent vainqueur qu'intrépide guerrier, et il aima autant à pardonner qu'à vaincre. On l'engageoit un jour à traiter , avec rigueur, quelques places de la ligue qu'il avoit réduites par la force des armes. « La satisfaction qu'on tire de la vengeance, dit-il, ne dure qu'un moment ;

G

mais celle qu'on tire de la clémence est éternelle ».

Quelle leçon pour les rois ! quelle consolation pour le peuple !

Tout en lui inspiroit l'admiration, le respect et la reconnoissance. On lui parloit d'un brave officier qui avoit été du parti de la ligue et dont il n'étoit point aimé : « Je veux, dit-il, lui faire tant de bien, que je le forcerai de m'aimer malgré lui ».

Quand dom Pedro de Tolède fut envoyé, par Philippe, en embassade auprès de Henri IV, il s'étonna de voir la ville de Paris si florissante, lui qui l'avoit quittée autrefois si malheureuse. « C'est qu'alors, lui dit le roi, le père de la famille n'y étoit pas ; et aujourd'hui, qu'il a soin de ses enfans, ils prospèrent ».

En effet, Henri IV fut bien le père de ses sujets. Ayant appris que quelques-unes de ses troupes, allant en Allemagne, avoient commis du désordre en Champagne, il dit aux capitaines qui étoient encore à Paris : « Partez en diligence, mettez-y ordre ; vous m'en répondez. Vive Dieu ! s'en prendre à mon peuple, c'est s'en prendre à moi-même ».

C'est sur-tout dans sa vie privée, que ce bon roi, se dépouillant de sa dignité royale, se livroit sans contrainte à la gaieté de son caractère : alors il laissoit échapper des saillies remplies de grâce et d'enjouement. Un soir, ce prince soupoit chez la duchesse de Sully ; cette femme étoit d'une hauteur insupportable; Henri, voulant l'apprivoiser, lui dit, en lui présentant une rasade :

Je bois à toi, Sully.....
Mais j'ai failli ;
Je devois dire, à vous, adorable duchesse ;
Car, pour bien boire à vos appas,
Il faut être chapeau bas.

Comme roi, Henri IV avoit toute la dignité d'un souverain ; mais comme simple gentilhomme, il aimoit à s'égayer, et quelquefois il poussoit la plaisanterie jusqu'à l'épigramme. Un jour il rencontre un homme de mauvaise mine : « A qui appartiens-tu ? lui demande-t-il ». « A moi-même , répond celui-ci, d'un air fier et dédaigneux ». « Dans ce cas, reprend le roi, tu appartiens à un sot maître ».

Henri IV, connu d'abord sous le nom de duc de Beaùmont, monta sur le trône de France, en 1589. Il y fut appelé par la mort de Henri III, comme aîné des descendans de saint Louis. Il épousa, en 1572, Marguerite de France, fille de Henri II et de Catherine de Médicis. Ce mariage ayant été déclaré nul, en 1599, Henri IV en contracta un second, en 1600, avec Marie de Médicis. De cette union sont nés : 1.º Louis XIII, qui lui succéda ; 2.º Nicolas d'Orléans, mort en 1611 ; 3.º Elisabeth, née en 1602, mariée, en 1615, à Philippe, roi d'Espagne, et morte en 1660 ; 4.º Chrétienne, née en 1606, mariée, en 1619, à Victor Amédée, duc de Savoie, morte en 1660 ; 5.º Henriette, née en 1609, mariée, en 1625, à

Charles, roi d'Angleterre, morte en 1669 ; 6.° Jean-Baptiste Gaston, duc d'Orléans, né en 1608, mort en 1660.

Ce bon prince, après un règne de 21 ans, mourut, le 14 mai 1610, de deux coups de couteau que lui donna Ravaillac.

Ce fut après l'avènement de ce prince au trône, que la seigneurie de la Flèche, et autres domaines de la maison d'Albret, furent réunis à la couronne de France.

Ensuite la terre de la Flèche et celle de sainte Suzanne furent données, par engagement, à Guillaume Fouquet, marquis de la Varenne, qui les a transmis à sa postérité.

Une nièce, seule héritière de la comtesse de Champagne, et arrière-petite-fille de Guillaume Fouquet, fit passer ces deux terres dans la maison de Choiseul-Praslin, par son mariage avec un comte de Choiseul, duc de Praslin.

ÉLOGE HISTORIQUE

DES

HOMMES ILLUSTRES

Nés a la Flèche et aux environs (1).

Fouquet, (Guillaume) marquis de la Varenne, né en 1560, et mort en 1616, favori

(1) Dans notre premier travail, il nous avoit été communiqué des notes intéressantes que nous nous étions empressés
d'accueillir. Quoiqu'elles nous aient été retirées, nous ne devons cependant pas omettre de parler :
1.° De Jacques-Matthieu Estourneau, né à la Flèche, en
1486. Ses talens en architecture le distinguèrent dans ce temps-là.
C'est lui qui donna le dessin de Châteauneuf, bâti en 1540, par
ordre de Françoise, duchesse d'Alençon. Il se distingua sur-
tout dans le mausolée qu'il érigea à Vendôme, par ordre de
cette princesse, en l'honneur de Charles de Bourbon, son mari,
décédé en 1537. Ce dernier monument est un chef-d'œuvre ;
et Mathurin Jousse, venu cent ans après, parle d'Estourneau de la manière la plus avantageuse.
2.° De Matthieu-Germain Estourneau, fils du précédent,
né le 5 février 1511. Savant jurisconsulte, il fut, à 25 ans,
nommé par François d'Alençon, chef de sa justice de la Flèche.
En 1542, il fut un des six commissaires choisis dans la province, pour réviser quelques articles de la coutume d'Anjou.
Il gagna la confiance des seigneurs de la Flèche, et ne cessa
de la mériter. Ce savant estimable mourut le 16 mai 1598,
âgé de 87 ans. Henri IV lui avoit adressé, le 21 avril 1596,
des lettres de conseiller honoraire au présidial de la Flèche.
Ces lettres, motivées tant sur les connoissances et endues de
Mathurin-Germain Estourneau, que sur les grands et longs
services qu'il avoit rendus à ses ancêtres et à lui-même,
sont des gages bien flatteurs.
Il laissa deux enfans ; le premier mourut jeune, et le
second, nommé Mathurin, né le 1.er janvier 1579, étudia
l'architecture. Il épousa Colberille Lenormand, et laissa postérité.

G 3

du roi Henri IV, eut tant de pouvoir sur l'esprit de ce monarque, qu'il put seul obtenir la grâce des jésuites et leur rappel en France. Il contribua beaucoup à leur établissement à la Flèche. Ce fut lui qui engagea le roi à leur donner son château neuf, pour faire partie de la fondation du collége, et, de plus, cent mille écus pour les frais.

Attaché, autant par inclination que par devoir, à la personne de Henri, il exposa plus d'une fois sa vie pour la défense de sa cause. En 1594, envoyé en Espagne, il y courut les plus grands dangers.

Le 5 juin 1595, époque mémorable et glorieuse pour la France, se donna la bataille de Fontaine-Françoise. Dans la mêlée, un Espagnol alloit porter un coup de sabre à Henri IV. C'en étoit fait du meilleur des rois. ... Fouquet voit l'extrême danger de son prince, s'élance, et est assez heureux pour parer le coup et sauver les jours de son bienfaiteur.

La ville de la Flèche doit à Fouquet une grande partie de ses embellissemens : le collége, la belle maison qu'il fit bâtir pour se loger, le mail qui en fait partie, et le pont des carmes.

Il décida aussi Henri à ériger la Flèche en chef-lieu du duché de Beaumont, et à y établir un présidial.

Serviteur zélé de son roi, Fouquet désira que son corps fût placé au-dessous du cœur de Henri IV. On exécuta ses intentions, et il y reposa jusqu'en 1793. Alors des mains sacriléges brisèrent sa tombe, et foulèrent

aux pieds les cendres de ce bienfaiteur de
la Flèche.

~~~~~~~~~~~~~~~~~~~~~

Fouquet, (Guillaume) fils du précédent,
évêque d'Angers, né en 1586 et mort en
1681, occupa plusieurs dignités civiles et
ecclésiastiques. Il fut d'abord conseiller au
parlement, ensuite maître des requêtes. Il
joignit à ces charges quatre abbayes, un
prieuré et l'évêché d'Angers.

S'il posséda de grands biens, il en fit du
moins un digne usage. Pendant le peu de
temps qu'il occupa le siége épiscopal, il gagna l'affection et l'estime générale. Non-
content de veiller sur le troupeau confié à
son zèle, il étendit sur tous les infortunés,
ses soins généreux et paternels. Il voloit
par-tout où il croyoit sa présence nécessaire ; il cherchoit et saisissoit avec empres-
sement l'occasion de soulager l'indigence.

~~~~~~~~~~~~~~~~~~~~~

Royer, (Jérôme le) né en 1596, et mort
en 1659, peut être mis au nombre des bienfaiteurs de l'humanité. Il employa la plus
grande partie des biens dont la fortune
l'avoit comblé, à fonder des hospices.

Son premier soin fut de secourir les pauvres
de la Flèche. Il établit, pour eux, la maison
des religieux et hospitaliers de saint Joseph.

Il étendit ensuite ses bienfaits au-delà de
cette ville, et fonda des hospices à Moulins
et à Laval. Il consacra, en outre, cinquante

mille écus pour l'établissement d'un hôpital à Mont-Réal, dans le Canada ; mais cette somme fut perdue avec le vaisseau sur lequel il l'avoit mise. Le Royer en sentit d'autant plus vivement la perte, qu'il étoit au-dessus de ses forces de la réparer ; mais enfin le gouvernement se chargea d'acquitter cette dette sacrée.

Après avoir consacré sa vie entière au soulagement des pauvres, une dyssenterie l'enleva à leur amour et à leur reconnoissance.

On porta son cœur à la Motte-Lubin, et son corps fut déposé sous l'autel de la chapelle de l'Hospice.

~~~~~~~~~~~~~

Jousse, (Mathurin) ingénieur-architecte, né le 27 août 1607, se voua par goût aux arts mécaniques dont il fit une étude particulière. A l'âge de 21 ans, il donna deux ouvrages estimés (1). Le premier est, La fidèle Ouverture de l'art du Serrurier ; et le second : Le Théâtre de l'art du Charpentier.

Indépendamment de ces deux ouvrages, Jousse publia, en 1641 : Les Secrets de l'Architecture.

On a encore du même auteur : La Perspective positive de Victor.

____

(1) Ces deux ouvrages ont été imprimés en 1627, chez Georges Griveau, imprimeur, à la Flèche.
~~~~~~~~~~~~~

Loyer, (Jean le) géographe, né le 3 septembre 1617, fut d'abord secrétaire du duc de Retz. Il s'appliqua bientôt à l'étude de la géographie. Ayant trouvé dans son frère cadet le même goût, il l'associa à ses travaux. Ensemble ils entreprirent une carte de l'Anjou ; ils parcoururent cette province ; et peu de temps après, ils donnèrent deux cartes que l'aîné grava lui-même, dont l'une est celle de l'Anjou, qui parut en 1654, et passa pour un chef-d'œuvre.

Loyer, (François-Jacques le) ingénieur-géographe, né le 21 janvier 1619, et mort en 1704, étoit cadet du précédent.

On lui doit une carte d'Anjou, plus détaillée et plus belle que celle qui avoit paru sous le nom des deux Frères. Il la dessina lui-même, et la dédia à Henri-Jules de Bourbon, premier prince du sang.

On peut dire de ce savant, qu'il possédoit tout ce que l'homme probe a de vertus, et tout ce que l'homme philosophe a de modestie et de science.

Invité par le grand Colbert, à s'occuper dans sa terre de Sablé, de quelques travaux honorables ; le Loyer s'y livra avec assiduité, et satisfit pleinement les intentions du ministre. Mais oubliant aussitôt ce qu'il avoit droit d'attendre, pour prix de ses soins, il revint à la Flèche reprendre ses occupations accoutumées ; et si, par la suite, il se ressouvint de Colbert, ce ne fut que pour parler des avantages que la France retiroit de la sagesse de son administration.

VACHER, (Pierre le) né au commencement du dix-septième siècle, et mort en 1683, fut admis dans la congrégation des pères missionnaires. Ses lumières et ses vertus lui méritèrent un rang distingué parmi les membres de cet ordre. Nommé consul de France, à Alger, il porta dans ce poste les talens d'un habile négociateur, et une fermeté d'ame inébranlable; et il y périt victime de son zèle.

Les François tenoient Alger bloqué depuis quelques jours; le Vacher essaya vainement de conclure la paix entre ses compatriotes et ces barbares. Ces derniers ne voulurent point adhérer aux conditions; et, n'écoutant que leur fureur atroce, ils mirent le malheureux missionnaire, tout vivant, dans un mortier, et l'envoyèrent, au lieu de bombe.

PICARD, (Jean) savant astronome, né le 21 juillet 1620, mort à Paris, en 1683, prieur de Rillié, en Anjou, fut membre de l'académie des sciences, et l'un de ceux qu'elle nomma pour travailler à la mesure de la terre. Il alla, à cet effet, au château d'Uranibourg, bâti par Ticho-Brahé, en Dannemarck. Il en rapporta des manuscrits originaux de cet astronome; manuscrits d'autant plus précieux, qu'ils diffèrent en plusieurs endroits des imprimés, et qu'ils contiennent un livre de plus.

Il travailloit avec le célèbre Cassini. Ses ouvrages sont : 1.º Traité du Nivellement ; 2.º Pratique des grands cadrans pour le Calcul ; 3.º Fragmens de Dioptrique, Abrégé de la mesure de la Terre, etc. etc.

Aux plus grandes connoissances, Picard allioit les mœurs les plus douces et la sensibilité la plus exquise.

Forges, (Louis-François de la) médecin, né le 26 novembre 1632, doué d'heureuses dispositions, se livra de bonne heure à l'étude de la médecine. Il y travailla avec tant d'ardeur, qu'en moins d'un an il envoya à l'éditeur des Œuvres de Descartes, un Traité de l'Esprit ; ouvrage dans lequel l'auteur avoit rassemblé et mis en ordre non-seulement ce que Descartes avoit pu dire à ce sujet, mais encore tout ce que l'observation et le jugement y avoient pu jeter de lumières.

De la Forges joignoit aux connoissances les plus vastes, l'esprit le plus cultivé : tous ces avantages étoient encore relevés par une rare modestie ; il croyoit ne rien savoir, et s'étonnoit de ce qu'on pût admirer quelque chose en lui.

Sauveur, (Joseph) né le 14 mars 1653, et mort à Paris, en 1716, fut professeur de mathématiques au collége royal, et membre de l'académie des sciences. Il naquit avec de grands empêchemens dans l'organe de la voix, et il ne commença à parler qu'à l'âge de sept ans ; mais la nature le dédommagea de ce vice de conformation, en lui accordant une aptitude singulière pour les sciences mathématiques auxquelles il se consacra.

Bien jugé par Vauban, Sauveur lui parut le seul homme propre à devenir son successeur dans l'emploi d'examinateur des ingénieurs-militaires. Il le proposa au roi ; et s'il ne fut pas accepté, la démarche du maréchal prouve du moins le cas particulier qu'il faisoit de Sauveur.

Le prince de Condé l'honora aussi de son estime et de son amitié.

Entre plusieurs écrits que ce savant a laissés, nous citerons comme le meilleur, son Traité des Fortifications.

PÉCHARD, surnommé Thimothée de la Flèche, naquit vers le milieu du dix-septième siècle. Appelé à la vie religieuse, il prit l'habit de saint François, et se fit capucin. On le jugea bientôt propre à remplir les premières dignités de son ordre, et on le nomma définiteur-général, à Rome, où il se conduisit de manière à gagner la confiance du pape et l'amitié de la plupart des cardinaux. Les jésuites en firent même leur agent auprès du saint père.

Dévoué aux intérêts de la compagnie de Jésus, Péchard intrigua pour faire recevoir en France la bulle *Unigenitus* ; et sa réussite dans cette affaire d'état, lui valut un évêché.

Il eut des jaloux, des envieux ; on l'attaqua aussi avec les armes du ridicule ; et c'est de lui que parle Grécourt dans son Philotanus.

~~~~~~~~~~~~~~~

MORABIN, (Jacques) né le 5 mars 1687, mort le 9 septembre 1742, montra dès l'âge le plus tendre, tant de sagacité et de pénétration, qu'à vingt-un ans, on lui confia le poste important de secrétaire-général de la police de Paris.

Il a donné une traduction de plusieurs morceaux de Cicéron, et une histoire de cet orateur latin.

Il ne fut pas moins recommandable par sa modestie et la pureté de ses mœurs, que par son goût en littérature et sa vaste érudition.

~~~~~~~~~~~~~~~

ERVOIL, (Pierre-Ignace) né le 30 mars 1690, mort à Sédan, en 1755, joignit à de grandes connoissances, un esprit éclairé, un jugement solide, une vaste conception et une mémoire prodigieuse.

En débutant dans la carrière militaire, il se montra le digne émule de Vauban. Chargé à la retraite de Pragues, d'un poste d'où dépendoit le salut de l'armée ; il le défendit avec tant de bravoure et d'intelligence, qu'il assura le succès de la retraite.

Sur le rapport qu'on fit à Louis XV, de ce service signalé, le roi lui accorda des lettres de noblesse, et lui permit de plus de porter une fleur de lis au milieu de ses armes.

~~~~~~~~~~

MENOU DE TURBILLY, né en 1712, mort à Paris, en 1776, destiné au service militaire, entra d'abord en qualité de lieutenant au régiment de Roussillon-cavalerie. Après s'être distingué comme militaire, et avoir mérité un brevet de lieutenant-colonel, il quitta le service et s'adonna aux plaisirs simples de l'agriculture. Il fit un ouvrage relatif à l'invention d'un instrument propre à enlever la mousse de la terre. Il le présenta au roi de Dannemarck, lors de son passage en France. Ce monarque lui fit présent d'une boîte d'or ornée de son portrait.

On lui doit l'établissement des sociétés d'agriculture en France.

~~~~~~~~~~

PERROTIN, (François) né en 1702, fut très-versé dans l'art de guérir les maladies les plus désespérées.

A la connoissance des principes de la chirurgie, il joignoit une grande pratique. La première preuve qu'il donna au public de ses talens, est un traité de la Fistule au fondement, que l'académie de chirurgie de Paris honora de son approbation.

Il laissa plusieurs manuscrits précieux, entr'autres, un recueil d'observations du plus grand intérêt.

CHAMBRY (René-André) se distingua par des harangues et des plaidoyers parfaitement écrits. Il n'avoit point cette éloquence verbeuse qui ne frappe que les sens de la multitude ignorante ; mais tout ce qui sortoit de sa bouche portoit l'empreinte de la saine morale ; sa seule rhétorique étoit celle qui naît du sentiment et qui fait chérir la vertu.

Modéré et sage, il ne se prononçoit fortement que lorsqu'il avoit à soutenir les principes de la morale et les droits de la justice : alors il s'abandonnoit aux mouvemens de son ame.

« Le soldat, disoit Chambry, doit repous-
» ser les baïonnettes qui veulent envahir nos
» frontières ; le médecin , arrêter la peste
» qui moissonne le genre humain ; et le
» magistrat , terrasser l'immoralité qui em-
» poisonne les générations présentes et fu-
» tures. »

Ses lumières et ses services lui ont valu en 1780, du roi, le cordon de l'ordre de saint Michel, et lui ont justement acquis , de la part de tous ses concitoyens, la plus haute considération.

BAÏF, (Lazare) né au château du Pin ; près la Flèche , vers la fin du seizième siècle, se distingua autant par ses travaux littéraires , que par ses profondes connois- sances en diplomatie.

Il fut envoyé en ambassade, par François I.er, à Venise, en 1530, et depuis, comme ministre près les princes d'Allemagne. Sa conduite sage et régulière dans ces différens postes, lui méritèrent la place de conseiller au parlement, et bientôt celle de maître des requêtes.

Le meilleur de ses ouvrages est un livre latin, sur les habillemens des anciens ; et un autre, sur l'art de la navigation.

BÉLON, (Pierre) né en 1538, à Oysé, de parens pauvres, trouva dans le cardinal Tournon, un protecteur qui lui facilita les moyens d'étudier et de voyager pour son instruction, dans l'Europe, l'Asie et l'Afrique. Il s'appliqua à la médecine et à l'histoire naturelle. L'éloge qu'en fait Buffon est un garant de ses succès, et un titre qui lui assure l'immortalité.

Les ouvrages de ce naturaliste sont en grand nombre. Les plus estimés sont : L'Histoire de la nature des Oiseaux, et Traité de la nature et de la diversité des Poissons.

CHOPIN, (René) né à Bailleul, en 1537, et mort en 1606, avocat au parlement de Paris, fut un des plus grands jurisconsultes de son temps.

Il a donné un Traité *de Domanio*, qui lui acquit une grande célébrité ; et deux autres : *De sacrâ Politicâ monasticâ et de Privilegiis Rusticorum.*

MERSENNE,

Mersenne, (Marin) né à Oysé, le 8 septembre 1588, mort le 13 septembre 1648, se retira dans le cloître, afin de se livrer tout entier aux sciences.

Ce fut dans la maison des minimes qu'il composa beaucoup de ses ouvrages, entre autres : *Harmonicorum libri; de Sonorum naturâ, et effectibus cogitata physico-mathematica.*

Le P. Mersenne étoit d'une humeur douce et tranquille. Il fut l'ami de Descartes, de Hobbes, de Gassendi. C'est assez faire son éloge.

Farcy, (Augustin) né à Villaine, en 1680, et mort le 14 mai 1754, se livra de bonne heure à la médecine opératoire, et y fit de très-grands progrès. Il réussit dans plusieurs cures aussi désespérées qu'inattendues.

Aux talens les plus rares il unissoit une belle ame; et les malheureux ont toujours trouvé en lui un bienfaiteur et un père.

Brédor, (Pierre) né à Arvise-sur-Sarthe, le 19 décembre 1721, et mort en 1798, professa l'anatomie à Paris, et fut vice-chancelier de l'académie de cette ville.

Une mémoire brillante seconda ces heureuses dispositions, et il fit de grands progrès dans l'étude de la chirurgie à laquelle il se consacra entièrement.

H

On trouve dans le Recueil de l'académie de chirurgie, trois Mémoires de ce savant démonstrateur. Il a donné une excellente Ostéologie, un cours de Thérapeutique ; il a laissé en outre plusieurs manuscrits précieux.

FIN DE LA PREMIÈRE PARTIE.

SECONDE PARTIE.

ANNALES FLÉCHOISES,

DIVISÉES EN CINQ SECTIONS.

SECTION PREMIÈRE.

ÉTABLISSEMENS PUBLICS.

CRÉATION DU PRÉSIDIAL.

CE fut vers le milieu du seizième siècle, que la Flèche reçut un accroissement de puissance qui l'éleva au second rang des villes de la province d'Anjou.

François I.er ayant érigé, en 1543, la terre de Beaumont-le-Vicomte en duché-pairie, en faveur de Françoise, duchesse d'Alençon, créa deux siéges de justice; un à la Flèche, où devoient ressortir Châteaugontier et sainte Suzanne.

Ce commencement de prospérité s'accrut à l'avènement de Henri IV à la couronne de

France. A cette époque, la Flèche fut érigée en présidial, sous le titre de sénéchal ; et les lettres d'érection furent données à Lyon, au mois de septembre 1595.

Par ces lettres, on voit qu'un des principaux motifs qui détermina Henri IV à établir ce tribunal à la Flèche, fut l'estime particulière pour une ville où il avoit été conçu.

« Voulons, en outre, disent ces lettres de création, décorer de titres et qualités d'honneur, notre ville de la Flèche, sise en pays fertile, accompagnée de grandes facilités, et sur un grand et fertile passage de nos provinces de Bretagne, Touraine, Anjou, le Maine et notre bonne ville de Paris ; joint que ladite ville et son château sont de présent bien fortifiés pour la sûreté de nosdits sujets.

» Reconnoissant davantage que, pour la singularité du lieu et commode assiette d'icelui, nos très-honorés pères roi et reine de Navarre, dame de Vendôme, et nous après eux, à leur imitation, aurions voulu honorer ledit lieu de notre demeure, n'ayant aucun lieu en notredit duché de Beaumont, qui soit bâti et accompagné de telles commodités.

» Pour ces causes, et de l'avis de notre conseil, nous établissons en ladite ville de la Flèche, un siége prevôtal, sous le titre et qualité de sénéchal de la Flèche, etc. Et pour ne laisser rien en arrière de ce qui dépend de l'établissement dudit siége présidial, voulons et ordonnons qu'à icelui

ressortissent, outre les siéges anciens et ordinaires, directs et sans moyens, toutes et
chacune des appellations des siéges de Beaumont, Fresnai, les bailliages et seigneuries
de Sonnois (1), Mamers, Châteaugontier
et Château-Sénéchal. Les habitans et sujets
desquels seront tenus subir juridiction, et
relever leur appellation dudit siége présidial,
etc. (2) »

Les attributions du siége présidial de la
Flèche ont duré jusqu'au moment où la révolution de 1790 vint établir en France un
nouvel ordre de choses. A cette époque, les
présidiaux et siéges seigneuriaux furent sup-
primés, et l'on remplaça l'ancienne justice
par des juges de paix et des tribunaux tant
civils que criminels, dont les décisions et
jugemens sont déterminés par la loi.

Avant l'érection du présidial de la Flèche,
cette justice seigneuriale ressortissoit aux sénéchaussées d'Anjou et du Maine. Trente-
deux paroisses en dépendoient, dont vingt-
sept d'Anjou, quatre du Maine, et une de
la Touraine. L'intention de Henri IV, en
montant sur le trône de France, étoit de
séparer son domaine particulier de celui de
la couronne. Il donna, en conséquence, des

---

(1) Le Sonnois tire son nom de *Sonne*, sa capitale, que
les Saxons bâtirent lors de leur invasion en France. Ce canton appartenoit anciennement à la maison de Belesme, et
contenoit soixante-dix paroisses, qui toutes relevoient du présidial de la Flèche.

(2) Lors de l'érection de ce présidial, le premier sénéchal de la Flèche fut Pierre de Rohan, prince de Guéménée;
Charles Dupont, écuyer, lieutenant général; et François Leroi
de Raceray, écuyer, lieutenant particulier.

H 3

lettres-patentes, en date du 31 décembre 1596. Mais il trouva à l'exécution de son dessein une opposition formelle de la part du parlement de Paris, qui allégua pour motif de son refus : « Que tout domaine particulier d'un prince qui parvient à la royauté, est de plein droit réuni à la couronne ».

Henri IV céda enfin, et finit par unir son domaine à celui de la couronne ; en sorte que la ville de la Flèche ne commença à être domaine royal, que lorsqu'Henri IV monta sur le trône de France ; et la justice n'y fut exercée au nom du roi, qu'à cette époque. (Coutume d'Anjou, de Claude Pocquet, tom. 1, pag. 575, édit. de 1702.)

JURIDICTION PREVÔTALE.

L'ÉDIT de création du siége présidial de la Flèche, donné à Lyon, en 1595, porte aussi création de la juridiction prevôtale dans la même ville.

« Considérant, dit Henri IV, le long cours des troubles et les maux qu'ils ont apportés, lesquels ont altéré l'ordre de la justice, à l'occasion de quoi chacun s'est licencié à mal faire, se trouvant en toutes les provinces de notre royaume, nombre infini de voleurs, brigands et malfaiteurs ; nous avons estimé à propos et jugé nécessaire d'établir audit duché de Beaumont, un grand prevôt de nos cousins les maréchaux de France ; deux lieutenans, un de robe courte, et un autre de robe longue ; un greffier et treize archers (1), pour résider en ladite ville de la Flèche ; et, pour ce, avons établi ledit siége de maréchaussée, composé dudit prevôt, ses lieutenans, greffier et archers, que nous avons, pour cet effet, créé et érigé en titre d'office, etc. »

Cette juridiction connoissoit, sous l'ancien régime, de tous les cas prevôtaux, c'est-à-dire, de tous ceux qui étoient de la compétence des prevôts des maréchaux ; tels que le flagrant délit, la clameur publique, l'effraction extérieure, le vol dans les églises et sur les grands chemins, les gens sans aveu, les mendians et les vagabonds, ainsi que des délits que ces sortes de gens commettoient en parcourant les campagnes, etc.

Tous ces crimes étoient de la compétence des prevôts des maréchaux ; mais ils ne pouvoient en connoître, lorsqu'ils avoient été commis dans les villes et faubourgs de leur résidence. Ils ne pouvoient non plus juger, pour crimes de telle nature, les ecclésiastiques et les gentilshommes, à moins que ceux-ci n'eussent perdu leurs priviléges par

______

(1) Le nom d'archer étoit anciennement un titre honorable ; il ne s'accordoit qu'aux militaires bien nés. La garde des rois étoit composée d'archers ; la gendarmerie royale étoit pareillement formée d'hommes d'armes et d'archers : ceux-ci devoient entretenir deux chevaux ; l'un de service pour la guerre, et l'autre pour un valet. Le titre d'archer donné aux cavaliers de maréchaussée, comme faisant corps avec la gendarmerie royale, a été supprimé par l'ordonnance du 28 avril 1778. On y a substitué celui de cavalier, et depuis celui de gendarme national.

H 4

quelque condamnation infamante, comme peine corporelle.

Telles furent les attributions de la juridiction prevôtale, jusqu'au moment où il plut à l'assemblée constituante d'établir une nouvelle forme dans l'ordre judiciaire ; et cet ordre assimila les capitaines et les lieutenans de la gendarmerie nationale aux juges de paix, pour la police de sûreté seulement.

Au moment de la révolution de 1789, la maréchaussée de la Flèche étoit composée d'un sous-lieutenant, d'un brigadier et de quatre cavaliers. Le sous-lieutenant avoit sous ses ordres l'inspection des brigades de Sablé, de Baugé, du Lude et de la Suze.

ÉLECTION.

CETTE juridiction est d'une très-haute antiquité en France. Ceux qu'on choisissoit pour élus, jouissoient alors d'une grande considération. Ils étoient nommés par les habitans, pour faire sur eux la répartition des impôts, et pris ordinairement parmi des gens de race noble ou anoblis. Par la suite, ces places furent créées en titres d'offices, et devinrent la propriété de ceux qui furent assez riches pour les acquérir.

Sous l'ancien régime, ces officiers avoient plusieurs priviléges, dont le principal étoit l'exemption de la taille. Ils avoient rang, dans les assemblées publiques, après les juges ordinaires du lieu. Ils précédoient tous autres officiers, tels que ceux des eaux et forêts, le maire, les échevins, etc.

En 1790, le tribunal de l'élection de la Flèche étoit composé d'un président, de deux élus, d'un procureur du roi, d'un lieutenant particulier, etc.

Cent quarante-cinq communes relevoient de ce tribunal, dont vingt-huit de la province d'Anjou, soixante-sept de celle du Maine, et cinquante de la Touraine. Toutes ces communes réunies contenoient vingt mille sept cents feux, et environ cent mille individus de tous âges et de tous sexes. Elles payoient ensemble quatre-vingt-huit mille sept cents trois francs de taille.

On comptoit dans cette élection, cinq abbayes, quarante-sept prieurés-commandataires, dont le revenu s'élevoit à vingt-sept mille cent trente-sept francs. Il y avoit, en outre, cent sept cures évaluées à soixante-quatre mille huit cents cinquante-un francs.

A cet état de choses, on substitua, en l'an 7 de la République, un nouveau mode de division, et l'on donna à la Flèche, formant le troisième arrondissement du département de la Sarthe, un arrondissement de cantons et de communes plus rapprochés, dont les noms et le montant de la population suivent ci-après.

I.er CANTON.

La Flèche	5214
Basoges	1518
Clermont	1240
Créans	215
Crômières	906
S. Germain-Duval	839
Sainte Colombe	956
Verron	643
	13421

II.e CANTON.

Le Lude	3031
Dissai sous le Lude	847
St. Mars sous le Lude	119
Savigné sous le Lude	1058
Thorée	583
	5638

III.e CANTON.

Malicorne	1058
Bousses	820
Couralles	810
Ligron	915
S. Jean-du-Bois	377
Vilaine sous Malicorne	102
	6625

IV.e CANTON.

S. Jean de la Motte	1648
Cérans-Foultourte	1640
Fontaine s. Martin	580
Oysé	751
Mareil sur le Loir	925
Yvré-le-Paulin	1250
	7160

V.e CANTON.

Pont-Vallain	1700
Château-l'Hermitage	220
Luche	250
Mansigné	2333
Requeil	1130
	7853

VI.e CANTON.

Sablé (Ville)	3049
Asuières	658
Auvers-le-Hamon	2050
Gâtine	233
Juigné	814
Solesme	551
	7349

VII.e CANTON.

Brûlon	1700
Avessé	710
Chevillé	907
Mareil-en-Champagne	414
Poillé	902
Saint Christophe	457
Saint Ouen	757
Viré-en-Champagne	500
	6347

VIII.e CANTON.

Chantenai	1100
Fercé	560
Fontenai	604
Marigné	769
Pirmil	894
S. Pierre-des-Bois	329
Lassé	600
Ville-Dieu	130
	4986

IX.e CANTON.

Parcé	2039
Arthésé	454
Avoise	1000
Dureil	129
Le Bailleul	1000
Noyan	1034
Vion	700
	7356

X.e CANTON.

Pressigné	2045
Courtillers	150
Chapelle d'Aligné	1300
Loueille	290
Notre-Dame du Pé	330
Pincé	200
Souvigné	630
	4945

XI.e CANTON.

Mayet	3200
Coulongé	609
Lavernat	651
Sarcé	607
Verneil	1049
	6116

XII.e CANTON.

Vâas	1721
Aubigné	1769
Chenu	1144
La Bruyère	330
La Chapelle-aux-Choux	444
S. Germain d'Arcé	816
	6274

Le total général des communes est de . 78. Et celui de la population s'élève à 84070.

Depuis la formation de ce premier arron-dissement de la Flèche, une nouvelle divi-sion du territoire de la République françoise a eu lieu.

La loi du 28 pluviôse an 8, en divisant le département de la Sarthe en quatre grands arrondissemens, n'a rien changé à celui de la Flèche; il est resté composé de douze can-tons, tels que nous venons d'en donner le tableau.

Dans chacun de ces arrondissemens com-munaux, excepté celui du préfet, il y a un sous-préfet et un conseil d'arrondissement, composé de onze membres. Le sous-préfet remplit les fonctions exercées ci-devant par les administrations municipales et les com-missaires de cantons, à la réserve de celles de ces fonctions qui sont attribuées par la même loi du 28 pluviôse, aux conseils d'ar-rondissemens et aux municipalités.

Le conseil d'arrondissement s'assemble chaque année. L'époque de sa réunion est déterminée par le gouvernement. La durée de ses sessions ne peut excéder quinze jours. Le conseil nomme un de ses membres pour président, et un autre pour secrétaire.

Il fait la répartition des contributions di-rectes entre les villes, bourgs et villages de son arrondissement. Il donne son avis mo-tivé sur les demandes en décharge, qui sont formées par les contribuables de l'arrondis-sement.

Il entend le compte annuel que le sous-préfet doit rendre des centimes additionnels destinés aux dépenses dudit arrondissement.

Il peut aussi exprimer une opinion sur l'état et les besoins de l'arrondissement.

Telles sont les dispositions des art. 8, 9 et 10 de la loi du 28 pluviôse an 8.

Le citoyen Hardouin-Fichardière, nommé sous-préfet de l'arrondissement de la Flèche, par le premier consul, a été installé en cette qualité, le 5 prairial an 8.

GRENIER A SEL (1).

L'établissement d'un grenier à sel à la Flèche, remonte au-delà de l'époque de la création de son présidial.

En 1593, il fut prélevé sur ce grenier deux sous six deniers par minot de sel, pour être employés aux réparations des fortifications, tant de la ville que du château de la Flèche.

Ce grenier à sel consommoit, sous l'ancien régime, trente-six minots de sel par an. Il y avoit, en outre, deux autres petits greniers qui en dépendoient, et qui consommoient douze minots.

Les droits sur le sel ayant été abolis en 1789, les greniers à sel ont cessé d'avoir lieu.

______

(1) Quoique les greniers à sel fussent des juridictions royales, il n'étoit cependant pas nécessaire d'être gradué, pour y exercer les offices qui les composoient. C'étoit à la cour des aides que les officiers se faisoient recevoir.

PRÉVÔTÉ D'ANJOU.

Cette juridiction seigneuriale appartenoit, avant la révolution, à un des chanoines du chapitre de saint Martin de Tours, qui, en sa qualité de prevôt d'Anjou, nommoit aux offices de cette juridiction subalterne. Elle avoit dans son ressort sept châtellenies qui s'étendoient sur sept communes dont voici les noms :

Chenu . . . . . .
La Bruyère . . .
Noyan . . . . . . } pour la totalité.
Méon en Anjou . .

Savigné . . .
Geneteil . . . } pour une partie seulement,
Pressigné . . .

Cette juridiction avoit pour officiers un sénéchal, un procureur-fiscal et un greffier.

Elle tenoit ses audiences tous les mercredis, dans la grand'salle du palais, à neuf heures du matin.

Pendant long-temps, la Flèche et Baugé se sont disputé cette juridiction. Les officiers de Baugé prétendoient qu'elle étoit de leur territoire, et ceux de la Flèche étoient d'un avis contraire. Enfin, par des lettres-patentes enregistrées le 4 mars 1599, Henri IV décida la question, en attribuant de nouveau à la sénéchaussée et au siége présidial de la

Flèche la justice temporelle de la prevôté
d'Anjou en l'église de saint Martin de Tours.

Les officiers de Baugé, néanmoins, s'op-
posèrent à l'enregistrement de ces lettres ;
mais ils furent déboutés de leur opposition,
et forcés d'obéir à l'autorité royale.

HÔTEL-DE-VILLE.

L'hôtel-de-ville de la Flèche, créé en
1615, fut d'abord composé d'un maire et de
quatre échevins à la nomination du peuple.
Le maire étoit, par sa place, colonel de la
milice bourgeoise. Son exercice duroit deux
ans, ainsi que celui des échevins ; mais
le maire pouvoit être réélu pour le même
laps de temps.

Depuis cet édit, plusieurs changemens ont
eu lieu dans la composition de cet hôtel-
de-ville. Les places de maire et celles des
échevins furent érigées en titres d'offices,
et remplies par des titulaires. On y ajouta
ensuite un secrétaire-greffier, aussi en titre
d'office ; et cette place fut créée en 1690.
La nomination de ces officiers fut ensuite
rendue au peuple, par les édits des 4 août
1764 et mars 1765. L'hôtel-de-ville fut alors
composé d'un maire, de quatre échevins,
six conseillers et quatorze notables ; le tout
au choix du peuple, à la réserve de la place
de maire, qui étoit nommé et breveté par
le roi, sur la présentation de trois sujets
choisis par le peuple.

Par un autre édit du mois de novembre 1771, l'hôtel-de-ville de la Flèche fut rappelé à la composition d'un maire et de quatre échevins. Ces places furent de nouveau érigées en titres d'offices. Il étoit ordonné à ceux qui les occupoient, de continuer leurs fonctions jusqu'au moment où les nouveaux officiers seroient levés ; mais personne ne s'étant présenté pour en faire l'acquisition, les mêmes officiers restèrent en place.

Ainsi se composoit l'hôtel-de-ville de la Flèche, lorsque la révolution de 1789 vint rendre au peuple ses droits primitifs. Il en profita pour nommer aux places administratives ceux qu'il jugea dignes de sa confiance.

Cet ordre de choses établi en 1790, dura jusqu'au 28 pluviôse an 8 : époque à laquelle une nouvelle forme d'administration a été définitivement arrêtée.

Par cette loi, il doit y avoir dans les villes composées depuis cinq mille jusqu'à dix mille habitans, un maire, deux adjoints, un commissaire de police et un conseil municipal de trente membres. Il s'assemble tous les ans, le 15 pluviôse, et ne peut rester en cet état que pendant 15 jours ; néanmoins il peut être convoqué extraordinairement par l'ordre du préfet de l'arrondissement. La même loi détermine les fonctions de ce conseil, ainsi que celles des maires et adjoints.

MILICE

MILICE BOURGEOISE.

L'ORGANISATION définitive de la milice bourgeoise de la Flèche date du 24 juillet 1690. Ce fut à cette époque que René Fouquet de la Varenne, gouverneur de la Flèche, divisa, pour le service de sa majesté et le bien public, les habitans de la ville et des faubourgs de la Flèche, en quatre compagnies de milice bourgeoise, de chacune cent hommes, non compris les commandans, capitaines, lieutenans et enseignes de ces quatre compagnies. On nomma, en outre, un major et un sous-aide-major, qui devoient prendre le mot d'ordre du gouverneur de la place, et en son absence, du maire qu'on fit capitaine-général de cette nouvelle troupe.

Les places d'officiers furent long-temps à la nomination du roi. On leur accorda différens priviléges ; tels que ceux d'exemption de logement de gens de guerre, de corvée, etc.

Par la suite, le maire seul nomma à ces places ; et, quoiqu'elles n'eussent pas l'attache de sa majesté, ceux qui en étoient pourvus ne laissoient pas de conserver leurs anciens priviléges.

Ce corps de milice bourgeoise, créé pour maintenir le bon ordre et la sûreté publique, étoit tenu à la subordination militaire. Les dimanches et fêtes, les quatre compagnies

I

s'assembloient, tant pour le maniement des armes, que pour apprendre les évolutions militaires.

Par la suite, la population de la Flèche s'étant considérablement accrue, on porta chaque compagnie à deux cents hommes, et l'on forma deux bataillons chacun de quatre compagnies. L'état-major fut alors composé d'un colonel, un lieutenant-colonel, un major, un capitaine-major, un aide-major, deux sous-aides-majors, deux adjudans, autant de sergens-majors, et un aumônier. On donna un drapeau à chaque bataillon ; on permit aussi aux officiers de porter des épaulettes, suivant leur grade ; et on leur donna pour uniforme habit bleu de roi, paremens et collet rouges, veste écarlate galonnée en or, culotte de même couleur, boutons surdorés, chapeau bordé en or.

Les fonctions principales de ces deux bataillons de milice bourgeoise étoient de prendre les armes aux jours de réjouissances publiques ; de fournir une garde d'honneur auprès des princes du sang et des généraux d'armées, lors de leur passage à la Flèche ; et de rendre chaque année les honneurs dus au cœur de Henri IV.

Le jour de cette auguste cérémonie, les huit compagnies se rendoient en grand appareil, à l'hôtel-de-ville, où elles alloient prendre le corps municipal. Les drapeaux étoient ornés des marques lugubres du plus grand deuil ; et les tambours, couverts de crêpes noirs, ne se faisoient entendre que de loin en loin.

Dans cette cérémonie, de même que dans toutes celles qui avoient lieu dans l'intérieur de la ville, la milice bourgeoise avoit le pas sur toutes les troupes de ligne.

Cette milice resta dans cet état de composition jusqu'au moment où la révolution françoise vint la transformer en garde nationale.

Nous devons dire, à la louange de l'ancienne milice bourgeoise de la Flèche, que, lors des troubles des grains et de la prétendue apparition de vingt mille brigands, cette milice apporta la plus grande activité à maintenir l'ordre. Elle fut continuellement sur pied, fit des patrouilles fréquentes ; et l'on dut à sa vigilance la tranquillité qui ne cessa de régner à la Flèche.

Depuis, on l'a vue, sous le nom de garde nationale, défendre ses foyers, non-seulement contre les révoltés de la Vendée, mais encore contre les chouans, avec un courage héroïque et une intrépidité digne des habitans de Sparte.

SECTION SECONDE.

PAROISSES, COUVENS, PRIEURÉS,

ET AUTRES ÉTABLISSEMENS D'INSTRUCTION PUBLIQUE.

PRIEURÉ DE SAINT THOMAS.

Ce prieuré, un des plus anciens qu'on connoisse, remonte au-delà du dixième siècle. Un ancien titre latin nous apprend que le comte Hélie, seigneur de la Flèche, donna, le 12 novembre 1110, à Dieu et aux moines de saint Aubin, pour le repos de son ame, la bannière de saint Thomas auquel il venoit d'élever une nouvelle église. De là on peut conclure que ce seigneur n'a été que le restaurateur de l'église de saint Thomas, et non le fondateur, ainsi que plusieurs écrivains l'ont avancé.

Au reste, on voit par la donation d'une chapelle, faite par l'abbé et les moines de saint Aubin d'Angers, au prieuré de saint Jacques, que le prieur de saint Thomas exerçoit en même temps les fonctions de curé, et que ce prieuré étoit desservi par des moines de l'abbaye de saint Aubin; mais on ignore en quelle année ces moines ont commencé à s'établir à la Flèche, et l'époque où ils ont cessé d'y vivre en communauté.

On sait cependant que l'église de saint Thomas a éprouvé, depuis sa fondation, des changemens considérables ; et tout prouve qu'on y a retouché à différentes reprises. La nef adjacente à la place du pilori, paroît être la partie la plus moderne de cet édifice ; et depuis, beaucoup d'autres changemens ont eu lieu.

Le 23 avril 1626, fut posée par René Fouquet, marquis de la Varenne, la première pierre de la chapelle sainte Anne, qu'on bâtit de pareille grandeur que celle de saint Sébastien, pour la commodité des paroissiens, dont la plupart ne pouvoient assister à l'office divin, faute d'emplacement convenable. Le fondateur de cette chapelle fut un nommé Guillaume, huissier audiencier de l'élection de la Flèche. Il la fit bâtir, du consentement du maire et des échevins ; et cette permission lui fut accordée le 4 mars 1625.

Antérieurement à cette époque, le maître-autel de la même église fut dédié et consacré à saint Laurent, le 4 avril 1551, par Gui, commissaire délégué à cet effet, par Gabriel Bourgerie, évêque d'Angers. Le même commissaire consacra aussi la chapelle du saint Nom de Jésus.

Cette église, recommandable par sa haute antiquité, étoit encore remarquable, au commencement du dix-huitième siècle, par la flèche de son clocher, dorée en partie et soutenue par des groupes de chérubins qui sembloient la porter au ciel. La hauteur en étoit prodigieuse; elle avoit, dit-on, 80 pieds d'élévation. Un ouragan terrible arrivé le 18 décembre 1725, enleva cette flèche dans son entier, la porta dans les airs à plus de cent pieds du clocher, et la laissa tomber ensuite sur la maison du sieur de Vivas, qui fut tué dans son lit, par la chûte de cette masse énorme.

A l'égard des curés qui ont desservi cette église, plusieurs se sont fait un nom par leurs talens et leurs vertus. On compte parmi ces pasteurs estimables, Pierre Gaignard, né à la Flèche, le 16 décembre 1631. Issu d'une famille distinguée dans la robe, ce digne curé soutint avec honneur la réputation que ses ancêtres s'étoient acquise dans les premières places du présidial de la Flèche. Il fut d'abord précepteur du petit-neveu du cardinal de Richelieu, et s'acquitta de ses devoirs en homme vertueux et instruit.

Placé à la source des grâces, il n'avoit qu'à parler, pour obtenir. Mais, sourd à la voix de la fortune et aux pressantes sollicitations de ses protecteurs, il refusa tout. Il se contenta de la résignation de la cure de saint Thomas de la Flèche, qui lui fut faite par Lenoir-Désormeaux, conseiller-clerc au présidial de cette ville.

Pourvu de ce bénéfice, l'abbé Gaignard se montra l'apôtre de l'évangile et le bienfaiteur des pauvres.

Après une longue carrière, il mourut à la Flèche, le 6 février 1742.

Les jésuites de cette ville, qui, jusqu'à cette époque, n'avoient assisté à aucune cérémonie funèbre, s'y rendirent en corps, et donnèrent en cette occasion les marques de l'estime particulière qu'ils avoient toujours eue pour cet estimable pasteur dont le nom vit encore dans la mémoire des gens de bien (1).

Un autre curé de la même paroisse, non moins digne de passer à la postérité, est l'abbé Donjon, dont les talens et les lumières dans l'enseignement, lui ont valu la place de principal du célèbre collége de la Flèche, alors école royale militaire. Vingt-quatre années employées à l'instruction de la jeunesse et au soulagement des malheureux, lui ont acquis la réputation de sage et d'homme de bien. Un seul trait de sa vie suffira pour faire connoître sa modestie et sa façon de penser sur la frivolité des systêmes.

On lui parloit, un jour, du savant Dolomieux, qui, pour lors en garnison à la Flèche, faisoit dans les environs, des recherches géologiques. « Je suis enchanté, dit le bon curé, du mérite de ce jeune homme ; mais qu'il prenne garde à la vanité de l'esprit humain. Nous sommes faits pour habiter la terre, et non pour comprendre les

----

(1) La sœur de ce digne pasteur épousa, le 6 septembre 1700, Louis de Vivas, capitaine d'artillerie, originaire d'une des maisons de Guise. C'est ce Louis de Vivas qui fut tué dans son lit, par la chûte de la flèche du clocher de saint Thomas. M. de Vivas, existant à la Flèche, est un des descendans de Louis de Vivas.

élémens de la nature. Le dernier des systêmes paroît toujours le meilleur ; cependant
il est aussi vain que les autres. Worward ,
Brunet , Maillet , etc. , se sont succédés
tour-à-tour. Buffon a paru ; il a pris leur
place , et la gardera jusqu'à ce qu'un autre
la lui fasse quitter. Si c'est Dolomieux , il
aura son sort ; il passera pareillement ».

Une tombe modeste étoit le seul monument public consacré à la mémoire de ce
vertueux instituteur. La vue de cette tombe
a servi d'aliment au fanatisme révolution-
naire. Elle n'existe plus ; mais les vertus de
l'homme pieux et savant survivent à tous
les désastres , et restent sur la terre , pour
rappeler le genre humain aux premiers devoirs de la vie , aux vertus sociales.

Nous aurions encore à citer ici l'abbé Hamelin , qui fut aussi curé de saint Thomas
de la Flèche ; mais n'ayant pu nous procurer
les renseignemens que nous avons deman-
dés à sa famille , nous nous trouvons dans
la dure nécessité de garder le silence sur la
vie d'un homme qui n'a cessé d'honorer son
ministère , autant par ses vertus douces et
sociales , que par les bienfaits multipliés qu'il
a versés sur les malheureux : aucun ne lui
fut indifférent ; tous eurent part à ses soins
paternels.

PRIEURÉ DE SAINT JACQUES.

Ce bénéfice, connu d'abord sous le nom de MALADRIE, fut fondé vers l'an 1135, par Geoffroi Plantagenet, seigneur de la Flèche, de concert avec Geoffroi, son sénéchal.

Cette maison, destinée à soigner les lépreux, fut premièrement desservie par deux prêtres séculiers, qui en étoient en même temps les chapelains et les administrateurs.

A cette administration succéda celle des chanoines réguliers de l'ordre de saint Augustin ; et ce fut à cette époque que cette maladrie devint le prieuré de saint Jacques.

On n'a aucune certitude sur le temps précis auquel ces chanoines réguliers prirent possession de cet hospice, ni comment il devint un prieuré ; mais on voit, par une ancienne donation faite à ces religieux, que ce dut être peu de temps après la fondation qu'en firent Geoffroi Plantagenet et son sénéchal. Cette fondation qui eut lieu vers la fin du douzième siècle, concerne la chapelle de cet hospice, qui fut donnée par l'abbé et les moines de saint Aubin d'Angers. En échange, les héritiers des fondateurs donnèrent un pré, qui fut appelé LE PRÉ DES MOINES. Le curé de la paroisse de saint Thomas fut aussi dédommagé de quelques oblations que cette chapelle lui payoit annuellement.

Bientôt les moines du prieuré de saint Jacques trouvèrent le moyen d'augmenter leur fortune ; et les dons se multiplièrent au point qu'ils devinrent possesseurs de trois sortes de biens ; savoir : celui de la communauté ; celui de la sacristie, qui étoit possédé à titre d'office ; et celui des chapelles de Bouju, des Pins et des Aunais, desservi par autant de titulaires. Outre ces derniers, le prieuré de s. Jacques étoit composé de cinq moines, non compris le prieur.

Cette communauté avoit cela de particulier qu'elle étoit indépendante de toute autre maison religieuse ; elle ne rendoit compte à personne de sa gestion ; elle pouvoit même disposer de ses fonds et de ceux du chapitre, avec le seul consentement de l'évêque d'Angers.

L'union de ce prieuré au cóllége de la Flèche eut lieu le 15 juillet 1604 : il y fut annexé pour faire partie de sa fondation ; et le pape Clément VIII la confirma la même année.

Ce prieuré avoit même été donné aux conditions qu'on y bâtiroit le collége. Mais cette dernière disposition n'eut pas lieu, par la raison qu'on trouva l'emplacement trop incommode, et le terrein trop peu considérable.

CARMES

Établis en France, en 1238.

L'ÉTABLISSEMENT des carmes à la Flèche, remonte à un temps très-reculé. On ignore précisément la date de leur installation en cette ville. On sait seulement qu'ils l'ont habitée avant toutes les communautés religieuses qu'on y a fondées au dix-septième siècle.

Ils ont d'abord vécu dans une maison qu'on leur avoit donnée au fond de la rue qui conduit au rempart, et qui a retenu le nom DES VIEUX CARMES.

Cette maison, d'une étendue médiocre, avoit cela d'agréable, qu'elle jouissoit d'un air salubre et d'une vue charmante.

En 1620, Louis XIII, roi de France, étant à la Flèche, accorda à ces religieux un emplacement plus commode et plus vaste. Il leur concéda une partie de l'ancienne forteresse, avec une portion de ses jardins ; et cette donation ne fut faite qu'aux conditions que les carmes de la Flèche vivroient sans mendier, et qu'ils décombreroient la rivière du Loir des ruines de l'ancien château, qui depuis long-temps obstruoient le cours des eaux.

Les carmes ayant donné leur acquiescement à ces clauses, prirent possession de ce

terrein, et y firent bâtir une maison magnifique qui est encore une des plus agréables
de la Flèche. Ce qu'on y voit de remarquable, est une pièce d'eau placée au milieu
du cloître. Deux arches donnent entrée aux
eaux d'une des branches du Loir, et deux
autres arches servent à décharger le réser-
voir. Une galerie couverte règne autour,
et en fait un objet de curiosité digne de
l'attention des étrangers.

Cette communauté étoit rentée ; mais à
peine avoit-elle deux mille francs de revenu.
Cependant le nombre des religieux excédoit
quelquefois celui de quinze, à raison du
noviciat qu'on y avoit établi. Parmi les jeunes
religieux de ce noviciat, il s'est trouvé des
Fléchois, qui, par leurs lumières et leurs
talens, sont parvenus aux premières dignités
de l'ordre. Tels furent les pères Dubois et
Clarurdin. Ces deux carmes ayant eu occasion d'aller à deux différentes fois à Rome,
en qualité de provinciaux, ont fait, chacun en leur particulier, un journal de leur
voyage, digne des honneurs de la presse.

Nous avons encore à citer, pour l'honneur de la Flèche, le père Bourgineau, qui
occupa dignement la place de recteur, et
que son mérite porta à la cure de la Gua-
deloupe, avec le titre honorable de vicaire
apostolique.

Le père Caillet, de la Flèche, ne s'est
pas moins rendu célèbre parmi les carmes,
par son éloquence dans la chaire évangé-
lique. Sa morale douce et persuasive étoit
pure comme ses mœurs.

COMMUNAUTÉ DES RELIGIEUSES

DE L'ORDRE DE S. FRANÇOIS,

Établie dans la ville de la Flèche, en 1484.

L'ÉTABLISSEMENT à la Flèche, des religieuses de l'ordre de saint François, date de l'an 1484. Ce fut Rèné, duc d'Alençon et seigneur de la Flèche, qui les appela en cette ville, et qui leur fit bâtir une maison à l'entrée du faubourg saint Jacques.

Dans le nombre des bâtimens qui la composoient, on distinguoit un corps - de - logis très-agréable, que le duc avoit d'abord fait bâtir pour une de ses maîtresses, et que par la suite il donna aux religieuses de saint François, pour faire partie de la fondation de cette maison.

L'église de ce couvent répondoit à la magnificence de ce corps-de-logis. On y voyoit de très-belles statues, des ornemens du meilleur goût, et des tapisseries superbes, dont la plupart provenoient des largesses de Marguerite, duchesse d'Alençon.

Les religieuses de cette maison, peu riches, s'occupoient uniquement du soin de leur salut. Retirées du monde, elles s'étoient décidées à ne prendre aucune pensionnaire.

Ce couvent qui, depuis plusieurs années, avoit été compris dans le nombre de ceux

qu'on devoit supprimer à la Flèche, fut évacué en 1788. A cette époque, il ne possédoit que quatre religieuses, dont deux furent
transférées à Châteaugontier.

Deux évènemens tragiques ont rendu cette
maison célèbre dans les annales des malheurs
causés par l'amour et par la contrainte du
cloître.

La première histoire est celle d'une jeune
demoiselle que son tuteur relégua dans ce
couvent, pour la soustraire aux poursuites
d'un jeune homme.

Contrarié dans ses projets, l'amant ne perd
pas l'espoir de pénétrer dans l'intérieur du
couvent, et de pouvoir enlever sa maî-
tresse. Il hasarde une lettre ; elle part, elle
arrive ; on y répond. Une seconde est en
route. On convient de fuir ; on arrange la
partie ; tout est prêt pour l'exécution : on
attend la nuit ; enfin la lumière du jour a
disparu. On se rend au bout du jardin ; on
y trouve un fossé ; on y jette une planche ;
on y passe le pied ; on fait un pas, on en
fait un second ; la planche plie ; l'amante
chancelle, tombe, jette un cri, pousse un
profond soupir ; et déjà elle n'étoit plus....
On la trouva ensévelie dans la vase du fossé
où l'amour avoit creusé son tombeau.

La seconde histoire, plus tragique encore,
offre un si grand malheur, qu'à peine en
trouve-t-on de plus déchirant dans nos ro-
mans modernes.

Mademoiselle de.... née pour le monde,
avoit une telle antipathie pour le cloître,

qu'elle ne pouvoit entendre parler de couvent, sans tomber en syncope. Son père, homme avare et dur, avoit une autre fille qu'il vouloit établir au préjudice de sa cadette. Dès-lors il pensa à la faire religieuse. L'ayant prise un jour en particulier, il lui dit : « Ma fille, mes intentions sont bonnes ; écoutez votre père. Fuyez le monde ; il présente par-tout le tableau affligeant du tumulte des passions ; et de la violence de leur choc désordonné, naît le débordement de tous les vices. Le cloître est, au contraire, le port assuré du bonheur ; c'est dans cet asile paisible et tranquille, que l'on goûte les douceurs de la félicité suprême. Je vous destine à y passer vos jours. C'est le plus beau présent qu'un père puisse faire à son enfant chérie. » « Le plus beau présent ! s'écria l'infortunée ; dites plutôt, le plus funeste de tous »…. Déjà elle est aux genoux de son père ; elle le supplie, les yeux baignés de larmes et les mains jointes, de changer de résolution ; elle lui fait l'aveu de sa répugnance pour la vie religieuse ; elle ajoute que ce sacrifice est au-dessus de ses forces ; que jamais elle ne pourra supporter un si grand malheur.

C'est en vain que la malheureuse réclame en sa faveur les droits de la nature et les secours de l'humanité. Rien n'est entendu. Le père, froid et muet, demeure inexorable ; il veut être obéi. Le jour du départ est fixé au lendemain. Il arrive, ce jour de deuil ! L'infortunée est arrachée de la maison paternelle, et conduite au couvent des sœurs de saint François de la ville de la Flèche.

Le père ne se décide à la revoir que long-temps après ses derniers vœux. Il la fait demander au parloir. Elle se présente, pâle, tremblante, défigurée et rongée d'une sombre mélancolie. A peine a-t-elle fixé son père, qu'un violent accès de délire s'empare des facultés de son ame. « O père dénaturé ! s'écrie-t-elle tout-à-coup ; vous avez voulu mon malheur ; contemplez votre ouvrage. Je suis religieuse : vous triomphez, barbare ! mais dans peu, bientôt, aujourd'hui, vous me verrez descendre au tombeau. Ma dernière heure va sonner, pour vous apprendre que votre fille.... Non, vous ne fûtes jamais mon père. Votre ame, étrangère au sentiment de la tendresse, n'a pu s'ouvrir aux réclamations de la nature. Vous seul avez causé tous mes maux ; ils sont trop affreux ; je vais y mettre un terme. Voyez-vous ce crampon ? il est là pour aider mon dessein. Voyez-vous ce mouchoir noué par une de ses extrémités, autour de mon cou ? il est là pour terminer ma trop malheureuse carrière ».

En finissant ces mots, cette fille infortunée, égarée, éperdue, hors d'elle-même, court à la porte intérieure du parloir, la ferme au verrou, monte sur un banc, s'approche du crampon, y attache l'autre extrémité de son mouchoir, fait un saut en avant.... La pâleur se peint sur sa figure ; la contraction de ses muscles annonce les symptômes de l'agonie.... La mort l'a frappée ; elle est au nombre de ses victimes.

A

A la vue de ce spectacle d'horreur, le père, saisi d'épouvante, sent le remords déchirer sa conscience. La punition est au fond de son cœur ; l'image de sa fille expirant à ses yeux, le suit par-tout ; et tous les jours il éprouve les tourmens de cette grande vérité : Qu'un père coupable est le plus coupable de tous les hommes.

CORDELIERS

Établis à la Flèche, en 1498.

Quelques écrivains ont prétendu que ce fut René, duc d'Alençon, qui attira les cordeliers à la Flèche. Il est vrai que ce duc eut le dessein d'y établir ces religieux ; mais l'honneur de l'exécution appartient à Marguerite de Lorraine, duchesse d'Alençon et femme du duc René.

Voici la manière dont s'exprime à ce sujet l'auteur de la vie de cette vertueuse princesse.

« Marguerite de Lorraine n'avoit pas plutôt parachevé une œuvre de piété, que son esprit, porté au bien, ne l'obligeoit incontinent à entreprendre quelque chose nouvelle : car à peine avoit-elle mis la dernière main à l'église de sainte Claire d'Alençon, que cette pensée lui vint : Qu'autrefois le duc René, son mari, avoit eu quelque dessein de bâtir à la Flèche une maison en faveur

K

de l'ordre des bons pères de saint François.

» Cette ville étoit pour lors une dépendance de la vicomté de Beaumont ; et les ducs d'Alençon recherchoient particulièrement le séjour de la Flèche, pour y goûter les plaisirs innocens qui se cueillent dans la douceur d'un bon air, et dans la fructueuse beauté d'un des plus agréables vignobles de la France ».

« Mais comme c'étoit assez à cette généreuse princesse, pour la porter vivement à quelque nouveau dessein, qu'on lui donnât avis, ou que même elle présumât que son cher époux en avoit eu l'affection, pour le faire réussir.

» Aussi, du jour qu'elle eut entrepris cet ouvrage, elle ne se donna point de repos qu'elle ne vît à la Flèche les pères de saint François. Ils y furent établis aussi commodément que leur pauvreté le leur pouvoit permettre.

» Depuis, Françoise, sa fille aînée, épousa Charles de Bourbon, duc de Vendôme ; et comme elle eut en mariage la vicomté de Beaumont et tout ce qui en dépendoit, elle conserva toujours la même affection qu'avoit sa mère pour les pères de cet ordre. Or, cette belle maison de la Flèche que Henri-le-Grand, d'immortelle mémoire, donna aux pères de la compagnie de Jésus, est l'ouvrage de cette Françoise.

» Depuis, la magnificence de cet immortel monarque y ajouta ces grands bâtimens qui font l'admiration de tous ceux qui les voient (1) ; et sa bonté incomparable y destina son cœur, pour témoigner à la postérité combien ce prince aimoit le lieu où il avoit été conçu, et les personnes à qui il laissoit un gage si précieux à ses affections ».

Ainsi s'exprime l'auteur de la vie de Marguerite de Lorraine, duchesse d'Alençon. Cette princesse, bisaïeule du roi Henri IV, mérita, par la noblesse de ses sentimens, non-seulement la vénération de ses contemporains, mais encore le respect et la reconnoissance de tous ses vassaux. Sa vie fut marquée par la pratique de toutes les vertus, et particulièrement par les bienfaits qu'elle répandit dans le sein des malheureux.

Livrée, pendant son séjour à la Flèche, aux exercices de la religion, c'est dans ce lieu qu'elle conçut le dessein de se retirer du monde. Affermie dans sa résolution, elle prit, à Mortagne, en 1517, l'habit de l'ordre de saint François, à l'âge de 54 ans, et mourut en odeur de sainteté, le 2 novembre 1521, âgée de 58 ans.

Non-seulement Marguerite de Lorraine se livra aux exercices de la charité, mais elle veilla avec la plus grande attention, à ce que la justice fût administrée dans ses domaines, par des juges éclairés et de mœurs

---

(1) L'auteur de la vie de Marguerite de Lorraine est ici dans l'erreur. Les vastes bâtimens qui composent le corps-de-logis du collége, n'ont point été donnés par Henri IV ; mais ils ont été bâtis avec les cent mille écus que ce prince donna pour la construction du collége.

épurées. Elle eut soin en même temps d'é-
tablir l'ordre dans sa maison et l'économie
dans sa dépense. On voit, par un réglement
du 20 juin 1513, ce qui devoit être servi
chaque jour au dîner et au souper de la
duchesse, aux gentilshommes, aux quatre
dames d'honneur, aux demoiselles de sa
chambre, à ses femmes de service et autres
officiers de sa maison. Les dépenses journa-
lières pour toutes ces tables, n'étoient que
de neuf livres dix sous.

ANECDOTE.

APRÈS avoir dit comment les cordeliers
furent établis à la Flèche, nous allons attirer l'attention du lecteur sur ce qui donna
lieu à leur expulsion de cette ville. Voici
ce que nous avons recueilli de plus positif
à ce sujet.

Au rapport de l'historien des seigneurs
d'Alençon, les cordeliers furent chassés de
la Flèche, en 1604, à cause de l'irrégularité
de leur conduite. Mais une version plus
vraisemblable est celle-ci.

Guillaume Fouquet, marquis de la Varenne, protecteur et ami des cordeliers de
la Flèche, leur donna une marque de son
affection particulière, en faisant bâtir à ses
frais une chapelle auprès de la nef de leur
église.

A l'imitation de Fouquet, un Fléchois
distingué par ses richesses et sa piété, fit
construire une seconde chapelle de l'autre

côté de la nef de la même église, et dont la destination fut de servir aux usages religieux des sœurs séculières de l'ordre de saint François.

Dans peu, cette chapelle se trouva parée avec élégance ; et cette parure brillante offensa tellement l'amour-propre de la marquise de la Varenne, qu'elle s'indigna de la préférence qu'on donnoit à la nouvelle chapelle. Elle s'en prit aux cordeliers, et alla même jusqu'à leur retirer les aumômes qu'elle leur faisoit distribuer trois fois par semaine. Mais, soit que les cordeliers fussent dédommagés par les libéralités des sœurs séculières du tiers-ordre de saint François, soit qu'ils ne vissent dans les motifs de la marquise, que la petitesse de la morgue, ils se montrèrent peu sensibles à ses menaces ; et cette insensibilité apparente fut la cause de leur ruine.

La marquise conçut alors le projet d'expulser ces religieux de la Flèche, et de les remplacer par les récollets de Pressigné. Il fut convenu que ces pères prendroient possession du couvent des cordeliers, dans le temps que ceux-ci assisteroient à la procession de la Fête-Dieu.

Ce projet, ourdi par le démon de la vengeance, eut son exécution. Quand les cordeliers se présentèrent à la porte de leur couvent, ils la trouvèrent barricadée ; et les valets de la marquise, attroupés aux environs, reçurent si brutalement les malheureux processionnaires, qu'ils n'eurent d'autre parti à prendre que la fuite. On leur indiqua les cellules de Pressigné, comme la seule demeure qui leur restoit. Ils s'y rendirent et s'y logèrent provisoirement.

Par la suite, ces religieux réclamèrent contre la violation du droit de propriété. Ce fut inutilement. La puissance et le crédit de la marquise emportèrent la balance.

JÉSUITES

Établis à la Flèche, en 1603 (1).

CET ordre, institué par Ignace de Loyola, et approuvé, en 1561, par le pape Paul III, fut établi en France, le 23 décembre 1561; et 34 ans après, les jésuites en furent bannis par arrêt du parlement de Paris. Ils n'obtinrent leur rentrée qu'au mois de septembre 1595; et ce ne fut qu'en 1603, qu'on leur permit de s'établir à la Flèche. A cette époque, Henri IV leur donna son château neuf de la Flèche et cent mille écus de ses épargnes, pour bâtir un collége en cette ville.

----

(1) Voyez, pour les détails de l'établissement de ce collége, la troisième partie de cet ouvrage, que nous avons consacrée à l'histoire de cet établissement si célèbre dans les annales des sciences.

COMMUNAUTÉ DES RÉCOLLETS,

Établie à la Flèche, en 1604.

Les cordeliers expulsés de la Flèche, en 1604, furent remplacés, la même année, par les récollets ; et, bientôt après leur installation, leur communauté s'accrut par un noviciat qu'on y établit. La nef de leur église, grande et vaste, étoit surmontée d'une flèche remarquable par sa hauteur, sa beauté et l'élégance de sa forme.

En démolissant cette église, on trouva dans un caveau sépulcral, une bière en pierre, avec des ossemens humains ; et, en exhumant d'autres cadavres, on découvrit dans plusieurs tombeaux, de petites urnes en terre cuite, remplies de charbon. La même découverte eut lieu lors de la démolition de l'église du prieuré de saint Jacques. Entre plusieurs tombeaux de pierre qu'on y déterra, en ouvrant le dernier, on trouva le squelette d'un homme, si bien conservé, que l'ayant dressé sur ses pieds, aucun des os ne quitta sa place. D'ailleurs, cette tombe n'offrit aucun écriteau qui pût indiquer le nom de la personne, ni l'année de son décès. On présuma que ce squelette avoit été celui d'un des premiers prieurs de saint Jacques, mort peut-être depuis plus de quatre cents ans.

En l'année 1791, le terrein et les bâtimens

K 4

qu'occupoient les récollets et les sœurs de l'ordre de saint François, furent vendus à différens particuliers.

A cette époque, on éleva sur les ruines de ces bâtimens un grand nombre de maisons qui font aujourd'hui un des ornemens de la Flèche. Le reste du terrein fut employé, d'une part, à prolonger la promenade du pré Luneau, située le long de la rive droite du Loir ; d'autre part, à faire une place d'armes d'une grande étendue, et à laquelle il ne manque que des édifices, pour en faire une des plus belles places du département de la Sarthe.

RELIGIEUSES

DE LA CONGRÉGATION DE NOTRE-DAME, DITE DE L'*AVE MARIA*,

Établies à la Flèche, en 1622.

CES religieuses, créées sous l'invocation de la compagnie de Notre-Dame, vinrent s'établir à la Flèche, en 1622. Elles y furent envoyées par Miron, évêque d'Angers, qui fixa d'abord le nombre à quatre. Il les tira de Poitiers, et leur donna l'obédience pour la Flèche.

Le but de cet établissement religieux étoit la plus grande gloire de Dieu, ainsi que celle de la sainte Vierge ; et son institution, le salut et la perfection des jeunes personnes dont elles faisoient l'éducation.

Elles furent demandées par le maire et les échevins, au nom des habitans de la Flèche; mais aucune donation ne leur fut faite; elles s'établirent elles-mêmes. Le bon ordre dans les affaires, et la plus grande économie dans la dépense, ont soutenu cette maison, qui n'a été bâtie que de la dot des religieuses; et ces dots cumulées ont à la longue procuré à ce couvent cinq à six mille livres de rente dont elles jouissoient au moment de leur suppression.

La première supérieure fut madame Chénel, qui joignoit aux plus grands talens les vertus les plus éminentes.

Les autres religieuses de cette maison, qui l'ont imitée dans ses actions, sont : la dame Gautier, d'un mérite si relevé et d'une conduite si exemplaire, que son abord inspiroit à-la-fois le respect et la vénération. Les dames Morey, Bassigny, de Sales, de la Roche-d'Orveau, et Machefelière, ont aussi honoré ce couvent, autant par leur zèle à remplir les devoirs de la vie religieuse, que par leurs soins à inspirer aux jeunes personnes le goût du travail et l'amour de Dieu (1).

Quoique le nombre de ces dames ne fût d'abord que de quatre, en arrivant à la Flèche, leur nombre devint si considérable

____

(1) Ce qui honore encore cette maison, est la manière distinguée avec laquelle les religieuses de la compagnie de Notre-Dame de la Flèche furent appelées à Alençon, pour y fonder une maison destinée à l'éducation des jeunes personnes de cette ville.

par la suite, qu'au moment de leur suppression, on comptoit dans cette maison plus
de trente religieuses, y comprises six sœurs
converses.

Ce ne fut que quelques années après leur
établissement à la Flèche, qu'elles trouvèrent
les moyens pécuniaires de faire bâtir leur
église. La première pierre en fut posée en
1655, par Henri Arnaut, évêque d'Angers.
L'année suivante, le même évêque en fit la
consécration le 28 octobre ; et la première
messe y fut célébrée la même année (1).

COMMUNAUTÉ

DES DAMES DE LA VISITATION,

Établie à la Flèche, en 1632.

Cet ordre, fondé par saint François de
Sales et la bienheureuse de Chantal, fut
d'abord institué pour soulager les maux et
les besoins des malades. Il n'assujettissoit les
religieuses qu'à des vœux simples, sans les
obliger à garder la clôture. Ensuite saint
François de Sales se détermina à changer
leur institut. Il dressa une nouvelle constitution, d'après la règle de saint Augustin,
qui fut approuvée par le pape Urbain VIII.

Ce fut le marquis Dupui-Dufou, seigneur

____

(1) Cet article nous a été communiqué par madame Sau-
lay, dernière supérieure de ce couvent.

de Picheseul, qui, à la sollicitation d'une
de ses filles, établit à la Flèche les religieuses de la Visitation. Cet établissement
lui coûta des sommes si considérables, qu'il
lui fut impossible de doter cette maison.
Pendant long-temps, les religieuses furent
obligées de vivre du travail de leurs mains,
et de quelques bienfaits qu'elles recevoient
de madame de la Jaille, leur bienfaitrice.
Aussi ne firent-elles bâtir leur église qu'en
1650. Le 23 février de la même année, René
Fouquet, marquis de la Varenne, en posa
la première pierre ; et le 16 septembre 1651,
François le Cerf, prêtre, délégué par l'évêque
d'Angers, en fit la bénédiction et y célébra
la première messe.

Cette communauté, composée sous l'ancien régime, de vingt à trente religieuses
de chœur et de cinq à six sœurs converses,
ne se vit jamais assez opulente pour s'élever
à l'état de richesses. L'esprit de saint François de Sales les dominoit tellement, qu'elles
se trouvoient parfaitement heureuses avec
une fortune très-bornée.

Occupées de l'éducation des jeunes personnes confiées à leurs soins, elles leur
enseignoient tout ce qui peut contribuer à
former le jugement à la pratique des vertus, et le cœur aux devoirs de la religion
et du ménage.

—Ici et ailleurs nous avons à gémir sur les
excès commis en l'an deux de la République.
Les cendres de l'illustre fondateur de la maison des dames de la Visitation de la Flèche,

n'ont pas plus été respectées que celles de Henri IV, de Marie de Médicis, de Guillaume Fouquet, de le Royer, etc.

Une boîte de plomb dans laquelle étoit renfermé le cœur de Dupui-Dufou, fut arrachée de l'église des Visitandines, portée au district de la Flèche, ouverte en présence des administrateurs. Ce qu'on y trouva fut un peu de cendre brunâtre, accompagné du petit corps osseux ; et le tout fut livré au courant de la rivière du Loir. Heureusement pour les ames pieuses, le bâton de saint François de Sales a été respecté. On peut le voir à l'hospice de la Flèche, où on le conserve avec autant de soin que de respect.

COMMUNAUTÉ DES CAPUCINS,

Établie à la Flèche, en 1636.

La première pierre du couvent des capucins de la Flèche fut posée le 22 août 1636, par Fermian, secrétaire du roi, que l'évêque d'Angers délégua à cet effet.

Plusieurs capucins, aidés des bienfaits de leur famille, ont embelli cette maison de décorations, de goût et d'agrémens.

Le père Péchard, évêque *in partibus*, n'a pas peu contribué à l'embellissement du chœur de l'église, par des stales élégantes et des tableaux magnifiques.

A l'imitation de cet évêque, le père Laville de Gonriacy, d'une famille distinguée de Bretagne, avoit aussi fait tourner au profit de cette communauté un revenu assez considérable qu'il recevoit annuellement.

On voyoit dans le réfectoire de cette maison, deux tableaux d'une composition finie et précieuse. L'un représentoit la naissance du Sauveur, et l'autre la résurrection des morts. La ressemblance des os y étoit telle que la nature les forme, et leur recouvrement de chair putréfiée, tel que la putréfaction les rend.

Le même réfectoire possédoit quelques portraits des grands personnages de l'ordre. On y voyoit celui du frère Ange de Joyeuse, qui, tour-à-tour capucin et capitaine, portoit ou la cuirasse ou la haire. On y distinguoit aussi le frère André, si célèbre au dix-septième siècle, par ses talens oratoires et l'amitié dont l'honora le cardinal de Richelieu.

Plusieurs Fléchois ont illustré cette maison, autant par leurs lumières, que par la pureté de leurs mœurs.

Outre le père Péchard dont nous avons parlé à l'article des hommes illustres de la Flèche, nous nommerons ici le père Gallois, homme également recommandable par son mérite personnel et ses connoissances en littérature. Tandis que son frère se distinguoit dans l'office d'avocat du roi au siége présidial de la Flèche, par une érudition vaste et profonde, le père Gallois se faisoit une haute réputation dans la chaire, et passa pour un des plus célèbres prédicateurs de son temps.

Auprès du père Gallois ont brillé les deux Jouie, fils d'un charpentier, mais d'une des meilleures maisons de la Flèche (1). A peine eurent-ils fini leur noviciat, qu'ils se firent connoître du public par des sermons savamment écrits, et pleins de cette douce éloquence qui persuade en même temps qu'elle éclaire.

MAISON DE FONTEVRAULT,

Établie à la Flèche, au commencement du dix-septième siècle.

APRÈS l'établissement des Jésuites à la Flèche, Jeanne, fille naturelle de Henri IV, abbesse du grand Fontevrault, ayant jugé qu'il seroit avantageux que les novices religieux de son ordre fussent instruits par les pères du collége de la Flèche, fit bâtir en cette ville, une maison pour les loger.

Lorsque ces religieux furent instruits, et en nombre suffisant pour être répandus dans les différentes maisons de leur ordre, on les rappela et on mit à leur place des religieuses du même ordre, dont le nombre fut d'abord

______

(1) Cette famille, originaire d'Italie, est depuis plus de six siècles, domiciliée à la Flèche. Le premier des Jouie, qui vint s'y établir, étoit chambellan de René, duc d'Anjou et roi de Naples. Pendant long-temps, cette famille tint un rang distingué dans la province d'Anjou. Mais plusieurs de ses branches étant tombées dans l'indigence, les arrière-petits-fils du chambellan du duc René ont éprouvé le sort de beaucoup d'anciens nobles.

peu considérable. Mais cette communauté, devenue par la suite plus nombreuse, nécessita l'achat successif de plusieurs maisons destinées à leur logement.

Aux devoirs de la religion, ces dames s'adonnoient à l'éducation de la jeune noblesse. Toutes vivoient entre elles dans une douce et agréable liaison. Une gaîté innocente et pure, une aisance aimable, des manières honnêtes, une politesse franche et non fardée, faisoient les agrémens de cette maison où l'on trouvoit à-la-fois les talens et l'esprit, le ton et la décence de la meilleure société.

RELIGIEUSES HOSPITALIÈRES

DE SAINT JOSEPH,

Fondées à la Flèche, vers l'an 1640.

Cet institut, fondé à la Flèche, vers l'an 1640, sous l'invocation de saint Joseph, fut institué par Jérôme le Royer, pour subvenir aux besoins de l'humanité souffrante.

A peine les religieuses hospitalières furent-elles établies à la Flèche, que leur nombre s'accrut si considérablement, que peu d'années après leur installation, on comptoit à l'hôpital de cette ville 54 religieuses. Ce nombre ayant exigé un emplacement plus étendu que celui qu'on leur avoit donné d'abord, le Breton et de Villiers firent alors construire à leurs frais un corps-de-logis beaucoup plus vaste et plus commode.

Ces hospitalières furent primitivement des personnes pieuses et charitables, qu'aucun vœu n'attachoit à la vie religieuse. Le seul engagement qu'elles prenoient, étoit d'obéir à la supérieure et de soigner les malades.

Ce fut Marie de la Fère, qui, la première, proposa à sa communauté de s'engager par des vœux simples. Cette proposition ayant été agréée, Marie de la Fère demanda cette grâce à l'évêque d'Angers, tant pour ses compagnes que pour elle. A quoi l'évêque ayant consenti, vint lui-même à la Flèche, pour y recevoir les vœux que la communauté prêta entre ses mains.

La même Marie de la Fère (1), zélée pour les intérêts du Ciel, proposa encore à ses compagnes, en 1682, de faire des vœux pour la vie ; et l'exemple qu'elle donna la première de cette pieuse résignation, détermina sa communauté à s'attacher irrévocablement à Dieu et au soulagement des malades.

______

(1) Marie de la Fère, première supérieure des hospitalières de la Flèche, étoit d'une famille noble et nièce de la Guillerois, seigneur de Ruigné. Elle fut d'abord idolâtre des plaisirs frivoles qu'on trouve dans le grand monde ; mais bientôt désabusée de l'idée qu'elle s'en étoit formée, elle se mit sous la direction de l'abbé Héricot, curé de saint Quentin ; et ce fut ce digne pasteur qui inspira à Marie de la Fère les sentimens de piété et de charité, dont elle fit toute sa vie une étude particulière.

MAISON

MAISON DE RECLUSION,

Établie à la Flèche, en . . . .

CETTE maison, particulièrement destinée à renfermer les personnes du sexe dont les familles sollicitoient la reclusion, pour cause de mauvaise vie ou de folie, fut établie à la Flèche, en . . . . On en donna l'administration aux religieuses de l'ordre de saint Augustin, et l'on eut par la suite tout lieu de se louer des soins qu'elles prirent des prisonnières confiées à leur surveillance. Loin de les insulter, de les maltraiter, elles eurent toujours pour elles les égards qu'on doit à l'infortune, et la compassion qu'inspirent les foiblesses de l'humanité.

Une des supérieures de cette maison eut même la grandeur d'ame de s'opposer à un acte humiliant émané de l'autorité suprême. Le ministre chargé de la police de ces sortes de maisons, avoit ordonné que l'on mît à exécution l'article de l'ordre de la cour, qui exigeoit que l'on coupât les cheveux aux détenues, et qu'on leur fît porter l'habit de bure.

Le ministre trouva dans la réponse de la supérieure, un refus formel de se conformer à cet ordre impolitique. Elle lui fit observer qu'on pouvoit, sans humilier davantage les recluses, les contenir dans le devoir; que

L

toutes obéissoient ; et que l'humiliation étoit de tous les moyens le moins propre à les rappeler à la vertu.

Cette résistance, appuyée sur la raison, eut le succès que la supérieure en attendoit. L'ordre fut révoqué et resta sans exécution.

Cette communauté possédoit un tableau d'un travail exquis et d'un prix inestimable. Il représentoit la marquise de Montespan, en Madeleine pénitente, et si bien représentée en sainte, que les connoisseurs mêmes la prenoient pour la patrone du couvent.

Ce tableau précieux a été volé dans les troubles de la révolution.

INSTRUCTION DE LA JEUNESSE.

PETITE ÉCOLE,

Fondée à la Flèche, en 1663.

CET établissement est dû au sieur Gallard, prêtre habitué de saint Thomas. Le 18 septembre 1663, il légua à la fabrique de cette église, du consentement du curé, du maire, des échevins et de l'évêque d'Angers, une rente de 265 francs et la propriété d'une maison seigneuriale, aux conditions que ladite fabrique feroit servir cette maison au logement de plusieurs prêtres ou clercs, *pour y*

vivre ensemble sous l'autorité de l'évêque ,
et sous la dépendance du curé de saint Thomas ; lesquels prêtres seroient tenus d'instruire gratuitement les enfans du premier
âge des principes de la doctrine chrétienne.

Cette instruction devoit avoir lieu conformément à celle de l'école paroissiale de saint
Nicolas de Paris.

Quant aux réglemens des instituteurs, et
ceux à faire pour l'entretien de l'école, le
fondateur se réserva le droit de n'y recevoir
que les prêtres ou clercs qu'il choisiroit lui-
même, et d'en exclure ceux qu'il jugeroit
à propos, après en avoir obtenu la permission de l'évêque.

Ces prêtres ou maîtres d'école devoient
payer à la fabrique de saint Thomas 15 sols
de rente annuelle , comme tenant d'elle la
propriété de la maison de la petite Ecole.

Il étoit défendu à ces instituteurs élus pour
la vie, de faire recevoir en leur place , et
d'admettre aucun particulier, pour les aider
à faire l'école , sans avoir obtenu avant
l'agrément de l'évêque et du curé de saint
Thomas, qui seuls devoient nommer aux
places vacantes après le décès du sieur Gallard.

Le même curé pouvoit encore, avec l'auto-
risation de l'évêque , congédier de cette maison les maîtres qui manquoient aux réglemens
qu'ils devoient suivre.

Ce petit collége fut d'abord administré par
les sieurs Gallard , la Planche et l'Angevin,
qui y formèrent une espèce de petite communauté. Leurs fonctions étoient d'enseigner

les jeunes enfans de la ville, jusqu'à ce qu'ils fussent assez instruits pour entrer en sixième au grand collége.

En 1688, il fut question de prendre la maison des petites Écoles, pour y placer des orphelines; mais le roi ayant refusé les lettres patentes nécessaires à cet établissement, le projet manqua; et cette maison a depuis continué de servir à la première instruction des jeunes enfans de la Flèche (1).

MAISON D'ÉDUCATION

DE JEUNES DEMOISELLES,

Dirigée par les demoiselles AUBERT, au bout du pont des Carmes.

CETTE maison d'éducation, connue avantageusement depuis plusieurs années, n'a cessé de mériter l'estime du public et la confiance des parens.

Préparer le cœur et l'esprit des jeunes personnes à la connoissance des principes qui doivent leur apprendre les règles pour se conduire dans le cercle de la vie sociale; leur développer graduellement ces principes, en leur inspirant l'amour du bien et le goût des choses utiles; leur inculquer les préceptes

____

(1) Les pièces relatives à cette fondation, nous ont été communiquées par l'abbé Mousset, ex-instituteur du petit collége.

de la morale, et faire germer en elles la vertu, apanage de leur sexe ; tel est le but que
les demoiselles Aubert se sont proposé d'at-
teindre, en se livrant à l'éducation des jeunes
demoiselles. Leur zèle, leur exemple et les
soins qu'elles apportent à diriger et à sur-
veiller leur maison d'éducation, ont produit
et produisent tous les jours les plus heureux
effets.

La morale, la lecture, l'écriture, l'arith-
métique, les principes de la langue françoise,
l'orthographe, la chronologie, l'histoire, la
mythologie, composent les principaux objets
de l'enseignement.

De plus, on y réunit le travail à l'aiguille,
la broderie et la tapisserie à la main.

La pension est de 400 francs par année,
payable par quartier et d'avance.

Les maîtres du collége y donnent journel-
lement des leçons de musique vocale et instrumentale, de dessin, de danse, etc.

MAISON D'ÉDUCATION,

POUR LES JEUNES PERSONNES,

Sous la direction de madame Lewis, angloise,
rue du Château.

CE pensionnat, particulièrement destiné à
l'éducation des jeunes demoiselles, est du
petit nombre de ceux qu'il importe de faire

connoître. Il suffira d'analyser ici le prospectus de cet établissement, pour en démontrer l'esprit et les avantages.

Dans cette institution, madame Lewis se propose de donner à ses élèves :

1.º La connoissance des devoirs religieux et civils.

2.º D'apporter auprès d'elles les soins qu'exigent les détails multipliés d'une surveillance suivie et propre à exciter l'émulation.

3.º De leur enseigner les élémens de la lecture, de l'écriture, du calcul, de la grammaire, de la géographie, de la chronologie et de l'histoire.

4.º De joindre à ces sciences, non-seulement tous les ouvrages utiles, à l'usage des femmes, mais même les arts d'agrément ; tels que le dessin, la danse, la musique instrumentale et vocale, etc. etc.

Ce pensionnat, récemment établi à la Flèche, va offrir aux jeunes demoiselles tous les avantages qu'on peut se promettre de la meilleure éducation.

MAISON D'ÉDUCATION,

Tenue par les demoiselles DENIAU, place des Halles.

CE pensionnat, destiné à l'instruction des jeunes personnes, est tenu avec soin et surveillé avec attention.

Les institutrices chargées de l'administration de cet établissement, ne négligent rien pour s'approcher autant qu'il est possible, de l'éducation chrétienne et maternelle. Elles font aimer la religion catholique à leurs élèves, en leur inculquant les préceptes de la morale chrétienne. Elles les instruisent, en leur enseignant les principes de la lecture, de l'écriture, ainsi que les élémens de la grammaire françoise, la géographie, l'histoire ancienne et moderne.

Les demoiselles Deniau se font encore un devoir d'apprendre à leurs élèves tous les ouvrages qu'il convient aux femmes de savoir, même à faire de la dentelle, etc.

Le prix de la pension est de 350 francs, non compris les maîtres d'agrément, dont les leçons ne préjudicient en rien aux autres exercices, et se payent séparément.

SECTION TROISIÈME.

ÉVÈNEMENS REMARQUABLES ET FAITS PARTICULIERS.

ANNÉES 1090 OU 1092.

CE fut vers l'an 1090, que la ville de la Flèche essuya un siége, dont Bourdigné, dans ses Annales d'Anjou, parle de la manière suivante.

« Le comte Foulques-le-Barbu se voyant un peu de repos, eut souvenir comment le comte du Maine (Hélie de la Flèche) avoit autrefois levé armée, pour le guerroyer, à l'appétit de Geoffroi, son frère. Pour quoi il assembla ses gendarmes, et alla assiéger la ville de la Flèche, appartenant à icelui comte du Maine, laquelle il prit d'assaut et pilla, puis à Angers retourna ».

ANNÉE 1230.

LOUIS IX, dit saint Louis, roi de France, se rendit, cette année, à la Flèche, à la tête de la plus florissante armée qu'il eût commandée jusqu'alors. Elle étoit composée de presque tous les grands de l'état, parmi lesquels on comptoit le célèbre Jean de Brienne, qui, de simple cadet de sa maison, étoit devenu roi de Jérusalem, par le choix de Philippe-Auguste, et qui, dépouillé ensuite par l'empereur, son gendre, menoit une vie d'aventurier. Il vint avec Hugues de la Marche, joindre le roi à la Flèche ; et là on s'engagea, de part et d'autre, à ne point traiter séparément avec le duc de Bretagne, qui, oubliant sa naissance et ses droits, avoit reconnu de nouveau le roi d'Angleterre pour son seigneur et son souverain, et auquel il avoit livré toutes ses places.

L'armée royale, sortie de la Flèche, repassa le Loir, alla camper vers Ancenis qu'elle assiégea et prit, sans que les Anglois fissent aucun mouvement pour le secourir. Ce fut là que, dans une assemblée de tout ce qu'il y avoit de pairs et de prélats à la suite du roi, Pierre fut déclaré déchu de la tutelle de ses enfans et de sa qualité de comte de Bretagne. (Histoire de France , par l'abbé Vély).

ANNÉE 1265.

Il existe au château de Gallerande, un acte en date du mercredi d'après la Toussaint de l'an de grâce 1265, par lequel Louis, fils de Jean, comte de Brienne, roi de Jérusalem et d'Acre, et Agnès, sa femme, vicomtesse de Beaumont, dame de la Flèche, etc., cousine-germaine d'Auberée de Louvray, en faveur de son mariage avec Hubert de Clermont, fait don de toute nature d'usages en la forêt de Melinais, et de toutes choses nécessaires ou quelles soient, dans leurs châtellenies du Lude et de la Flèche, pour leur hébergement de Gallerande, et à charge que ladite Auberée ou ses héritiers paieront au jour de Pâques fleuries, chacun an, à ladite dame Agnès et à ses héritiers, une paire d'éperons dorés, etc.

Cet acte prouve que la châtellenie de la Flèche existoit avant l'an 1265, et qu'alors elle étoit possédée par la maison de Beaumont-le-Vicomte.

Nous ignorons si, par la suite, la Flèche a été érigée en baronie. Nous savons que cette qualité se trouve dans plusieurs actes des seizième et dix-septième siècles. Mais nous n'avons pu nous procurer jusqu'ici le titre primordial de la création de cette baronie.

Année 1412.

La guerre s'étant allumée entre Jean II, duc d'Alençon, seigneur de la Flèche, et Louis, duc d'Anjou, roi de Sicile, ce prince mit une forte armée en campagne, et fit ravager les terres de son ennemi par Craon et Lahense, ses généraux, qui se rendirent maîtres de la vicomté de Beaumont et de plusieurs autres places que le duc d'Alençon avoit dans le Maine. Les mêmes généraux allèrent ensuite assiéger Domfront; et, quelques jours après, se donna la bataille de saint Denis-Duplain, en Sonnois, où l'armée du duc d'Alençon, qui croyoit surprendre, fut elle-même surprise et battue

Ce fut après le gain de cette bataille, que le duc d'Anjou, à la tête d'un corps de huit cents hommes d'élite, fit de cruels ravages sur les terres de Jean II, situées dans le Maine; et l'on peut croire que la Flèche ne fut pas plus épargnée que les autres propriétés de la maison d'Alençon.

Cette même année, Jean, fatigué de la guerre et désirant la paix, fit négocier le mariage de son fils le comte de Perche, avec Yolande, seconde fille du roi de Sicile. Le contrat de mariage fut signé à Sablé, le 1.er mars 1412. Le roi donna à sa fille la terre de s. Laurent-du-Mont, avec 6000 liv.

tournois; et le duc d'Alençon légua à son fils la vicomté de Beaumont, avec ses dépendances; ensorte que la Flèche changea de seigneur, et passa au fils, qui, dès ce moment, en prit possession.

ANNÉE 1420.

LE 22 mars de cette année, à 4 heures après midi, se donna la bataille de Baugé. Les Anglois, au nombre de quinze mille, commandés par le duc de Clarence, y furent défaits par les François, sous les ordres du sieur de la Fayette, maréchal de France. Outre les seigneurs qui y furent tués, on en fit un grand nombre prisonniers, que l'on mit à rançon (1).

Ce fut la forteresse de la Flèche que les Anglois assiégèrent, dit-on, dans ce temps-là. Mais il n'en est nullement question dans aucun auteur du quinzième siècle. Cependant il est certain, par preuves existantes au château de Gallerandé, qu'il fut pris vers ce temps-là, et repris ensuite sur les Anglois, par les troupes du roi. La pièce probante dit : Qu'au commencement de ce siècle, le seigneur de Clermont passa avec

______

(1) Dans ce siècle, ceux qui avoient le malheur d'être pris à la guerre, restoient toute leur vie en prison, à moins qu'ils ne payassent, de leurs propres deniers, la rançon à laquelle les avoient taxés ceux dont ils étoient prisonniers.

sa famille et ses meilleurs effets à sa terre
de Montrevault, proche Angers ; qu'il confia
la garde de son château de Gallerande à
Guillaume Grugelin, qui abandonna lâche-
ment le château aux Anglois, sans s'être
défendu. Ensuite le même château fut repris
sur les Anglois, par les troupes du roi, qui
y mirent le feu.

Or, si, dans ce temps, le château de Gallerande fut pris par les Anglois, on peut
croire que celui de la Flèche aura subi
le même sort, parce que presque tous les
châteaux étoient alors en état de guerre.

Ce qui nous porte encore à croire que la
Flèche ne fut pas assiégée en 1420, est le
récit que fait Bourdigné dans ses Annales
d'Anjou, de la bataille de Baugé.

« Bien que les François fussent en petit
nombre et peu estimés de leurs ennemis,
si leur donna Dieu la victoire, et furent les
Anglois desconfits, et demeura mort le duc
de Clarence, frère du roi d'Angleterre.....
Les archers et gens de pied, anglois, de-
meurés à Beaufort, attendant le retour de
leurs gendarmes, furent avertis de leur mal-
fortune ; pourquoi hâtivement délogèrent et
tirèrent vers la Flèche, et passèrent la rivière
du Loir sur un pont de bateaux qu'ils firent
à grande hâte ; puis prenant chacun une
croix blanche, feignant être François, pillèrent le pays du Maine, et entrèrent en
Normandie, etc. »

On peut donc croire, d'après le rapport
de cet historien, que les Anglois, battus à
Baugé, loin d'avoir entrepris le siége du

château de la Flèche, ne songèrent qu'à éviter la poursuite du vainqueur.

D'ailleurs les Anglois, maîtres alors d'une partie de l'Anjou, pouvoient s'être d'abord retirés au château de la Flèche, qui vraisemblablement leur appartenoit avant la bataille de Baugé ; et qu'après la perte de cette bataille, ils furent eux-mêmes attaqués dans la forteresse de la Flèche. Alors on pourroit dire, que si ce château a soutenu un siége à cette époque, les Anglois y furent assiégés et non assiégeans.

Cependant, soit avant ou après la bataille de Baugé, il paroît certain que la Flèche fut assiégée dans les trente premières années du quinzième siècle.

Peut-être aussi le siége du château de la Flèche a-t-il eu lieu en 1417 ou 1418. Ces années furent marquées par de grands ravages sur les domaines de Jean II, seigneur de la Flèche. Ses places du Maine devinrent la proie de l'ennemi, qui les mit à contribution.

ANNÉE 1427.

La rançon du duc d'Orléans fait prisonnier par les Anglois, ayant été fixée à la somme de plus de trois cents mille écus d'or, le comte d'Alençon fit contribuer ses vassaux à sa délivrance, et les habitans fieffés de la Flèche furent taxés suivant la valeur des fiefs qu'ils tenoient.

Ce seigneur, ainsi que les autres suzerains de son temps, pouvoient exiger des tailles ou aides de leurs vassaux, dans les cas suivans :

1.º Pour aider à payer leur rançon, lorsqu'ils venoient d'être faits prisonniers ;

2.º A l'occasion de la chevalerie de leur fils aîné ;

3.º Pour les frais des noces de leur fille aînée.

Les mêmes suzerains pouvoient exiger des seigneurs dépendans de leurs fiefs, un droit d'aide pour les frais de guerre, que les seigneurs taxés prélevoient ensuite sur leurs sujets.

En 1406, Jean I.ᵉʳ, comte d'Alençon et châtelain de la Flèche, fut taxé, à raison de ses terres, à payer 4,300 liv. au duc d'Anjou, son suzerain ; laquelle somme fut levée sur ses vassaux, au sujet du royaume de Naples et de Sicile, dont le duc avoit résolu de faire la conquête.

Année 1431.

Le duc d'Alençon n'ayant pu obtenir du duc de Bretagne, son oncle, que la somme de 3,000 liv. sur ce qui lui étoit redû de la dot de Marie de Bretagne, sa mère, fit arrêter Malestrois, grand chancelier de Bretagne, et l'envoya prisonnier à la Flèche.

Le duc avoit pris ce parti, pensant que son oncle ne balanceroit pas à le satisfaire, pour procurer la liberté à son chancelier. Mais il se trompa. Le duc de Bretagne lui déclara la guerre, et fit assiéger Pouancé, où l'on avoit transféré le prisonnier, pour plus grande sûreté. Le siége fut long et mémorable par le combat sanglant qui eut lieu, et que perdit le duc d'Alençon. Enfin, la paix se fit par la médiation de la reine de Sicile, aux conditions que le chancelier seroit mis en liberté, et déchargé de tous les engagemens qu'il pourroit avoir pris dans sa prison ; que la ville de la Guerche seroit remise entre les mains du duc de Bretagne ; que les prisonniers faits de part et d'autre, seroient délivrés sans rançon.

Ce traité, arrêté et signé le 19 février 1431, fut exécuté de part et d'autre, et la paix régna entre les deux parties.

ANNÉE 1452.

CETTE année, Jean II, duc d'Alençon, étant à la Flèche, trahit son roi, en conspirant contre sa patrie. Sa négociation secrète avec l'Angleterre, date de cette époque. Un héraut anglois vint le trouver à la Flèche, où il fut conclu que, dans les négociations respectives, on ne se serviroit point de lettres
de

de créances ; qu'il suffiroit que l'agent de l'un prît le pouce de celui avec lequel il auroit à traiter.

Les mesures qu'avoit prises le duc d'Alençon pour dérober la connoissance de ses démarches, ne purent être si secrètes qu'on n'en découvrît le mystère à la cour. Il fut trahi par des agens infidèles. Ce fut Gilles, son aumônier, de concert avec un de ses parens, nommé Pierre Fortin, dit le Tor-Filène, qui le trahit. Il fut conclu entre ces deux scélérats, qu'au lieu de porter les dépêches dont étoit chargé Pierre Fortin pour l'Angleterre, il les remettroit au roi de France.

Ces dépêches, renfermées dans un bâton creux, furent portées à Charles, qui, après la lecture des lettres, assembla son conseil, dont la résolution fut de s'assurer de la personne du duc et des places qu'il possédoit en Normandie. Le comte Dunois, chargé de cet ordre, l'exécuta, et fit le duc prisonnier du roi.

De Paris il fut conduit le même jour à Melun ; de là on le transféra à Chantel, en Bourbonnois ; puis à Castellery, en Auvergne. Ensuite des commissaires lui firent subir plusieurs interrogatoires, qui, commencés au mois de juillet 1452, durèrent jusqu'au mois de décembre suivant. Enfin intervint un arrêt du 10 octobre 1453, qui condamna le duc d'Alençon à mort, avec cette réserve de la part du roi, que l'exécution dudit arrêt seroit différée jusqu'à ce qu'il plût à sa majesté en ordonner autrement.

M

ANNÉE 1461.

CHARLES VII, ayant terminé sa carrière le 22 juillet, eut pour successeur son fils, qui régna sous le nom de Louis XI. Dès son avènement à la couronne, il ordonna l'élargissement du duc d'Alençon ; et au mois d'octobre de la même année, il lui fit expédier des lettres de réhabilitation dans ses biens, dignités et honneurs, à condition que le roi auroit la liberté de mettre des capitaines et gardes, en son propre nom, à Verneuil, Domfront, ste. Suzanne, tant qu'il le jugeroit à propos.

Nous croyons pouvoir rapporter à cette époque le premier capitaine qui commanda à la Flèche, au nom du roi, et qui ensuite fut remplacé par un gouverneur que sa majesté y nomma, et qu'elle continua depuis d'y nommer.

ANNÉE 1471.

LE 18 juillet de cette année, Jean II, duc d'Alençon, se dépouilla de la vicomté de Beaumont, en faveur du comte de Perche, son fils. Celui-ci en fit hommage à René, duc d'Anjou, tant pour la Flèche, que pour les autres dépendances de cette vicomté.

Il s'éleva une discussion au sujet de la mou-vance de Beaumont, que les uns préten-doient relever du duché d'Anjou, et les autres du comté du Maine. Elle fut termi-née par la réception de l'hommage, sauf le droit des parties.

Devenu possesseur de la vicomté de Beau-mont, le comte de Perche partagea sa de-meure entre la Flèche et Mortagne, et il habita tour-à-tour ces deux villes, lors-qu'il pouvoit se dispenser d'être auprès de la personne du roi.

ANNÉE 1501.

LE partage des biens patrimoniaux de la maison d'Alençon eut lieu cette année, entre les sœurs de Charles IV, duc d'Alençon.

Françoise, principale héritière, eut pour sa part la vicomté de Beaumont, la châtel-lenie de la Flèche, les baronies de Sonnois, de Fresnai, de sainte Suzanne, de Châ-teauneuf, de Champrond, etc.

C'est cette Françoise qui habita si long-temps la Flèche, dans le palais qu'elle y fit bâtir ; et ce fut dans ce même palais que fut conçu Henri IV.

Après une vie passée dans la pratique de toutes les vertus, Françoise d'Alençon mou-rut en son château de la Flèche, le 14 septembre 1550, âgée de 60 ans. Son corps fut transporté à Vendôme, et inhumé à côté

de celui de son époux. Charles de s. Marthe
fit son oraison funèbre, et Pierre Desmi-
roirs, son épitaphe.

~~~~~~~~~~~~~~~~~~~~~~~~

ANNÉE 1535.

~~~~~~~~~~~~~~~

DE l'avis et du consentement des habitans
de la Flèche, on mura le grand cimetière,
qui dès-lors étoit déjà placé hors des murs
de la ville. L'histoire nous a conservé les
noms des Fléchois qui ont contribué à cette
clôture ; et la reconnoissance nous fait un
devoir de les rappeler à la mémoire de nos
lecteurs.

	liv.	sous.
Pierre le Roy	20	»
Corburtan et Jean Corbin, son frère	40	»
Mars Soulier et le Gagneuil. . .	10	5
Le Royer, frère du précédent. .	10	5
Le Loyer et sa mère, deux testons (1).	»	»
Charbonnier	2	»
Dureuil.	2	5
Laroche	»	5
Branlepeigne et Jean Verdier . . .	»	10
Claude Hardi, Berand et Desbures	»	15
Total de la contribution volontaire	86	5

----

(1) Cette monnoie d'argent, fabriquée sous Louis XII,
fut d'abord fixée à 10 sous ; elle en valut ensuite 15 ; et
lorsqu'elle cessa d'avoir cours, elle étoit montée à 19 s. 6 d.
Elle fut appelée TESTON, de la tête qu'elle avoit pour empreinte.

On voit par l'état ci-contre, que, pour la somme de 86 l. 5 s., on fit faire, en 1535, deux cents soixante-cinq toises ; et de là on peut juger combien le prix de la main-d'œuvre a augmenté depuis ce temps. Le marc d'argent valoit alors de 15 à 16 francs ; et le même marc vaut aujourd'hui 54 francs et plus.

Année 1564.

Le mariage du jeune prince de Condé avec la fille du duc de Longueville, se célébra le 30 octobre de cette année, à la Flèche. Les seigneurs de la suite du roi assistèrent à cette auguste cérémonie. Parmi ces seigneurs, étoient le cardinal de Châtillon, le baron des Adrets, Jacqueline de Rohan, marquise de Rotelin, mère de mademoiselle de Longueville.

Ces seigneurs, qui, depuis la fin de septembre, avoient suivi le roi dans son voyage de Touraine et d'Anjou, l'avoient quitté à Châteaubriant, pour venir aux noces du prince de Condé.

Les mêmes seigneurs allèrent ensuite rejoindre Charles IX à Angers, où il étoit arrivé le 5 novembre. Le 8, la cour se rendit au château du Verger ; et le 9, elle alla coucher au château de Durtal, où le roi séjourna deux jours, et en partit le 12, pour se rendre à Jarzé, etc.

M 3

Nous croyons devoir entretenir ici nos lecteurs sur la ville de Durtal.

Elle fut bâtie vers l'an 1040, par Foulques Néra, comte d'Anjou; et Geoffroi Martel y fit construire le château qui subsiste encore. Le même Geoffroi donna la seigneurie de Durtal à Hubert de Champagne, vers l'an 1053.

Cette ville a depuis souvent changé de seigneurs; et, après diverses mutations, les baronies de Durtal, de Malhefelon et de saint Michel - des - Bois, passèrent, par le mariage de Marguerite de la Jaille, à son mari René de Scepeaux, seigneur de Vieuville, père de François de Scepeaux, maréchal de France, en 1562, en faveur duquel ces baronies furent unies et érigées en comté, sous la dénomination du comté de Durtal, par lettres du 19 octobre 1564.

Marguerite de Scepeaux, sa fille aînée, et principale héritière de son nom, porta le comté de Durtal à son mari, Jeanet, marquis d'Epinai.

Cette terre est aujourd'hui possédée en partie par la maison de Liancourt.

Elle devint, en 1790, une propriété de la nation, par l'émigration du propriétaire, qui ensuite ayant été rayé de la liste des émigrés, est rentré en possession des biens qui n'avoient pas été vendus.

Année 1581.

Un des plus terribles fléaux de la nature affligea la Flèche et l'Anjou. La peste y fit pendant quatre années, des ravages si affreux, que, pendant long-temps, le pays fut tellement dépeuplé, qu'à peine y trouvoit-on des bras pour cultiver la terre.

Année 1585.

La croyance aux sorciers étoit alors si fortement accréditée, qu'on en voyoit partout, et plus particulièrement dans ceux qui se livroient aux sciences. Plusieurs habitans de la Flèche furent, dans ce temps, accusés d'avoir des relations avec le diable ; et, pour s'assurer s'ils étoient sorciers ou non, on les condamnoit à l'épreuve de l'eau, qui consistoit à jeter les accusés dans le courant de l'eau. Ceux qui n'alloient pas au fond, étoient déclarés sorciers et jugés en conséquence. Ceux, au contraire, qui savoient plonger, étoient absous et remis en liberté.

ANNÉE 1593.

Les anciennes fortifications de la ville et du château de la Flèche s'étant trouvées hors d'état de servir, les habitans demandèrent qu'elles fussent réparées à neuf ; et des lettres patentes des 27 juin et 24 novembre 1592, firent droit sur la demande de ces réparations. On y travailla le 23 janvier 1593 ; et ces travaux ne furent achevés qu'en 1596.

La dépense que nécessitèrent ces grandes réparations, fut prélevée sur plusieurs espèces de denrées.

1.° On établit un impôt de deux sous six deniers tournois sur chaque minot de sel destiné pour le grenier à sel de la Flèche, pendant neuf ans, à commencer au 1.er janvier 1593. Le produit de cette recette, versé entre les mains du sieur Ligier d'Avout, jusqu'en mars 1596, se monta à 699 écus.

2.° On mit un impôt de 2475 écus, sur les élections du Mans et de Baugé.

3.° Il fut établi un autre impôt sur toutes sortes de denrées passant par la Flèche, dont le produit fut de 400 écus.

Il fut dépensé, tant pour les réparations de la ville, que pour celles du château :

1.° La somme de 636 écus 50 sous, pour plusieurs augmentations et réparations des fortifications faites au château de la Flèche, outre celles qui avoient été précédemment données au rabais.

2.º La somme de 737 écus 36 sous, payée à Michel Bridaut, adjudicataire de la construction de la clôture de la ville de la Flèche, à compte sur la somme de 976 écus 20 sous, pour parfait paiement de ce qu'il avoit fait alors desdits ouvrages.

3.º A Chrysostôme Hamelin, la somme de 200 écus, à lui payée pour la construction d'une écluse joignant le Pré-Trouvé, et servant à retenir les eaux dans les fossés de la ville.

4.º A François Allory, procureur du roi de la seigneurie de la Flèche, la somme de 1056 écus, pour remboursement des paiemens par lui faits, tant pour élargir les fossés de la ville en certains endroits, que pour les creuser, ayant été chargé de faire ces différens marchés par le sieur de la Varenne, commandant alors la ville et le château de la Flèche.

5.º Au sieur d'Avout, comptable, la somme de 246 écus 46 sous, pour besogne qu'il fit faire au château de la Flèche, outre les ouvrages précédens.

Enfin, le résultat de ce compte détaillé porte la dépense à la somme de 3116 écus, et la recette à 3574 écus.

ANNÉE 1595.

CETTE année, marquée dans les annales de la Flèche, par la création de son présidial, fut encore remarquable par les horreurs de la famine. Elle fut si considérable en Anjou, qu'on fut obligé d'avoir recours aux racines de fougère dont on fit du pain.

Le boisseau de blé, mesure des Ponts-de-Cé, se vendit 45 sous ; somme d'autant plus forte, qu'en 1594, la livre de pain blanc, pur froment, ne valoit que douze deniers, et la livre de pain de seigle, la moitié moins.

ANNÉE 1599.

L'ÉTABLISSEMENT des foires franches à la Flèche, date du 31 décembre 1599. Ces foires, accordées par Henri IV, s'étant trouvées à des jours incommodes, les maire et échevins présentèrent requête à Louis XIV, le 26 octobre 1671, pour qu'il plût à sa majesté changer les jours de ces foires, et les mettre ; savoir :

La première, le mercredi avant carême-prenant.

La deuxième, le mercredi d'avant la Quasimodo.

La troisième, le mercredi d'avant la Pentecôte.

Et la quatrième, le mercredi d'avant la Toussaint.

Sa majesté ayant fait droit sur la requête des maire et échevins, accorda cette grâce à la Flèche, par un arrêt de son conseil, du 10 novembre 1671.

Cet établissement, fait à la diligence de Bertereau, pour lors conseiller et maire de la Flèche, subsista jusqu'en 1790. A cette époque, on changea les jours de ces foires ; et au lieu de quatre, on en établit neuf, dont une le 4 de chaque mois, depuis vendémiaire jusqu'au 4 prairial inclusivement.

En l'an 10 de la République, un arrêté des consuls donna d'autres jours à ces foires, et les fixa à un des mercredis des neuf premiers mois de l'année républicaine.

Ces foires consistent en toutes sortes de denrées, de comestibles, de bestiaux, de grains, et principalement en fils et chanvres, qui sont les productions végétales les plus abondantes du pays.

Les foires les plus considérables sont celles de l'automne et de l'hiver. On fait alors un grand commerce de gibier, de volaille, de marons, de fruits cuits et crus, de toutes les espèces.

On apporte aussi à ces foires une quantité assez considérable de peaux de lièvres, de lapins, de renards, de blaireaux et même de martres, dont quelques-unes sont très-belles et peut-être aussi précieuses que celles qui nous viennent de la Sibérie.

A N N É E 1 6 o 3.

Lₐ fondation du collége de la Flèche, par Henri-le-Grand, eut lieu cette année.

Les Fléchois, jaloux de contribuer à un établissement qui devoit donner tant de célébrité à leur ville, demandèrent à être compris, pour leur part, dans la dépense qu'alloit occasionner l'établissement de ce collége ; et, par un arrêt du conseil d'état du roi, du 15 juin 1604, sa majesté faisant droit sur la requête présentée par les habitans de la Flèche, ordonna la levée de 6000 francs payables par les exempts et non-exempts, pour être employés ; savoir, 3000 francs, tant pour la fondation du collége, que pour faire partie des meubles des Jésuites ; et les autres 3000 francs, pour l'acquit de leurs dettes.

Les habitans de la Flèche n'attendirent pas même que cet arrêt fût rendu pour s'acquitter de l'obligation que l'amour de la gloire leur avoit fait contracter. Par acte du 29 novembre 1603, passé devant Charbonnet, notaire, le père Barny, jésuite, procureur du collége, reçut des habitans de la Flèche, la somme de 3000 francs, pour contribuer aux frais de leur établissement en ladite ville de la Flèche.

ANNÉE 1610.

LE 14 mai, un coup horrible, un régicide eut lieu en France. L'infâme *Ravaillac* assassina, de deux coups de couteau, le meilleur des rois; il immola Henri IV à la rage des factieux.

Le lendemain de ce régicide, le marquis de la Varenne, gouverneur de la Flèche, fit souvenir la reine-mère, que l'intention du feu roi avoit toujours été que son cœur fût déposé dans l'église du collége de la Flèche. La reine qui connoissoit à cet égard la volonté du roi, l'exécuta volontiers. Le prince de Conti porta, par son ordre, ce cœur précieux aux jésuites de la rue saint Louis, et le remit ensuite entre les mains du père Jacquinot, supérieur de cette maison, où on le laissa pendant trois jours, dans la chapelle intérieure du couvent; le quatrième jour, on l'exposa à la vue du peuple, qui donna à ce dépôt royal les témoignages de la plus grande sensibilité; et le cinquième jour désigné pour le transport, on le tira de l'église des pères jésuites de Paris, et l'on se mit en route pour la Flèche.

L'arrivée du cœur de Henri IV en cette ville donna lieu à une altercation entre les pères jésuites du collége et le curé de saint Thomas; altercation que nous plaçons ici, pour donner une idée des prétentions que les jésuites avoient sur le reste du clergé.

Les pères de la compagnie de Jésus, possesseurs de ce cœur, comptoient le porter, à son arrivée, au collége. Le curé de s. Thomas, instruit de ces dispositions, prétendit qu'avant d'aller aux jésuites, il devoit le recevoir à la tête de son clergé et des habitans ; le conduire à la paroisse, et ensuite le rendre aux jésuites. Le recteur du collége s'y opposa ; mais le marquis de la Varenne, quoique grand partisan de ces pères, fut obligé de condescendre à la demande du curé. En conséquence, il fut réglé que le curé, son clergé et les jésuites de la Flèche, iroient au-devant de ce précieux dépôt, et qu'ils rentreroient en ville, dans l'ordre suivant, le clergé marchant d'un côté, et les Jésuites de l'autre, et que le curé et le recteur fermeroient la marche. Ce qui fut exécuté. Mais le recteur, furieux d'avoir eu le dessous, marchant à côté du curé, ne put s'empêcher de lui dire : « *Bos non arat* » *cum asino ;* un bœuf ne laboure point » avec un âne ». Le curé, homme d'esprit, répartit de la sorte : « Je pourrois vous ré-» pondre en latin ; mais je veux que tout » le monde entende ma réponse; et la voici : » Un âne comme moi vaut mieux qu'un » bœuf écorné comme toi (1) ».

____

(1) Pour entendre ce mot de bœuf écorné, il faut se rappeler que le bonnet carré de ces pères avoit quatre cornes, comme tous les bonnets carrés ; mais depuis l'assassinat de Jean Chalet, dans lequel furent impliqués ces pères, on avoit réduit leurs bonnets à trois cornes ; ce qui donna lieu à les appeler *patres tricornu.*

ANNÉE 1615.

L'ASSEMBLÉE des états-généraux ayant été
indiquée à Tours, pour le mois de septembre, les trois ordres de la sénéchaussée
de la Flèche furent convoqués pour députer
directement à cette assemblée. Mais en 1789,
elle ne fut convoquée que comme sénéchaussée secondaire.

Cette convocation, inférieure à la première, donna lieu à la réclamation qu'en
fit le duc de Praslin, pour soutenir ses anciens droits. Cette réclamation se fit dans
la séance du 28 mars de l'assemblée de la
noblesse angevine, tenue à Angers à cette
époque.

Après les débats, l'assemblée délibéra et
arrêta qu'il seroit ajouté aux cahiers de la
noblesse un article particulier, contenant
la demande d'une nouvelle conscription de
la province d'Anjou, et de la réunion des
sénéchaussées de Saumur, la Flèche, et
autres de la province, à la sénéchaussée
d'Angers.

La révolution qui s'opéra quelque temps
après, ayant changé la forme du gouvernement, fit oublier cette vote.

ANNÉE 1620.

La reine-mère, pour lors en guerre contre son fils Louis XIII, partit d'Angers avec huit mille hommes de pied, douze cents chevaux et six pièces de canons, pour s'emparer du Mans. Elle se rendit premièrement à la Flèche dont elle s'empara et prit ensuite le château. Mais René la Varenne, qui tenoit pour le roi, l'ayant atteinte à sainte Suzanne, la força de reprendre le chemin d'Angers. Elle y fut particulièrement déterminée, dans la crainte qu'elle eut que le roi qui s'avançoit avec toutes ses forces, ne lui enlevât cette place.

La même année, le roi se rendit à la Flèche, où trois députés vinrent lui exposer les véritables sentimens de sa mère ; ce qui fut suivi d'un traité de paix entre les deux parties. Mais le duc de Bellegarde ayant différé de porter au roi le consentement de cette princesse, sa majesté partit de la Flèche, fit avancer ses troupes, et leur ordonna d'attaquer les Ponts-de-Cé. Après la prise du château, la reine-mère voyant que tout espoir de triomphe lui étoit ravi, demanda la paix pour la seconde fois. Elle fut signée par le roi, le 10 août ; et de Créqui la porta le même jour à la reine, avec une lettre du monarque, pleine de tendresse et de respect.

ANNÉE

Année 1630.

Vingt-sept ans s'étoient à peine écoulés depuis l'établissement du collége de la Flèche, que déjà les jésuites de ce collége, oubliant les obligations qu'ils avoient à Guillaume Fouquet, disputèrent à René, son fils, un droit de pêche que celui-ci prétendoit avoir dans les fossés de la ville, et notamment dans celui du parc du collége.

Convaincu que ce droit étoit à lui et non aux jésuites, le gouverneur s'avisa, le 18 mars, de faire pêcher dans le canal du parc, et de faire emporter chez lui les poissons qui n'avoient pu échapper aux filets des pêcheurs.

Cette audace de la part du marquis, fut regardée par les jésuites de la Flèche, non-seulement comme un crime de lèze-propriété, mais encore comme une infraction aux droits de pêche.

Molestés dans la jouissance de ce droit, les bons pères firent retentir les échos d'alentour de leurs plaintes amères. Non-contens de vociférer contre l'injustice du gouverneur, ils sonnèrent le tocsin, ameutèrent le peuple, firent fermer les portes du collége, cessèrent la célébration de l'office divin ; et, pour aggraver les hostilités, le frère cuisinier du couvent lança une pierre contre la personne du maître d'hôtel du gouverneur.

N

Alors la torche de la guerre civile s'alluma, et la dissention porta le feu par-tout.
On courut aux armes ; et le 9 avril, le marquis, accompagné de 150 hommes d'armes,
vint pêcher dans le canal du collége, en présence de plus de quatre mille personnes que
la curiosité avoit attirées sur les lieux.

Si les jésuites furent trop foibles pour opposer la violence à la force, au moins eurent-
ils recours aux armes de la chicane. Des pro-
cès-verbaux furent rédigés, collationnés,
colportés ; et les juges, les avocats, les pro-
cureurs, les huissiers, trouvèrent dans cette
pêche de quoi pêcher en l'eau trouble.

La plainte contre les vexations du gouverneur, fut même portée aux pieds du
trône ; et Louis XIII, à la sollicitation des
pères jésuites, envoya à la Flèche le sieur
de Bellejambe, maître des requêtes, pour
informer. Il fallut encore, pendant le cours
de l'information, que le duc de Monbason
et le prince de Condé s'entremissent pour
accorder les parties ; mais ce fut en vain. René
Fouquet, qui croyoit avoir la meilleure de
toutes les causes possibles, refusa de se soumettre au jugement que prononça le prince.

L'affaire resta dans cet état jusqu'en 1634 ;
année où les jésuites transigèrent enfin avec
le gouverneur, qui, au moyen de 3000 fr.
que les pères s'obligèrent de lui compter,
les laissa jouir paisiblement de la pêche et
du courant de l'eau.

A N N É E   1 6 9 0.

Le 8 juin, on célébra à la Flèche la victoire que l'armée françoise, commandée par
le maréchal de Luxembourg, avoit remportée
sur l'armée des puissances coalisées contre
la France.

Dans ce jour d'allégresse, les Fléchois ne
se contentèrent pas de faire éclater leur joie
par des salves d'artillerie et des illuminations
brillantes; ils firent plus; ils répandirent des
denrées et de l'argent dans le sein des familles indigentes de la Flèche. Aussi peut-on
dire que cette manière de célébrer les succès
de sa patrie, est non-seulement la plus avantageuse, mais encore la plus agréable aux
yeux de l'humanité.

A N N É E   1 7 3 7.

La démolition entière des halles de la Flèche
eut lieu cette année. On prit cet emplacement pour construire l'hôtel commun de la
ville. Le 29 juin, on posa la première pierre
de cet édifice; et ce fut la comtesse de la
Luzerne qui la mit en place.

Depuis cette époque, en 1775, le sieur
de la Rue, fils, pour lors maire, fit bâtir
un nouvel hôtel-de-ville à côté de celui que

son père avoit fait élever en 1737. Cet édifice, d'une belle architecture, est aujour-
d'hui un des plus beaux bâtimens de la Flèche.
Il devoit être prolongé. Le plan étoit de
démolir l'ancien hôtel, pour donner plus
d'étendue à la façade du nouveau ; mais,
faute de fonds, on a été obligé de restreindre
le plan. L'ancien hôtel-de-ville sert aujour-
d'hui de salle de spectacle.

ANNÉE 1787.

UN droit bizarre qu'on nommoit la QUIN-
TAINE, avoit lieu à la Flèche, depuis plusieurs siècles (1). Ce droit consistoit dans
un pieu que fournissoit le seigneur de Clef,
et qu'on plantoit au milieu du Loir, vis-
à-vis le pavillon de la Varenne.

La quintaine se tiroit tous les sept ans,
par les bouchers, les meûniers et pêcheurs
de la Flèche, en présence des officiers du
présidial, qui se rendoient sur les lieux,
pour juger, sans désemparer, les différends
qui pouvoient naître entre les quintaniers.

Les acteurs étoient conduits, l'un après
l'autre, dans un bateau mis en mouvement
par quatre rameurs vigoureux. Le jouteur
devoit être debout, à l'extrémité de la bar-
que ; et là, en équilibre, il devoit rompre

____

(1) Cette cérémonie avoit lieu le dimanche de la Trinité.
On croit que les anciens Fléchois l'avoient empruntée des
Romains. La Martinière en convient.

une lance contre le pieu. Il avoit trois coups
pour s'essayer ; et si, au troisième, la lance
n'étoit point rompue, le mal-adroit payoit
dix francs en argent et cinq boisseaux d'a-
voine au château de la Varenne.

En 1787, un meûnier étant tombé dans
l'eau, par le contre-coup qu'il reçut en
frappant le pieu, saisit tellement les spectateurs d'effroi, que, sur la demande de
la ville, le duc de Praslin supprima ce droit
dangereux.

ÈRE RÉPUBLICAINE.

A N 2.

Dès l'année précédente, les Vendéens
avoient pris les armes pour soutenir les droits
du trône, qui déjà n'existoient plus en
France.

Bientôt ceux qui tenoient à ce parti, devinrent si formidables, qu'il fallut leur opposer des armées entières (1). Enhardis par
leurs premiers succès, ils passèrent la Loire,
à Varades, le 26 vendémiaire an deux, et
le 27 à Ancenis ; de là ils se portèrent sur
Laval, puis sur Grenville ; et le 10 frimaire

______

(1) L'histoire de la guerre de la Vendée étant une partie
étrangère aux Essais sur la Flèche, nous n'entrons dans les
détails qui la concernent, qu'autant qu'ils ont rapport aux évènemens qui se sont passés à l'occasion de la prise de la Flèche
par les Vendéens.

(1er décembre 1793) , ils se présentèrent devant la Flèche , où ils entrèrent sans aucune opposition.

Les insurgés y séjournèrent pendant deux jours , et prirent ensuite la route d'Angers , dans l'intention d'en faire le siége. Ayant échoué dans leur dessein , ils se replièrent sur Baugé ; et le 17, à une heure de l'après-midi , ils se montrèrent de nouveau aux portes de la Flèche.

Les habitans , prévenus de leur marche , s'étoient mis sur la défensive ; et, quoiqu'ils eussent peu de moyens à leur opposer, ils résolurent néanmoins de soutenir l'attaque. Elle fut commencée à la tête du pont, en avant de la Beufrie , qu'on avoit coupé quelques jours auparavant.

La brave garde nationale , appuyée de quelques volontaires que commandoit le général Chabot , défendirent si vigoureusement ce poste , que , pendant quelques heures , ils déjouèrent les efforts réitérés de quatre-vingt mille hommes aguerris par plusieurs combats.

Enfin , obligés de céder au nombre , nos braves défenseurs se virent obligés de battre en retraite sur Foultourte.

Le 19, au matin , les intrépides Fléchois qui s'étoient retirés à Foultourte , revinrent à la Flèche , et firent une nouvelle tentative pour chasser les Vendéens de leurs foyers. Malheureusement ils furent repoussés sur le Mans dont les rebelles s'emparèrent le lendemain.

Ce fut dans cette ville que le général

Westermann, à la tête des ci-devant régi-
mens Armagnac, Aunis et autres troupes
sous ses ordres, les attaqua de concert avec
le général de Tilly ; et ce fut après les avoir
battus, qu'il les força de se jeter sur Laval,
d'où ils passèrent en Bretagne.

Les différens échecs qu'ils essuyèrent en
parcourant les départemens de la Mayenne
et de la Loire-Inférieure, les forcèrent enfin
de repasser la Loire et de rentrer dans la
Vendée.

Ainsi se termina une expédition qui d'a-
bord avoit menacé la France d'une subver-
sion générale. Elle coûta aux Vendéens la
ruine des deux tiers de leur armée ; et ce
qui acheva sa perte, fut une dysenterie épi-
démique qui moissonna des milliers de ces
malheureux pendant leur séjour à la Flèche.
Elle y fut portée à un tel degré de malignité,
que les rues de cette ville se trouvèrent en-
combrées de morts, et les maisons remplies
de malades et de mourans. L'air étoit tellement imprégné de miasmes pestilentiels,
que c'étoit avec peine qu'on en soutenoit
l'odeur infecte. Cependant peu de Fléchois
ont été attaqués de cette cruelle maladie,
grâces aux soins de l'administration municipale, qui, dans cette circonstance, se distingua par son zèle et son dévouement.

Mais revenons.

Si les Fléchois se sont signalés à la défense de leur ville, ils se sont aussi distingués dans plusieurs autres occasions.

Au surplus, la prise de la Flèche par les

Vendéens, a donné lieu à plusieurs traits de courage et d'humanité que nous allons faire connoître à nos lecteurs.

Plusieurs Fléchois, pris les armes à la main, venoient de subir la peine de mort; et d'autres, arrêtés au moment où ils cherchoient leur salut dans la fuite, devoient éprouver le même sort.

Au récit de ce jugement inique, M. de Biré, ancien major au régiment de Bretagne, alors retenu dans son lit pour cause d'infirmités, s'arrache de chez lui, et va implorer la clémence des vainqueurs. Il leur parle du droit des gens, de ceux de l'humanité, et des devoirs que l'honneur impose aux soldats de toutes les nations policées.

Le prince de Talmont, un des chefs de l'armée vendéenne, non-content de rejeter sa réclamation avec dédain, la repousse avec hauteur. L'ancien major, choqué de cette réception malhonnête, répond au chef avec cette noble fierté que la vertu imprime sur le front de l'homme probe. On admire sa grandeur d'ame; on ne peut se refuser à la justice qu'il demande; on lui accorde enfin la vie de ces innocentes victimes.

Quelques jours après, plusieurs autres citoyens trouvèrent l'occasion de se signaler d'une manière grande et généreuse. Attirés par les cris de plusieurs enfans que les Vendéennes venoient d'abandonner en quittant la Flèche, on les vit recueillir chez eux ces infortunés, leur prodiguer et leur continuer les soins qu'un enfant légitime doit attendre de ses parens véritables : action d'autant plus méritoire, que la générosité envers ses ennemis étoit alors regardée comme un crime capital.

~~~~~~~~~~~~~~~~~~~~~~~~~~~

AN 7.

~~~~~~~~~~~~~~~~

LE 16 fructidor de cette année est marqué dans les fastes de la Flèche, par un avantage remporté sur les rebelles, connus sous le nom de Chouans.

Dès qu'on apprit à la Flèche, qu'une troupe de cinq à six cents de ces insurgés venoit de s'établir à Clermont, l'administration municipale fit sortir un détachement de cent hommes, composé de la colonne mobile, de la moitié d'une compagnie de la 28.e légère, et de la gendarmerie à cheval.

Ce détachement, trop foible pour résister au choc de cette multitude de chouans, est obligé de rétrograder ; mais bientôt soutenu par la garde nationale, il leur livre un nouveau combat. Les chouans, étonnés de l'intrépidité des Fléchois, rompent leurs lignes, sont mis en pleine déroute ; et la troupe rentre victorieuse à la Flèche, sans avoir perdu un seul homme.

Ce premier succès n'enorgueillit point les Fléchois ; il les éclaira et leur fit sentir la nécessité d'en soutenir les avantages. Un seul moyen pouvoit les empêcher d'être attaqués par la suite ; et ce moyen étoit attaché au service et à la surveillance militaire.

Dès-lors ce service fut établi dans la ville ; et chaque habitant, jaloux de donner en cette occasion des preuves de son civisme, en remplit si scrupuleusement les fonctions, que les chouans n'ont fait, depuis, aucune tentative sur la Flèche.

Nous pourrions citer beaucoup de traits honorables pour les Fléchois ; nous nous bornerons aux suivans ; ils sont trop intéressans pour être passés sous silence.

Bureau, un des chefs de chouans, étant un jour à fouiller dans les environs de Crômières, se détache de sa troupe, entre dans la maison d'un paysan, y trouve un soldat de la République, le couche en joue. Celui-ci croit entendre sonner la dernière heure de sa vie, et se prépare à la mort. Mais Bureau, plus humain que la plupart de ses camarades, ne balance point à faire grâce au républicain. « Non, lui dit-il, je » ne puis me résoudre à te tuer : étant seul » ici de ma bande, je puis te sauver ; prends » le chemin de traverse ; tu n'y rencontreras » aucun de mes gens : point de remercî- » ment ; le moment presse ; adieu ».

Le soldat, revenu de sa frayeur, s'éloigne et doit son salut à la générosité de son ennemi.

Quelque temps après, Bureau tombe lui-même au pouvoir des républicains. On prononce sa sentence ; il est condamné à mort. Arrivé au lieu du supplice, un soldat commandé pour l'exécution, l'envisage et le reconnoît pour son ancien libérateur. Il court à lui, et dit à ses camarades :

« Non , cet homme ne mourra point ;
» c'est impossible ; je lui dois la vie. Il y a
» trois mois que je tombai entre ses mains ;
» il m'a sauvé de la fureur des siens ; la
» reconnoissance me fait un devoir de lui
» rendre le même service ».

« Qu'il soit libre ! oui, s'écria la troupe,
» qu'il soit libre ! Un bienfait ne peut être
» payé que par un autre bienfait ».

Alors chaque soldat du détachement s'em-
pressa de briser ses fers ; et Bureau, rendu
à la liberté, fit éclater les transports de sa
reconnoissance, en se précipitant dans les
bras du soldat françois.

An 8.

Il falloit un 18 brumaire, pour tirer la
France de l'oppression où le despotisme di-
rectorial l'avoit plongé ; et, grâces au génie
tutélaire de Bonaparte, ce jour arriva. Alors
tout fut sauvé. Une nouvelle constitution
parut. La France eut des consuls, un sénat
conservateur, des conseillers d'état, un tri-
bunat, un corps législatif, des préfets, des
sous-préfets. Celui nommé pour présider
l'arrondissement de la Flèche, fut le citoyen
Hardouin de la Fichardière, natif de Mamers. Il fut installé le 5 prairial, par l'administration municipale, en présence des
fonctionnaires publics et d'un grand nombre
de citoyens réunis dans le temple décadaire.

A la fin de la séance, plusieurs salves d'artillerie annoncèrent au peuple l'allégresse publique ; et le soir, la ville fut illuminée.

LE 9 du même mois fut consacré à l'installation du tribunal de première instance, décrété pour la Flèche. Le sous-préfet prononça un discours analogue à cette auguste cérémonie, que l'assemblée accueillit avec acclamation. D'autres discours, également bien faits, furent prononcés par le président du nouveau tribunal et le commissaire du gouvernement.

Cette installation eut lieu à l'hôtel-de-ville, où beaucoup de citoyens s'étoient rendus pour applaudir à la création d'un établissement si avantageux à l'intérêt général et particulier (1).

LE 10 thermidor de la même année fut encore pour la Flèche un jour de fête. On le consacra à l'installation de la nouvelle administration municipale, qui, après la loi du 28 pluviôse, même année, devoit être composée, pour la Flèche, d'un maire, de deux adjoints, d'un commissaire de police, et d'un conseil municipal de trente membres.

---

(1) Ce tribunal de première instance connoît en premier et dernier ressort, dans les cas déterminés par la loi, des matières civiles. Il connoît également des matières de police correctionnelle. Il prononce aussi sur l'appel des jugemens rendus par la justice de paix. Sa juridiction s'étend sur toutes les communes de l'arrondissement de la Flèche.

Le citoyen Ducan, nommé maire par le premier consul, prononça un discours qui donna de lui l'idée avantageuse de l'homme de bien dévoué aux intérêts de son pays.

Cette installation, attendue avec la plus vive impatience, a fait sur l'esprit du peuple la plus douce sensation. Les Fléchois, confians dans les lumières et l'intégrité de leurs nouveaux magistrats, se reposent aujour-d'hui sur eux du soin d'assurer la tranquil-lité publique, et de consolider leur bonheur.

A N 9.

La fête consacrée à la Flèche, pour les réjouissances de la paix continentale, fut annoncée le 10 germinal, dès cinq heures du matin, par le bruit de plusieurs bouches à feu.

A neuf heures, une salve d'artillerie donna le signal du rassemblement des corps cons-titués. A dix heures, le cortége se mit en marche au son des tambours et aux accords harmonieux d'une musique militaire. L'air retentit des cris joyeux de VIVE BONAPARTE! et par-tout où la proclamation des consuls fut lue, elle reçut les bénédictions du peuple satisfait et reconnoissant.

A midi et demi, le cortége ayant pris place dans la salle des actes du collége, le sous-préfet prononça un discours à la gloire de Bonaparte qu'il présenta comme l'ange tutélaire de la France. Il peignit ensuite, avec cette attrayante émotion du cœur, les pressans désirs de ce héros philosophe, dont le premier de tous est de rappeler en France le calme, le repos et le bonheur.

A la suite de ce discours, le citoyen Ducan, maire, exprima aussi les sentimens dont son ame est pénétrée pour l'union et la concorde, sans lesquels, a-t-il dit, il n'est point de bonheur sur la terre. Le maire est passé ensuite à l'éloge du premier consul ; et s'il n'a fait que répéter les louanges que la reconnoissance et la vérité se sont plues à lui prodiguer, au moins a-t-il su ajouter un degré d'intérêt de plus à l'histoire de ce génie sublime.

Un hymne à la paix, de la composition de M. Malmouche, professeur au collége de la Flèche, musique de M. Collet, compositeur, chanté par M. Pesse, pensionnaire, et répété en chœur par un grand nombre d'élèves du même collége, a terminé la séance du matin.

L'après-midi du même jour destiné aux ris, aux jeux, à la danse, s'est terminé par une illumination digne de la solennité de cette grande fête. Par-tout mille lumières de couleurs variées, présentoient un coup-d'œil ravissant. En un mot, tout, dans ce moment d'ivresse, contribua à multiplier les transports de la joie.

Ainsi se termina ce jour de fête. Ce qu'il offrit encore de remarquable, et qu'on aura peine à croire par la suite des temps, c'est qu'on apperçut, à onze heures et demie du matin, au-dessus du parc du collége, une

étoile fixée au ciel, qui, malgré la clarté
du soleil, en plein midi, se montra sa ri-
vale, en éclairant la Flèche d'une lumière
presqu'égale à la sienne (1).

An 9. 25 messidor. (14 juillet 1801.)

LE 14 juillet, si célèbre dans les annales
de la révolution françoise, par le renverse-
ment de la Bastille, a été célébré à la Flèche
le 25 messidor an 9, non avec l'enthousiasme
de la fédération générale, mais avec le calme
et la décence dus aux grandes solennités.

A dix heures du matin, les corps consti-
tués et autres fonctionnaires publics, convoqués par le maire, se sont mis en marche
et se sont rendus au pré Luneau, où étoit
l'autel de la patrie, surmonté d'une colonne
pyramidale portant les noms des braves citoyens morts à la défense de la patrie, et
sur laquelle étoient quatre inscriptions de
chacune quatre vers françois, de la composition de M. Bardet, professeur au collége
de la Flèche.

Le secrétaire-greffier de la mairie fit dans
ce lieu lecture de la loi qui ordonne la célébration de deux fêtes nationales, dans l'é-
tendue de la République : La première, le

(1) Ce phénomène étonnant a été observé par le sous-
préfet, par plusieurs professeurs et élèves du collége, et
par un très-grand nombre de citoyens de cette ville.

14 juillet ; et la seconde, le 1.er vendémiaire de chaque année.

Après cette lecture, le cortége se trans-
porta dans la salle des actes du collége, où
le sous-préfet et le maire prononcèrent chacun un discours analogue à la circonstance.

La séance du matin se termina par l'hymne
à la paix du 10 germinal, dont la répétition
n'a point affoibli l'enthousiasme de la nou-
veauté.

Celle de l'après-midi fut variée par différens plaisirs.

A cinq heures du soir, on se rendit sur
le chemin du Mans, où devoit se faire la
course à cheval. M. Robineau, de Luché,
ayant devancé ses concurrens, a obtenu
les honneurs du triomphe.

A six heures, on se porta au parc du
collége, où la garde nationale, précédée de
sa musique, tira à la sible : cinq balles at-
teignirent le but, et le prix fut adjugé à
M. le Sage.

A neuf heures, un feu d'artifice, tiré sur
la place de la Révolution, a fixé les regards
du peuple. Ce feu a été couronné par un
transparent, ayant pour sujet un arc de
triomphe, orné des trophées de la gloire,
et décoré des quatre vers suivans :

> La liberté toujours fut le fruit du courage ;
> La vertu la maintient, le vice est son tombeau :
> Que son empire est doux ! mais son divin flambeau
> Ne peut briller long-temps que pour un peuple sage.

A la suite de ce feu d'artifice, on se porta
en foule au pré Luneau, où la colonne
pyramidale

pyramidale étoit illuminée avec goût. Chaque arbre avoit aussi ses lampions ; et, sans un vent frais et fort qui s'éleva vers le soir, on eût joui d'un spectacle enchanteur : car peu de promenades en France présentent, comme celle du pré Luneau, une perspective plus séduisante, un couvert plus épais et mieux symétrisé. D'un côté, les eaux du Loir font entendre les doux murmures de leurs ondes fugitives ; le long de leurs rives, sont des prairies charmantes abondamment peuplées de verdure, de fleurs et d'animaux domestiques ; plus loin, sont des côteaux couverts des plus riches productions de la nature ; et près de soi, on possède des arbres alignés au cordeau, et dont les branches feuillues, entrelacées les unes dans les autres, forment autant de dômes majestueux et superbes. Tous ces objets attrayans étoient alors égayés par une musique champêtre, qui, placée en bateaux, se portoit d'un lieu à l'autre, autant pour flatter l'oreille, que pour multiplier les effets de la joie.

Cette musique enchanteresse, ces allées si belles étoient encore embellies par la présence de la majorité des habitans de la Flèche, qui, confondus les uns parmi les autres, offroient l'aspect riant d'une famille nombreuse, unie par les liens de la plus tendre amitié.

Nous rendrons ici cette justice à l'administration municipale, qu'elle n'a rien épargné pour donner à cette fête solennelle l'éclat le plus brillant. Nous ajouterons que, manquant de fonds disponibles pour en faire les frais, elle trouva dans la générosité de ses concitoyens, de quoi subvenir aux dépenses qu'elle a nécessitées.

〜〜〜〜〜〜〜〜〜〜

An 10. (1.er vendémiaire.)

〜〜〜〜〜〜〜〜〜〜

Celui qui le premier conçut, en 1792, l'idée d'ériger la France en République, eut sans doute le dessein d'assurer le bonheur des François. Une fête solennelle et annuelle fut instituée, pour rappeler à la mémoire des nouveaux républicains l'époque mémorable de ce grand évènement. Mais, pendant plusieurs années, la France, livrée aux fureurs de la dissention et aux tourmens de la tyrannie, eut trop à souffrir de ses propres malheurs, pour goûter, dans la célébration de cette fête, la joie qu'elle devoit naturellement inspirer. Enfin Bonaparte parut ; le 18 brumaire arriva ; et la France cessa d'être opprimée. Dès-lors les François sentirent le prix du 1.er vendémiaire ; et les réjouissances attachées au jour de la fondation de la République françoise, parurent pour annoncer à la France l'heureux moment de sa régénération.

En l'an 10, cette fête fut célébrée à la Flèche, avec les sentimens du cœur et les transports de l'ame rendue aux douceurs de la paix.

A la suite des cérémonies d'usage, le sous-préfet et le maire ont terminé la séance par prononcer chacun un discours, dont le sujet a été puisé dans la comparaison du gouvernement actuel avec celui qui régissoit la France avant le 18 brumaire an 8.

~~~~~~~~~~~~~~~~~~~~

MÊME ANNÉE. (14 vendémiaire.)

~~~~~~~~~~~~~~~~~~~~

LES préliminaires de paix entre la France et l'Angleterre, signés à Londres, le 9 vendémiaire, ont été annoncés à la Flèche, le 14, à cinq heures du matin, par une salve d'artillerie.

A peine cette heureuse nouvelle fut-elle connue, que les Fléchois s'empressèrent de décorer leurs portes et fenêtres de palmes de laurier et de branches de chêne : symbole de la victoire et de l'amour du bien public.

A onze heures du matin, une nouvelle salve d'artillerie donna le signal de la publication officielle de ces préliminaires, depuis si long-temps attendus et désirés.

Ce beau jour importoit trop au bonheur des François, pour que les Fléchois restassent indifférens à un événement de cette nature. Tous firent éclater les transports de la joie, et tous la manifestèrent par les cris mille fois répétés de Vive le sauveur de la France !

Cette fête, si intéressante par les élans du cœur, auroit eu plus de charmes encore, si le peu de temps qui s'écoula entre l'arrivée et la publication des préliminaires, eût laissé aux habitans le loisir de préparer des tableaux en transparent, tels que ceux qui ont orné la ville de la Flèche, le 10 germinal dernier.

Le même jour, 14 vendémiaire, le maire a fait annoncer aux habitans de la campagne un arrêté du préfet du département de la Sarthe, portant une nouvelle fixation des jours où les marchés se tiendront par la suite ; et ceux de la Flèche ont été remis au mercredi de chaque semaine. Ce changement a paru d'autant plus agréable au peuple, qu'il a pour objet le bien du commerce et l'approvisionnement plus prompt des comestibles.

Quant au 18 brumaire, jour consacré à la fête des préliminaires de la paix générale, il fut célébré à la Flèche, non avec la pompe et le luxe ruineux des grandes villes, mais avec ce doux épanchement de cœur, qui ajoute tant de charmes aux jouissances de l'ame.

Ce qui augmenta encore l'allégresse publique, fut la réminiscence de ce même jour, qui, en l'an 8, changea la face du gouvernement, en présageant aux François la régénération des lois et le retour prochain de l'ordre social. Alors l'orage qui, depuis long-temps, menaçoit la France d'une destruction entière, se dissipa tout-à-coup ; et l'horison politique fit luire les premiers rayons du bonheur, qui, depuis, se sont accrus au profit de chacun et de tous.

An 10. (4 frimaire.)

Dans le nombre des jours privilégiés par le ciel, on doit compter pour la Flèche celui du 24 frimaire an 10. Ce jour fut remarquable par la proclamation du lever de l'état de siége de cette place, qui, depuis près de deux ans, étoit sous le régime militaire.

Cette nouvelle a été regardée par les Fléchois, comme les prémices du bonheur que la paix générale doit ramener en France.

On a donné en même temps lecture de la lettre du préfet de la Sarthe, adressée aux maires de chaque commune de l'arrondissement de la sous-préfecture de la Flèche.

« Cette portion de pouvoir, dit ce pré-
» fet, qui étoit passée entre les mains du
» pouvoir militaire, va vous être rendue.
» Songez aux devoirs qu'elle vous impose.
» Votre surveillance et votre activité doivent
» augmenter en raison des obligations que
» vous avez à remplir. Sachez allier l'indul-
» gence à la sévérité ; poursuivez sur-tout
» sans relâche ces brigands de profession ,
» qui n'agissent que pour le malheur de la
» société, et qui en sont les plus terribles
» fléaux.... Tout ce qui intéresse l'ordre
» public et la police feront désormais partie
» de vos attributions.... Justifiez de plus
» en plus la confiance que le gouvernement
» a dans vos lumières ; et que tous vos ad-
» ministrés jouissent, à l'ombre tutélaire des

» lois, des douceurs de la paix et de la tran-
» quillité.... Prouvons au reste de la terre,
» que si le peuple françois est le premier des
» peuples, il en est aussi le plus soumis ».

SECTION QUATRIÈME.

ÉCARTS DE LA NATURE,

AUTRES PHÉNOMÈNES DE LA PHYSIOLOGIE.

ACCOUCHEMENT DE NEUF ENFANS A-LA-FOIS.

ORDINAIREMENT une femme ne met au monde qu'un seul enfant, quelquefois deux, et rarement trois. Cependant on a vu quelques femmes donner dans une seule couche un plus grand nombre d'enfans.

En 1754, madame Bidault de Ruigné, de la Flèche, accoucha naturellement et à terme, de neuf enfans qui furent portés vivans aux fonts baptismaux. Leur vie fut courte; ils moururent les uns après les autres, dans l'espace de quarante-huit heures.

Cet exemple, quoique rare, n'est pas unique. Joubert, dans son Traité des Erreurs populaires, nous apprend qu'une femme appelée Estourneau, accoucha, dans deux heures, de neuf enfans, qui vécurent assez long-temps pour parvenir aux dignités ecclésiastiques.

Nous pourrions citer d'autres exemples d'une fécondité plus extraordinaire encore ; nous dirons seulement que ce phénomène arrive rarement, et que la nature en est **avare**.

~~~~~~~~~~~~~~~~~~~~~~~~

Enfant né sans crane et sans cerveau.

~~~~~~~~~~~~~~~~~~

Le cerveau que nous croyons indispensable à l'existence des êtres organisés, n'est pas absolument nécessaire à la vie. On a des exemples qui prouvent que des enfans ont vécu, quoique privés de cette partie.

En 1771, une femme accoucha à Clermont - Gallerande, d'un garçon qui n'apporta, en venant au monde, ni crâne, ni cerveau. Il vint à terme et vécut quelques heures après sa naissance.

D'autres enfans, également nés sans cerveau, ont poussé leur vie beaucoup plus loin. En 1678, M. Dodart fit part à l'académie des sciences, de l'histoire de deux enfans, tous deux âgés de deux ans, qui, après avoir langui de maladie, étoient morts sans convulsions, et avec la liberté d'esprit dont on est capable à cet âge.

M. Dodart en fit la dissection. Les deux ventricules ne faisoient ensemble qu'une vaste cavité pleine de trois chopines d'eau. La substance du cerveau étoit réduite à l'épaisseur du petit doigt. Dans l'un des deux cerveaux, l'eau étoit très-claire, et la glande pinéale étoit assise sur le haut d'une vésicule pleine de la même eau.

O 4

ENFANT ÉVACUÉ PAR L'ANUS.

On sait qu'on est quelquefois obligé de procurer au fœtus un chemin artificiel, tel que celui de la symphyse et de l'opération césarienne ; mais on ignore assez communément qu'un enfant peut être évacué de la matrice par des voies moins connues, comme par la bouche, l'anus, le nombril, etc.

En 1787, la femme d'un artisan de la Flèche se délivra, par l'anus, d'un enfant mort, dont le corps vint successivement par parties séparées. Malgré les douleurs qu'occasionna cet accouchement contre nature, les soins de M. Farcy parvinrent à rétablir parfaitement la malade.

Une histoire semblable est rapportée dans les Mémoires de l'académie des sciences de Paris. En 1702, M. Litre ayant appris qu'une femme avoit vidé des os en allant à la selle, les examina, et vit que c'étoient les os du bras d'un fœtus. Il alla voir cette femme ; il la trouva dans son lit, extrêmement malade. Elle se confia à lui, et il réussit à lui tirer les autres parties du fœtus par le fondement, et à rétablir la malade.

Les observations de médecine, année 1746, parlent aussi d'un fœtus évacué par l'anus. Lorsque l'accoucheur arriva, la nature avoit commencé l'opération. Tous les membres sortirent les uns après les autres, avec les marques de la putréfaction.

H Y D R O C É P H A L E.

CETTE maladie, une des plus singulières que l'on connoisse, arrive à la tête, par un amas d'eau plus ou moins considérable, qui s'y forme.

En 1771, une femme de la Flèche accoucha à terme, d'un enfant mort, dont la tête faisoit la moitié de la longueur du corps. Elle contenoit, dans la cavité du cerveau, environ trois chopines d'eau : quantité d'autant plus remarquable, que l'eau d'un hydrocéphale excède rarement la mesure d'une pinte.

Le plus ordinairement les enfans attaqués de cette singulière maladie, périssent en naissant, ou peu après leur naissance.

Le 23 avril 1755, la femme d'un vigneron accoucha d'une fille dont la tête étoit plus grosse d'un tiers qu'elle ne devoit l'être. Huit jours après la naissance de cette fille, on s'apperçut que sa tête grossissoit de plus en plus, à mesure que les autres parties du corps diminuoient. Ses parens en firent un objet de curiosité ; ils la promenèrent de ville en ville. Arrivés à Narbonne, les progrès de l'hydrocéphale augmentèrent tellement que l'enfant en mourut. Elle fut disséquée ; et un bistouri, enfoncé dans le crâne, en fit jaillir huit livres d'eau transparente. Alors la membrane s'affoiblit, et l'on reconnut la mollesse et la flexibilité des os. On ne trouva dans le cerveau aucune trace de la glande pinéale.

ENFANT IMPERFORÉ.

AUTANT la nature est prodigue envers quelques individus, autant elle est avare envers d'autres. S'il y a des monstres par excès de matière, il y en a aussi qui le sont par défaut.

En 1773, une Fléchoise mit au monde un enfant qui n'avoit au-dehors aucun des traits qui caractérisent l'un et l'autre sexe : une grande partie des voies urinaires lui manquoit même absolument ; il n'existoit que deux petits conduits sous le pubis, qui perçoient une membrane ridée, et étoient placés vers le fond de la vessie, à l'endroit où les uretères s'ouvrent ; et, quoique cet enfant fût parfaitement imperforé, il ne mourut qu'à l'âge de deux ans.

On a d'autres exemples d'imperforation plus extraordinaires encore.

Une fille âgée de quatorze ans, fut trouvée par M. de Bau, médecin, à Nîmes, n'avoir aucune marque de son sexe, pas même la moindre partie génitale, ni d'anus. Malgré cette conformation si bizarre, cette fille avoit un très-bon appétit, dormoit bien et travailloit beaucoup. Cependant il falloit une issue pour les excrémens ; et la nature l'avoit pratiquée par la voie la plus dégoûtante. Cette infortunée, au bout de deux ou trois jours, rejetoit par la bouche, de véritables matières fécales ; et les mamelles versoient de temps en temps une eau claire qui dégageoit la masse du sang du liquide superflu.

GUÉRISON OPÉRÉE PAR LA MUSIQUE.

D'APRÈS les préceptes qu'Hyppocrate a donnés sur la musique considérée comme avantageuse à la santé, et salutaire dans plusieurs maladies, beaucoup de médecins modernes ont, à l'exemple de ce profond observateur de la nature, employé la musique dans des cas désespérés.

En 1788, ce remède a réussi à la Flèche. M. Boucher eut occasion de voir un cultivateur attaqué de délire maniaque (1). Les accès avoient été inutilement combattus par les saignées, les bains, etc. L'inutilité de ces remèdes engagea M. Boucher à employer la musique. Il appela un ménétrier ; il se présenta, joua du violon ; une femme, douée d'un bel organe, joignit sa voix à ses accords. Il ne fallut que trois séances pour opérer la guérison. Les accès du malade avoient duré trois jours et trois nuits, pendant lesquels il fut réduit à un état d'épuisement qui fit craindre pour sa vie ; mais, grâces à la musique, le malade échappa aux

____

(1) Ce cultivateur se nommoit Mollière.

dangers, et n'eut depuis aucun symptôme de cette cruelle maladie.

———

La musique n'opère pas seulement de bons effets sur le physique de l'homme, elle agit encore sur son moral, en dissipant le chagrin et la mélancolie ; elle exerce même son pouvoir sur le moral des animaux.

Un fait de ce genre a eu lieu, il y a quelques années, aux environs de la Flèche ; et sa singularité nous engage à le rapporter ici.

M. Crépion, maître de danse au collége de la Flèche, étant à la Fontaine, maison de campagne située à un demi-myriamètre de la Flèche, se rend de bon matin, dans un des berceaux de ce lieu charmant : il accorde son violon ; et à peine a-t-il commencé à préluder, qu'un lapin terré sort précipitamment de son terrier, s'avance et s'arrête à quelques pas du musicien. Là, assis sur son derrière, il prête une attention suivie à l'air qui le ravit et l'enchante. Le musicien s'apperçoit avec surprise, de l'effet merveilleux que produit son art sur les sens de cet animal timide. Il redouble son jeu, et jette son admirateur dans le ravissement. Il cesse de jouer ; le lapin sort alors de son enchantement, et s'étonne de se trouver en face d'un homme qu'il craint. Il fuit et regagne précipitamment sa demeure souterraine. Après son départ, le musicien recommence à préluder. L'animal, oubliant sa peur, sort une troisième fois de son trou, et s'extasie de nouveau.

ESSAI HEUREUX.

En 1775, un abcès se forme dans le bas-ventre, derrière l'os des hanches du nommé Rousseau, domicilié à la Flèche. Malgré la difficulté presqu'invincible de pénétrer à la source du mal, M. Boucher réfléchit, croit que la chose n'est pas impossible, raisonne le cas et entreprend la cure. Il détache premièrement les muscles fessiers, et, après avoir mis l'os à découvert, il y applique le trépan. L'os étant perforé, il plonge le bistouri, guidé par son doigt. Le pus s'élance au-dehors. Le malade est soulagé, et la guérison s'opère quelques jours après.

Hyppocrate, qui vivoit il y a deux mille ans, appliqua le trépan au cerveau, et en demeura là. Galien, qui vivoit à Rome vers la fin du premier siècle de l'ère chrétienne, fit un pas de plus qu'Hyppocrate. Il employa le trépan sur les parties osseuses qui recouvrent le cœur et les poumons. L'art en étoit demeuré à ce point, lorsque M. Boucher crut qu'on pouvoit le porter plus loin. Il hasarda, et le succès a parfaitement répondu aux espérances qu'il avoit conçues de cette cure. On peut en lire les détails dans les Mémoires de l'académie de chirurgie de Paris, où ils se trouvent consignés.

EFFET FUNESTE DE LA CRÉDULITÉ.

Trop de confiance dans les propos mensongers des imposteurs, occasionne souvent les plus grands désordres dans l'économie animale. Mille faits que nous pourrions citer, confirmeroient cette triste vérité. Un seul suffira pour la mettre en évidence.

En 1776, une femme de la Flèche eut la fantaisie de se faire dire la bonne aventure. La bohémienne lui prédit qu'elle auroit un garçon, mais que cet enfant lui coûteroit la vie.

Cette femme devint grosse quelque temps après. Elle accoucha heureusement à terme, d'un garçon très-bien conformé.

Les suites de cette couche étoient dans l'état le plus désirable depuis plusieurs jours. Aucun symptôme n'annonçoit qu'il dût tourner en mal. Malheureusement l'accouchée se rappela tout-à-coup la prédiction de la donneuse de bonne aventure. Cette idée fâcheuse changea totalement l'ordre des choses. La fièvre s'alluma ; le délire survint ; et cette femme, victime de sa crédulité, mourut au bout de trois jours.

HYDROPHOBIE

Traitée et guérie contre toute espérance.

L'HYDROPHOBIE, ou la rage, est une maladie, non-seulement terrible dans ses effets, mais même fort étonnante par la cause qui lui donne naissance. Les phénomènes qui l'accompagnent quelquefois, ne sont pas moins surprenans.

Le 25 mai 1785, un des enfans du nommé Pinot, de la Flèche, âgé de onze à douze ans, est attaqué par un chien errant, dont il ne peut se défendre qu'en le repoussant avec les pieds et les mains. Il en reçoit treize plaies sanglantes, tant sur les mains que sur les jambes.

Au bout de trente heures, M. Boucher est appelé. Le père de l'enfant mordu lui raconte que l'animal qui avoit attaqué son fils, étoit furieux, qu'il avoit la gueule remplie d'écume, et qu'il eût dévoré son enfant, s'il n'étoit accouru à son secours.

Cet acharnement à mordre et cette écume autour de la gueule, ayant fait juger que l'animal étoit véritablement hydrophobe, M. Boucher traita en conséquence le malade. Il appliqua d'abord sur chaque blessure le beurre d'antimoine, et par-dessus, les mouches ou vésicatoires. L'enfant fut mis de suite au régime végétal et à l'usage de l'eau miellée, acidulée avec le vinaigre, tant en boissons qu'en lavemens.

Il reçut une friction sur le bras, d'un gros de pommade mercurielle; et, sur le soir, il avala une demi-once de sirop de karabée; il fut convenu, en outre, qu'il prendroit, chaque matin, dix gouttes d'eau de luce et des bains de jambes.

Malgré l'activité de ces moyens, l'enfant éprouva, le troisième jour de sa maladie, des frayeurs spontanées, et ressentit un sentiment douloureux à la gorge. Le pouls battoit lentement; les plaies qui avoient été pansées avec la feuille de bette, enduites de beurre, devinrent entièrement douloureuses. Aux remèdes ci-dessus, on joignit un bol de musc.

Le quatrième jour, vers les trois heures du matin, l'enfant se jeta hors de son lit, et fut agité d'un accès de rage qui dura quatre heures.

Les cinquième, sixième, septième et huitième jours furent si calmes, que la famille se livra à l'espoir d'une guérison parfaite. On continua d'administrer les mêmes remèdes.

Le neuvième jour, les choses changèrent de face. Vers les trois heures du matin, un violent accès de fureur se manifesta. On fut obligé d'envelopper l'enfant dans ses draps. Tout espoir fut dès-lors ravi aux parens. Croyant l'hydrophobe perdu sans ressource, et craignant qu'il ne dévorât ses frères, la famille fit entendre à M. Boucher, qu'il n'y avoit qu'un dernier moyen à employer, celui de la saignée aux quatre veines.

Tout

Tout autre qu'un habile chirurgien eût peut-être donné la main à ce moyen si barbare aux yeux de l'humanité. M. Boucher le rejeta avec horreur ; et, loin d'abandonner le malheureux enfant, il osa encore espérer sa guérison.

L'accès dura près de quatre heures, et une mélancolie profonde le suivit de près. L'eau de luce et les frictions mercurielles furent doublées. Le malade buvoit à petites doses ; mais les corps qui réfléchissoient la lumière, tels que l'eau et les miroirs, ne lui faisoient aucune impression fâcheuse : phénomène d'autant plus extraordinaire, que la plupart des hydrophobes ont une horreur insurmontable pour tous les corps qui réfléchissent la lumière.

M. Boucher, tenant pour la possibilité de la guérison, ne désespéra point du succès ; et son attente fut récompensée. Les jours suivans devinrent successivement calmes. Une légère salivation parut. Les onzième et douzième jours, les escarres tombèrent, et la suppuration devint abondante ; la mélancolie diminua ; la figure s'épanouit ; l'appétit revint ; le sommeil reprit son cours naturel ; et, bientôt après, la guérison fut radicale.

Les cicatrices ont été long-temps sensibles et légèrement sanguinolentes. Le chirurgien auroit désiré en entretenir la suppuration quelques mois de plus ; mais l'enfant, ennuyé des pansemens, n'a jamais voulu souffrir qu'on le prolongeât au-delà du vingt-huitième jour.

P

GUÉRISON

Due à un remède inusité.

UNE jeune demoiselle avoit depuis plusieurs années, des maux d'estomac intolérables. Aucun remède n'avoit pu les guérir : on avoit inutilement employé tous ceux que la médecine indique en pareille circonstance ; enfin, pour dernière ressource, le médecin conseille de faire courir la poste à la malade. Quoique le père n'attendît aucun bon effet de ce remède si peu approprié à la nature de la maladie, il ne laissa pas d'en faire l'essai. Il fait monter la malade en voiture, et ordonne au postillon d'aller ventre à terre. On gagne Durtal au plus grand galop ; on y passe la nuit : le lendemain on reprend le chemin de la Flèche à bride abattue ; on y arrive en sueur, rompu, hors d'haleine ; et ce jour de fatigue fut marqué par la guérison de la malade, qui, depuis cette course accélérée, a joui de la meilleure santé.

SECTION CINQUIÈME.

PHÉNOMÈNES MÉTÉOROLOGIQUES,

Observés à la Flèche, à différentes époques.

CHALEUR ET FROID EXTRAORDINAIRES.

L'APPARITION inattendue de certains phénomènes a depuis long-temps le privilége d'étonner l'imagination, et de mettre en faute la science des philosophes. Pour expliquer ces sortes de phénomènes, les uns ont eu recours à des causes extraordinaires, peu vraisemblables ; les autres, plus sagement réfléchis, ont suspendu leurs opinions, et laissé à la postérité le soin de prononcer sur le résultat de leurs observations.

Il est en effet bien difficile d'expliquer pourquoi la chaleur, si modérée dans nos climats, prend tout-à-coup un tel caractère de violence, qu'on se croit transporté au milieu de la zone torride.

En 1753, la chaleur fut telle à la Flèche, que le thermomètre monta au 30.ème degré. À peine pouvoit-on respirer ; on étoit comme dans un brasier ardent.

La même chaleur s'est renouvelée en l'an 8 de la République. Le mois de thermidor fut d'une chaleur insupportable. Le thermomètre monta, à deux reprises différentes, de 27 à 29 degrés; et trois mois s'écoulèrent sans une seule goutte de pluie, sans même un coup de tonnerre. La sécheresse fut telle, que par-tout la terre se trouva entr'ouverte.

Pourquoi encore avons-nous des hivers pareils à ceux qu'on éprouve au nord de notre continent, tandis que le plus communément le froid est très-médiocre en France?

Les plus rudes hivers que nous ayons essuyés dans le 18.e siècle, et particulièrement à la Flèche, sont ceux des années suivantes :

En 1788, le froid fut porté à   19 degrés.
En 1776, à 17
En 1783, à 15
En 1768, à 14
En 1786, à 12
En 1785, à 10

Les hivers de 1709, de 1740, et celui de l'an 6 de la République, font aussi époque dans l'histoire des plus grands froids de notre siècle.

Pourquoi encore le froid attaché à l'hiver, se montre-t-il quelquefois en été, avec la même âpreté qui le caractérise au mois de nivôse ? Jaston rapporte qu'en 994 de l'ère chrétienne, le froid fut si âpre cette année, que les eaux gelèrent au mois de juillet. L'auteur des Antiquités d'Orléans dit aussi, qu'en 1462, la Loire gela au mois de juin. En 1523, un froid de cette espèce eut lieu à la Flèche, à la saint Jean. La gelée de ce jour fut assez forte pour former une couche de glace fort épaisse.

Le 24 mai 1593 fut aussi marqué à la Flèche , par une gelée de la nature de celle
dont nous venons de parler : elle causa d'autant plus de dommages , qu'elle gela les bleds
et la vigne.

L'an 8 de la République a offert un pareil
exemple de froid extraordinaire. A une journée très - chaude du mois de prairial , succéda une gelée blanche dont la campagne
fut couverte , et qui ne se dissipa qu'aux
rayons du soleil.

Au contraire , l'hiver de 1592 et années
suivantes , fut si modéré à la Flèche , que ,
pendant les mois de janvier , février , mars
et avril , il n'y eut que quatre à cinq jours
de gelée. Le reste du temps , l'air fut aussi
doux qu'il peut l'être au mois de mai.

On peut encore mettre au nombre des
hivers extrêmement tempérés , celui de l'an 9
de l'ère françoise. La température de l'air
fut telle à la Flèche , que , ni dans les mois
de l'automne , ni même dans celui de nivôse , il n'y eut ni neige , ni gelée assez
forte pour produire de la glace. Pendant
ce laps de temps , le thermomètre a été le
plus ordinairement entre 7 à 8 degrés au-
dessus de la congélation , et quelquefois à
11. Plusieurs ouragans se sont fait sentir ,
et quelques - uns ont été d'une violence extrême , entre autres celui du 18 brumaire ,
qui désola la Belgique , et dont la Flèche
souffrit peu.

Pendant la durée de cet hiver , la douceur de l'air fut telle qu'elle prolongea la
végétation des plantes au - delà du terme

ordinaire ; elle hâta même le développement de plusieurs insectes, dans un temps où la nature les tient plongés dans le sommeil le plus profond. Le 3o nivôse (2o janv. 1801), on servit chez M. Boucher, officier de santé, un artichaut qui avoit crû dans l'arrière-saison, et qui, au 28 nivôse, étoit parvenu à la grosseur de sept pouces et demi de circonférence.

La première gelée de cet hiver se fit sentir les 4 et 5 pluviôse ; mais les 8 et 9, le temps s'adoucit au point, que, pendant ces deux jours, le parc du collége offrit un grand nombre de papillons, qui tous annonçoient, par la vîtesse et la légèreté de leur vol, les beaux jours d'un printemps anticipé.

Sans aller chercher bien loin la cause de la température du printemps, au milieu de l'hiver de l'an 9, on peut la trouver dans les vents du sud - ouest, qui ont constamment régné pendant l'automne et l'hiver de cette année.

En effet, de toutes les causes accidentelles qui changent les dispositions de l'air, il n'en est pas de plus puissantes et de plus marquantes que les vents : ils contribuent, dans certaines circonstances, à établir au milieu de l'hiver, la température du printemps ; et comme les plus chauds de tous les vents sont ceux de sud et de sud - ouest, il a dû arriver, qu'en régnant sur l'hiver de l'an 9, ils lui ont communiqué les douceurs du printemps.

PLUIES ABONDANTES,
Débordemens du Loir.

DE toutes les causes qui contribuent au débordement des rivières, il n'en est point de plus puissantes que les pluies abondantes et continuelles. Trois ou quatre jours constamment pluvieux suffisent assez ordinairement pour les faire déborder.

Le Loir est, comme la plupart des rivières de la France, sujet à ces débordemens ; et, parmi ceux qui ont le plus fixé l'attention des Fléchois, on compte :

1.º Celui du 25 septembre 1586. Les eaux du Loir crûrent en peu d'heures, de telle manière qu'elles inondèrent une grande étendue de terrein. On les vit monter subitement à une hauteur prodigieuse, et menacer la ville d'une submersion générale.

2.º Celui du 26 janvier 1579. Il fut si prodigieux, que les eaux du Loir, en se débordant, firent de grands ravages. Plusieurs ponts et quantité de maisons et de moulins s'écroulèrent, s'abîmèrent et furent entraînés au loin.

3.º Celui de 1665. C'est, de mémoire d'homme, la plus forte inondation que la Flèche ait éprouvée. Dans quelques endroits l'eau monta à plus de douze pieds au-dessus du niveau des rives de la rivière (1).

____

(1) Une inscription latine gravée au-dessus de la porte du petit saint François, atteste cet événement.

Ce débordement inattendu fut occasionné, non par une cause ordinaire, mais par la rupture de la chaussée des écluses de la Bruyère, qui, s'étant rompue subitement, nécessita les eaux de la rivière à se répandre en torrens impétueux, dans le faubourg des Bancs, et particulièrement dans la rue du petit saint François,

4.° Celui qui eut lieu pendant l'hiver de 1740 (1). Plus de la moitié de la Flèche, et la totalité des faubourgs de la Boirie et de la Beufrie, furent pendant plusieurs jours, tellement inondées, que toute communication par terre devint impraticable, et celle en bateaux très-dangereuse, par la grande quantité de matériaux que la rivière entraînoit dans sa course rapide.

5.° Un autre débordement remarquable fut celui du 14 juillet 1790. Ce jour, le Loir s'enfla d'une telle force, qu'en moins d'une heure, ses eaux inondèrent la Flèche et ses environs à une hauteur à-peu-près égale à celle de 1665. Cette crue imprévue causa des dommages inappréciables aux environs de la Flèche. Elle fut occasionnée par une pluie d'orage, qui tomba avec tant d'abondance et de rapidité, qu'on eût dit que les cataractes du ciel s'étoient rompues, pour

____

(1) Dans cette inondation, tous les membres composant l'hôtel-de-ville, se distinguèrent par les soins qu'ils prodiguèrent aux malheureux des bas quartiers et de la campagne, qui se trouvoient au milieu des eaux. Le maire et les échevins s'exposèrent plusieurs fois à perdre la vie, pour leur procurer des vivres. C'est ainsi que ces magistrats leur conservèrent l'existence. Cet acte d'humanité, présenté à Louis XV, valut à Michel de la Rue, alors maire de la Flèche, des lettres de noblesse.

inonder une seconde fois le globe terrestre.

6.º Nous avons encore à citer celui du 23 au 24 floréal an 8 de l'ère françoise. Le 24, la rivière haussa de quatre pieds en une heure. Alors la Rue basse, la Boirie, la Beufrie et les environs, à une distance considérable, furent inondés. Le même jour, après-midi, l'eau étoit parvenue à l'entrée qui sépare la rue des ci-devant Récollets de la Place neuve, dite de la Révolution. Cette crue continua à grossir jusqu'à 6 heures du matin du 25. Alors elle commença à diminuer de quatre pieds pendant la nuit. Sa cause principale a été occasionnée par une pluie abondante et continuelle qui a duré pendant trois jours et trois nuits.

PLUIE SINGULIÈRE.

LE 25 septembre 1554, il tomba à la Flèche et dans une partie de l'Anjou, une pluie teinte de couleur de sang, dont l'apparition subite jeta l'épouvante parmi le peuple. Mais depuis que les lumières de la philosophie ont dissipé les ténèbres de l'ignorance, on sait que ces sortes de pluies ont une cause naturelle. Elles sont produites par les excrémens d'une espèce de papillons qui, dans certaines années, sont assez nombreux pour imprimer leurs excrémens sur une vaste étendue de terrein, ainsi qu'il arriva à Aix en Provence et aux environs. M. Pierret, habile naturaliste, s'étant fait montrer de ces

gouttes de sang attachées à plusieurs maisons, les reconnut pour les excrémens d'une
sorte de papillons dont le nombre avoit été
très-considérable dans le mois de juillet.

D'autres insectes contribuent aussi à produire de ces prétendues pluies de sang ; entre
autres, les pucerons aquatiques, qui, en été,
multiplient assez prodigieusement pour rou-
gir la surface des eaux, qui, étant enlevée
par la force des vents, forme des pluies
locales, dont l'apparition peut depuis long-
temps étonner le vulgaire et les gens peu
instruits, des effets naturels des phénomènes
que la nature travaille en silence.

BROUILLARD EXTRAORDINAIRE.

EMPLOYÉS, ou à consolider, ou à ébranler
les parties du grand systême du monde, les
météores paroissent avec des caractères op-
posés. Tandis que les uns coopèrent au bien
général, les autres ne cherchent qu'à dévas-
ter. L'apparition subite de plusieurs de ces
météores est ordinairement pour le peuple
un sujet d'alarmes, et pour le philosophe,
un objet de méditation.

On peut mettre dans ce nombre le brouillard extraordinaire qui parut à la Flèche et
ailleurs, au mois de juin 1783, et qui, pendant plusieurs mois, resta suspendu dans
l'atmosphère, sans qu'on eût remarqué
aucune diminution sensible dans l'épaisseur
de sa masse.

Ce fut le 18 juin qu'on remarqua, pour la première fois, ce brouillard singulier, au travers duquel le soleil pouvoit à peine pénétrer. Quelquefois cet astre ressembloit à un globe d'un rouge de sang ; d'autres fois il paroissoit d'une couleur jaunâtre, et le plus souvent il étoit pâle et blanchâtre. Plus sec qu'humide, ce brouillard avoit cela de particulier, qu'il ne faisoit point entrer les sels en déliquescence, ni monter l'hygromètre ; il n'empêchoit point l'abondance de l'évaporation, et ne ternissoit même pas la glace qu'on soumettoit à son action ; assez souvent inodore, il acquéroit quelquefois une odeur sulfureuse.

Les 26, 27 et 28 juin, il déposa, dans une nuit, sur les végétaux, une eau épaisse, gluante, d'un goût désagréable, un peu fétide. Cette liqueur laissa des taches de la plus grande causticité. Les fleurs de la vigne en furent brûlées, et tombèrent en partie. Dans d'autres endroits, ce brouillard mûrit les bleds et favorisa les moissons, comme le font les météores électriques.

Ce qu'il offrit encore de particulier, fut une quantité prodigieuse d'orages qui éclatèrent vers la fin de juin, et dont plusieurs se firent entendre, sans qu'aucun nuage se montrât sur l'horison.

Plusieurs physiciens ont rapporté la cause de ce brouillard extraordinaire aux exhalaisons qui sortirent du sein de la terre, lors des tremblemens de Messine et de la Calabre, qui eurent lieu la même année.

OURAGAN.

S'IL est des météores salutaires propres à vivifier les forces de la nature, il en est d'autres qui n'existent que pour porter un grand préjudice à ses vues salutaires et utiles. Tels sont en particulier les ouragans. A peine sont-ils déchaînés, qu'un grand changement s'opère. Le calme est interrompu ; l'air se trouble ; la tempête lève sa tête altière, s'agite avec violence, chasse devant elle le repos du monde. L'atmosphère devient le champ de bataille de tous les élémens. Les nuages se heurtent, se brisent les uns contre les autres : tous les vents en sortent à-la-fois et s'attaquent réciproquement ; leur fureur est extrême ; les arbres sont battus, déracinés, renversés ; les édifices ébranlés, culbutés. A tous ces désastres se joignent le hurlement des animaux, le sifflement des forêts, la lueur pâle et rougeâtre des éclairs, et le fracas de la foudre.

Le 18 décembre 1725, la ville de la Flèche éprouva les horreurs du plus furieux de tous les ouragans. A onze heures trois quarts du matin, il s'éleva un vent si impétueux que rien ne put résister à ses coups funestes. Bientôt il parvint à ébranler la flèche du clocher de saint Thomas ; peu à peu il l'enleva et la porta toute entière au-dessus de la voûte du chœur. Cette masse d'un poids

énorme et d'une hauteur de 80 pieds, ba-
lottée et entraînée par l'orage, resta quelques
minutes suspendue dans les airs, et tomba
ensuite sur la maison du sieur Devives,
qui fut tué dans son lit par cette chûte imprévue.

Le même ouragan causa beaucoup d'autres
ravages, tant à la Flèche qu'aux environs.
Il culbuta la grange du collége, tua le nommé
Dubreuil, blessa plusieurs Fléchois, fit de
grands dégâts aux bâtimens des Carmes,
enleva toutes les ardoises du château de la
Varenne, et celles de l'église de saint Thomas; renversa la porte de ville située à l'entrée de la Boirie; déracina beaucoup d'arbres
d'une grosseur prodigieuse, et découvrit
presque tous les bâtimens de la campagne.

A la suite de ce terrible ouragan, on eut
des pluies si abondantes, qu'elles occasionnèrent un débordement considérable du Loir.

G r ê l e.

O n sait que la grêle est une pluie conden-
sée et portée tout-à-coup au degré le plus
solide de la congélation. Ce changement de
forme fait assez souvent du météore le plus
salutaire le fléau le plus redoutable de la
nature. Il exerce ses ravages dans presque
toutes les parties de l'Europe; et la saison
où il est le plus à craindre est celle de la
chaleur.

Le 9 mai 1591, il tomba en Anjou et

au-delà de la Flèche, de la grêle, en si grande abondance, et d'une grosseur si prodigieuse, que plusieurs égaloient celle du poing. Les bleds, les vignes, les fruits des arbres, furent entièrement détruits, et la moisson enlevée sans ressource.

Nous pourrions citer beaucoup d'exemples de pareilles grêles qui ont ravagé plus d'une fois le département de la Sarthe ; mais nous les passerons sous silence, pour demander comment il peut se faire que les gouttes de pluie se gèlent en plein été, à une petite hauteur de l'atmosphère. L'air seroit-il alors imprégné d'une plus grande quantité de nitres qu'en toute autre saison ? Au moins on peut croire que l'évaporation, très-abondante en messidor et thermidor, enlève beaucoup de particules nitreuses, d'où proviennent les grêles dévastatrices. Au reste, nous pouvons assurer que la Flèche est rarement exposée aux ravages de ce météore dévastateur. Nous en avons donné la cause, en parlant de sa météorologie. Nous y renvoyons.

TREMBLEMENT DE TERRE.

LE premier tremblement de terre dont les annales de la Flèche font mention, est celui du 25 mars 1588. A cette époque, toute la province d'Anjou éprouva un tremblement de terre, dont les secousses furent assez fortes pour renverser des cheminées et même des maisons, sous les ruines desquelles plusieurs personnes furent ensevelies.

Le 1.er novembre 1755 fut aussi marqué, à la Flèche, par une secousse de tremblement de terre et un mouvement extraordinaire dans les eaux. Les lacs, les étangs, les rivières furent soulevés, et eurent à plusieurs reprises une espèce de flux et de reflux. Bientôt l'on sut que ce mouvement extraordinaire dans les eaux avoit pour cause l'horrible tremblement de terre, qui, le même jour et à la même heure, renversa les trois quarts de la malheureuse ville de Lisbonne.

Le 6 du mois de pluviôse an 7, à quatre heures du matin, un nouveau tremblement de terre se fit sentir à la Flèche, même dans tous les départemens de l'Ouest. Il fut accompagné de deux secousses qui durèrent cinq secondes, et qui furent assez violentes pour secouer, d'une manière brusque et prompte, les lits, les portes, les fenêtres ; et assez fortes pour renverser le couronnement de plusieurs cheminées. Ceux qui s'éveillèrent aux secousses de ce tremblement, se trouvèrent violemment secoués, et furent fort effrayés d'un évènement aussi extraordinaire qu'inattendu.

PARÉLIE.

CE météore aérien est un des plus magnifiques et des plus imposans qui soit dans la nature. Son effet est de multiplier jusqu'à trois fois, le soleil véritable sur l'épaisseur d'un nuage. Ce sont autant d'images représentant l'astre du jour dans sa splendeur.

Ce météore paroît ou au lever ou au coucher du soleil, et jamais dans son midi.

Le 6 prairial an 6, sur les cinq à six heures du matin, on apperçut, des hauteurs de la Flèche, vers l'orient, une lumière éclatante à côté d'un nuage qui s'étoit formé non loin de cet endroit. On vit ensuite paroître entre des brouillards légers, l'image du soleil, d'où sortoient des faisceaux de rayons terminés en pointes.

Les spectateurs qui d'abord avoient pris ce rassemblement de rayons pour le soleil, furent fort étonnés de voir à l'horison le bord supérieur du véritable. Son éclat radieux le fit bientôt distinguer du faux qui paroissoit encore tout entier. Il disparut peu à peu, et laissa enfin à l'astre du jour le soin d'éclairer le monde comme à son ordinaire.

Les Mémoires de l'académie des sciences de Paris rapportent plusieurs exemples de ce phénomène; entr'autres celui que M. de Cassini observa, et dont il fit la description à l'académie.

Le père Charlevoix dit aussi, dans son Histoire de l'Amérique septentrionale, que ce météore y est très-commun, et qu'il n'est pas rare de voir trois et même quatre soleils paroître à-la-fois.

H A L O.

Le halo est, comme l'arc-en-ciel, un météore produit par la réfraction et la réflexion des rayons solaires sur les corps légers;
tels

tels que les vapeurs, les exhalaisons aqueuses
et les nuages légers répandus dans l'atmosphère. Ce météore brillant n'a aucune solidité ; il consiste uniquement dans l'apparence
et l'effet combiné de la lumière avec l'obscurité. Il se montre sous différentes appa-
rences. C'est quelquefois un faisceau de
rayons lumineux, qui, venant à se réfléchir
sur un nuage, se brise à son point d'inci-
dence, se réfléchit et s'échappe par toutes
les extrémités du nuage autour duquel il
forme un cercle de lumières.

On remarque le halo plus souvent autour
de la lune qu'autour du soleil, et plutôt la
nuit que le jour.

Un semblable météore parut à la Flèche,
le 17 ventôse an 8.

Vers les neuf heures du soir, trois cercles
de différentes couleurs environnèrent la lune,
et donnèrent à cette planète secondaire un
éclat tout particulier. Ses rayons, réfléchis
sur un nuage, y avoient formé ces cercles
lumineux, peints de diverses nuances de
couleurs, et représentant trois espèces de
couronnes concentriques.

Newton nous a transmis un pareil phénomène dans son Optique.

ARC-EN-CIEL.

INDÉPENDAMMENT des arcs-en-ciel ordinaires,
on en connoît dont les couleurs dépendent
de la réfrangibilité des rayons que la lune

renvoie sur les nuages qui se dissolvent en pluie.

Un de ces arcs-en-ciel s'est fait appercevoir à la Flèche, le 24 juillet 1760. Ce même jour, on vit, sur les dix heures du soir, à l'ouest, une lumière éclatante au milieu d'une petite obscurité. Cette lumière avoit toutes les couleurs de l'arc-en-ciel, mais disposées dans un ordre différent. La couleur rouge étoit du côté de la lune, et l'arc plus étendu de haut en bas qu'en largeur.

Au reste, ces sortes d'arcs-en-ciel sont assez communs : on en trouve des exemples dans presque tous les ouvrages des physiciens. Mais un météore de ce genre, beaucoup plus rare, est celui qui fut apperçu aux environs de la Flèche, en 1764. C'étoit un amas de nuages, formé en arc, qui ne réfléchissoit que la couleur blanche. Ce météore eut lieu à cinq heures du soir ; et ces nuages, après être restés assemblés environ une demi-heure, se dissipèrent peu à peu, et finirent par se rendre invisibles.

Un autre arc-en-ciel que nous avons eu occasion d'observer à la Flèche, le 4 brumaire an 10, nous a paru d'autant plus singulier qu'il ne s'est montré qu'au moment du coucher du soleil ; et à l'instant même où cet astre se plongeoit sous l'horison, nous étions à l'enfourchure des routes de Sablé et d'Angers, et nous vîmes alors paroître vers le nord-est, un arc-en-ciel très-peu élevé, et n'ayant que trois couleurs. Ce que nous remarquâmes encore de particulier, c'est que cet arc étoit représenté, non sur un amas de nuages, mais sur un léger brouillard qui avoit un peu bruni le ciel, et qui se dissipa quelques minutes après le coucher du soleil. L'endroit où cet astre disparut à nos yeux, se trouva décoré de la plus belle illumination. Une lumière pure et vive, d'un rouge de pourpre, parut tout-à-coup, s'éleva en jets lumineux, s'étendit au loin, et enflamma le ciel du plus beau feu.

Un pareil phénomène eut encore lieu à la Flèche, le 10 messidor même année. Ce même jour, à 7 heures 54 minutes du soir, se forma au-dessus du parc du collége, un arc-en-ciel qui s'étendoit du sud à l'est. Sa courbure étoit plus arrondie qu'allongée. Les couleurs de l'arc-en-ciel y étoient représentées dans l'ordre primitif des couleurs ; elles paroissoient seulement plus foibles qu'à l'ordinaire. Le ciel étoit brumeux et peu chargé de nuages, dans l'espace de sept à huit degrés que cet arc occupoit. La journée avoit été venteuse, nébuleuse, mais sans pluie.

Cet arc, formé au moment même du coucher du soleil, dura très-peu : à peine cet astre eut-il disparu de l'horison, que les couleurs se fondirent et que l'arc se dissipa. La branche du sud fut celle qui disparut la première ; celle de l'est resta la dernière.

AURORE BORÉALE.

LES aurores boréales, très-communes aujourd'hui en France, y étoient si rares avant l'an 1707, qu'à peine les connoissoit-on : mais depuis cette époque, il ne s'est guère passé d'hiver, sans qu'on ait observé plusieurs aurores boréales. Celle de 1716 fixa sur-tout l'attention des observateurs. On la vit prendre différentes formes, et briller des couleurs les plus variées.

Une superbe aurore boréale parut encore au nord de la Flèche, le 3 décembre 1777. Elle forma un arc lumineux, d'une beauté ravissante. Des jets et des faisceaux de lumières qui s'élançoient de la circonférence de cet arc phosphorique, éclairoient l'horison de mille feux divers, et formoient un spectacle ravissant. On sembloit avoir sous les yeux des chars enflammés, des drapeaux flottans et des portiques de la plus belle architecture.

GLOBE DE FEU.

LES globes de feu sont des masses de particules combustibles, qui s'arrondissent en brûlant, ainsi qu'il arrive à tous les fluides qui roulent dans un autre fluide. Quant à leur inflammation, elle est produite par la vîtesse de leur course, ou par l'effet de la chaleur répandue dans l'atmosphère.

L'an 1755, si funeste par le tremblement de terre qui dévasta la ville de Lisbonne et une partie du Portugal, fut encore remarquable par quantité de météores ignés qui parurent dans toutes les parties de la France et même de l'Europe.

Au mois de juin de cette année, on apperçut de la Flèche, pendant la nuit, vers le sud, un globe de feu aussi lumineux que la lune dans son plein. Quelques minutes après, ce globe poussa une traînée qui lui forma une espèce de queue ; elle s'échappa ensuite en forme de fusées volantes ; et le globe se dissipa sans détonnation.

Suivant l'opinion de l'abbé Bertholon, les globes de feu et les autres météores de ce genre, dépendent d'une seule et même cause, d'une accumulation de fluide électrique dans un endroit de l'atmosphère. Ce fluide, ainsi condensé, s'échappe par un effet de l'équilibre auquel il tend toujours, des lieux où il est abondant, dans ceux où il l'est moins ; et comme sa nature est analogue à celle du feu, il brille et en présente l'apparence.

MÉTÉORE AQUEUX.

LE 5 floréal an 7, vers les 7 heures du soir, un brouillard sombre et opaque s'éleva tout-à-coup à l'entrée du parc du collége de la Flèche, et bientôt il devint assez épais pour former auprès de l'allée des marroniers, une espèce de boulevard, dont la hauteur pouvoit être de 30 pieds perpendiculaires, et l'étendue d'une longueur proportionnée : sa partie supérieure, observée d'une des chambres du collége, en face du grand bassin, offroit un point d'optique aussi magnifique qu'étonnant. Les crépuscules du soir, qui commençoient à remplacer l'astre du jour, éclairoient cette partie de manière qu'on y appercevoit des allées d'arbres espacées dans le plus bel ordre possible ; et plusieurs édifices champêtres ajoutoient de nouveaux agrémens. Tous ces objets, représentés dans les proportions de l'art, étoient parfaitement et régulièrement dessinés.

Cette scène dioptrique dura environ vingt minutes ; elle fut dissipée par un vent qui souffloit d'une force extrême. On vit ensuite flotter dans l'atmosphère de légers nuages ; foibles restes du météore aqueux, qui, pendant vingt minutes, avoit tellement obscurci l'étendue du parc, qu'il étoit impossible d'y distinguer la moindre chose.

Le soleil qui se couchoit dans ce moment, derrière ce brouillard épais, a sans doute contribué à la représentation des objets qui y ont paru avec tant d'élégance et de régularité.

FIN DE LA SECONDE PARTIE.

TROISIÈME PARTIE.

HISTOIRE DU COLLÉGE.

AVERTISSEMENT.

Le collége de la Flèche, si célèbre et si fécond en grands hommes, méritoit son histoire particulière ; et nous la plaçons ici, comme faisant une partie intégrante de celle de la Flèche.

Si nous n'avions eu qu'à citer des titres, qu'à détailler le mode d'enseignement, qu'à nommer les professeurs, il nous eût été facile de réduire cette histoire à quelques pages ; mais nous avions à parler d'un établissement fondé par un grand prince, dont toutes les actions ont été marquées par de grandes choses. Nous avions aussi à décrire tout ce que les professeurs ont fait pour la gloire des sciences. La plupart ayant été oubliés dans les dictionnaires historiques, nous devions réparer cet oubli ; et nous nous en sommes occupé sérieusement.

Nous avions encore à parler de deux hommes à qui la Flèche doit l'établissement d'une maison d'éducation, qui seule a suffi pour tirer le collége de l'état d'avilissement dans

Q 4

lequel l'avoient plongé les malheurs de la révolution françoise.

Ceux-là méritent bien de la patrie, qui, chargés de l'instruction publique, font de leurs élèves de bons citoyens et des savans estimables. Nommer les nouveaux administrateurs de l'école d'éducation de la Flèche, c'est céder aux vœux de la reconnoissance.

D'après ces considérations, nous espérons qu'on nous saura quelque gré de nous être occupé d'une histoire aussi intéressante que celle que nous offrons ici à nos lecteurs.

Les sources dans lesquelles nous avons puisé les faits principaux de cette histoire, sont l'Inventaire général des titres du collége : ouvrage manuscrit, en trois volumes in-folio.

Nous devons aussi à plusieurs particuliers de la Flèche des notices précieuses, sans lesquelles il nous eût été impossible de satisfaire nos vœux les plus ardens; ceux de rendre un juste tribut d'éloges aux talens des instituteurs et aux lumières de leurs élèves.

Ceux de ces citoyens qui nous ont le plus aidé dans notre travail, sont :

1.º De la Rue-Ducan, ci-devant membre du conseil d'administration du collége, pendant la durée de l'école militaire.

2.º Boucher, officier de santé, chargé, depuis 30 ans, de l'infirmerie du collége.

3.º Maurin, professeur de mathématiques avant la révolution, et un des administrateurs de l'école d'éducation.

4.º Simon, architecte du même collége, depuis 1770.

5.º Estourneau, fils, homme de loi, très-instruit de l'histoire de son pays.

6.º Desperré, l'un des plus zélés de nos coopérateurs.

La plupart de ces citoyens ont aussi coopéré à l'histoire de la Flèche par des renseignemens qu'ils nous ont procurés.

Puisse cet ouvrage remplir le but que nous nous sommes proposé en l'écrivant ; celui d'apprendre aux hommes, qu'une maison d'éducation publique, telle que celle de la Flèche, a été pendant deux siècles, pour la France, ce que le gymnase fut pour la Grèce !

En effet, on a vu sortir du collége de la Flèche des généraux, des ministres d'état, des magistrats éloquens, des orateurs, des poètes, et même des génies créateurs à qui la France doit l'invention du clavecin électrique et celle du télégraphe. C'est à la Flèche que le père de la Borde inventa son clavecin, et que les deux frères Chappes conçurent l'idée de faire voyager la pensée avec la rapidité de l'éclair. Que faut-il de plus pour intéresser et captiver l'attention !

FONDATION
DU COLLÉGE DE LA FLÈCHE.

LES Jésuites, expulsés de la France, vers la fin du seizième siècle, avoient vainement intéressé en leur faveur, toutes les cours de l'Europe, sans qu'aucun souverain eût pu les faire rentrer en grâce. Leur rappel devoit être l'ouvrage de Guillaume Fouquet, né à la Flèche, et gouverneur de cette ville. Ce favori sollicita si vivement pour eux auprès d'Henri IV, qu'à la fin il obtint, non-seulement leur rentrée en France, mais l'établissement en leur faveur, du superbe collége de la Flèche.

A peine Fouquet eut-il présenté le plan de ce grand projet, que le monarque s'en occupa sérieusement.

La ville de la Flèche lui appartenoit comme un fief de sa maison dont il pouvoit disposer librement. Il possédoit dans la même ville, un château, que Françoise, duchesse d'Alençon, son aïeule, avoit fait réédifier en 1540. Ce fut ce château, avec son jardin et son parc, que le roi destina définitivement à l'emplacement du collége.

Il donna d'abord, pour l'exécution de ce vaste dessein, une somme de cent mille écus à prendre sur ses épargnes, et dont il fit lui-même la distribution de la manière suivante :

Cent soixante mille francs pour la construction du collége ;

Vingt-un mille francs pour en payer l'emplacement ;

Soixante - quinze mille francs pour remboursement des bénéfices qu'on prit à différens particuliers, et dont on fit une fondation perpétuelle qu'on attacha à l'église du collége ;

Douze mille francs pour l'achat de la maison qui avoit servi à loger les pères jésuites ;

Trois mille fr. pour acquisition de livres ;

Même somme pour les ornemens de l'église ;

Six mille francs pour la nourriture des pères, pendant la première année ;

Enfin, quinze mille fr. payables à Fouquet-la-Varenne, pour pareille somme par lui prêtée aux pères jésuites.

Henri IV donna, en outre, pour la fondation du collége, les abbayes de Melinais et de Belle - Branche ; les prieurés de saint Jacques, de Luché, de l'Echeneau, et le droit de Papegai particulier à la province de Bretagne.

En fondant le collége de la Flèche, Henri IV avoit en vue, non-seulement l'instruction des Fléchois, mais un plan beaucoup plus vaste ; celui d'y faire établir une université. Outre les professeurs jésuites, il devoit y avoir huit professeurs royaux, quatre de droit, autant pour la médecine : au recteur du collége étoit attribué le droit de présenter ces professeurs, pour être pourvus par sa majesté. Le roi devoit pareillement y

nommer cent vingt-quatre enfans de gentilshommes, pour y être nourris, entretenus
et instruits gratuitement.

Outre ces cent vingt-quatre élèves gentilshommes, on devoit doter tous les ans douze
filles de famille peu aisée, d'une somme de
cent écus, pour leur procurer un mariage
avantageux. La Flèche en auroit fourni quatre
au choix du père recteur; et la campagne,
huit, à la nomination de la reine. En un
mot, on devoit faire de ce collége un ouvrage propre à donner à la postérité une
idée avantageuse de la grandeur et de la
magnificence royale. Mais la mort inattendue de ce grand roi fit évanouir ce projet
si digne d'immortaliser son règne.

En 1608, le roi donna aux jésuites de la
Flèche une nouvelle preuve de sa libéralité.
Il leur fit délivrer un brevet, par lequel
il déclara que le sieur de Glasses, ambassa-
deur du roi d'Ecosse en France, ayant laissé
en mourant une somme de trente mille fr.,
pour fonder un séminaire d'Ecossois catholiques, il entend que ledit séminaire soit
établi à la Flèche, et ordonne que cette
somme soit remise entre les mains du père
recteur du collége de la Flèche (1).

On voit, par d'autres lettres-patentes du
31 juillet 1619, que Louis XIII fit un don
de douze mille fr. aux jésuites de la Flèche,

____

(1) Nous ignorons si les jésuites ont touché les trente
mille francs du sieur de Glasses ; mais il ne paroît nulle
part que les clauses du testament ayent été remplies. Rien
ne constate qu'il ait existé à la Flèche un séminaire *ad hoc*,
pour l'enseignement des Ecossois catholiques.

pour achever l'établissement du collége, qui, malgré les cent mille écus de Henri IV, et autres largesses de sa générosité, n'offroit encore qu'une partie des bâtimens qui devoient le composer en entier.

A ce don, Louis XIII joignit plusieurs autres grâces. Le 22 mai 1634, il ratifia et agréa non-seulement la fondation du collége de la Flèche, mais encore les unions faites par le pape Clément VIII et Paul V, des abbayes de Melinais, de Belle-Branche, et des prieurés de saint Jacques, de Luché et de l'Echeneau.

ÉTABLISSEMENT.

POUR former l'établissement du collége de la Flèche, on commença par appeler de Pont-à-Mousson les jésuites les plus instruits; tels que les pères Bercy, Brossard, Pison, Landrieu, Chénard, Guérin; et pour compagnons de voyage, on leur donna Julien Durand, Jean Royer, François Motus, et Pierre Person, qui devoient les aider de leurs conseils et de leurs lumières.

On leur fit passer de la Flèche une somme de deux cents écus, pour payer les frais de leur route. Ils partirent de Pont-à-Mousson, le 16 octobre 1603, arrivèrent à Paris, le 23 du même mois, et à la Flèche, le 2 janvier 1604. Aussitôt leur arrivée, on leur fit prêter le serment de fidélité au roi.

Dès le 29 décembre 1603, les officiers du présidial de la Flèche s'étoient transportés au château neuf, pour en faire sortir le concierge, afin que les jésuites pussent y loger en arrivant; mais, faute de meubles et de commodités convenables, les jésuites se rendirent chez le marquis de la Varenne, qui les logea et les nourrit, en attendant que le château neuf fût en état de les recevoir. Dès-lors on travailla à l'établissement du collége; et, pour accélérer l'ouvrage, on transféra le présidial aux cordeliers, où il resta jusqu'au moment où les récollets de Pressigné vinrent prendre possession de ce couvent.

Ensuite on procéda à l'estimation d'une vingtaine de maisons et jardins qui joignoient le château neuf, et qui devoient entrer dans le plan du collége; et cette estimation se monta à 18,000 francs.

Outre ces maisons, jugées nécessaires à l'emplacement du collége, les jésuites firent l'acquisition de plusieurs autres, situées du côté des douves (1). Il en fut encore acheté d'autres, pour rendre le parc plus régulier. De plus, Fouquet de la Varenne y ajouta un morceau de terre de la pièce du grand parc, qui étoit nécessaire pour rendre la forme plus carrée.

En sorte que le parc, les jardins et le château neuf, qui, par le procès-verbal

____

(1) Le quartier où étoient situées ces maisons, s'appeloit alors la rue de la Juiverie; ce qui fait présumer qu'il avoit été alors habité par des juifs, avant leur expulsion de France, arrivée sous Philippe-le-Hardi.

d'arpentage, dressé en 1603, ne contenoient que six à sept arpens, furent considérablement augmentés (1).

A la suite de ces nouvelles acquisitions, on procéda au devis des bâtimens du collége ; et l'adjudication au rabais eut lieu le 27 mars 1606 ; savoir :

La maçonnerie, au nommé Bideau, à raison de 30 fr. la toise.

La charpenterie au nommé Plessis, à 390 fr. les cent pièces, chacune de six pouces en carré, et de douze pieds de long.

La couverture au nommé Estourneau, à 18 fr. la toise.

Ensuite parut un entrepreneur, nommé Féron, sieur de Longue-Mazière, qui se chargea de bâtir l'église, la sacristie, le clocher, la salle des actes, celle de la bibliothèque, le corps-de-logis entre la cour royale et la cour des classes, ainsi que le carré des bâtimens du pensionnat ; le tout pour la somme de 240,000 fr.

En 1608, un nouveau marché fut fait avec le même entrepreneur, tant pour augmenter l'épaisseur des murs, piliers, pilastres, arcs-boutans de l'église, que pour fournir tous les fonds nécessaires aux bâtimens, moyennant la somme de 24,000 fr.

En 1610, les pères jésuites firent un troisième traité avec le même entrepreneur, par

____

(1) Ce qui pourra paroître étonnant, c'est que le château neuf, son parc et ses jardins, faisant ensemble un objet de six à sept arpens, ne furent estimés que dix mille francs : somme qui à peine égaloit la cinquième partie des bâtimens.

lequel celui-ci s'obligea, pour la somme de 18,000 fr., de faire construire les deux jubés de la croisée, quatre niches et une lanterne sur la saillie des actes, propre à y placer l'horloge.

Enfin, en 1611, le sieur Féron, entrepreneur, fut déchargé de tout ce qui restoit à faire à l'église, aux conditions que les pères jésuites ne lui paieroient pas la somme de 18,000 fr. qui lui avoit été promise par le traité de 1610.

Les choses étoient dans cet état, lorsqu'en 1612, Louis XIII envoya à la Flèche les frères Métellange, pour achever l'église et tout ce qui restoit à faire des bâtimens du collège.

L'année suivante, sa majesté donna commission à M. de Fouray, intendant de ses bâtimens, de faire parachever tous les bâtimens du collège, avec ordre au trésor royal d'acquitter la dépense.

En 1619, le roi ajouta aux sommes déjà allouées pour cette dépense, celle de 12,000 fr., pour finir ce qui n'étoit pas achevé.

En 1621, on fit le corps-de-logis, depuis la sacristie jusqu'à la bibliothèque.

En 1627, on s'occupa du réfectoire.

En 1630, on acheva de clorre le parc, qu'on avoit commencé à murer en 1619.

En 1634, on travailla à bâtir le moulin à eau du pensionnat, pour la construction duquel il fallut des lettres-patentes du roi, la permission de la ville, l'attache du présidial, et celle de Fouquet-la-Varenne, duquel les jésuites achetèrent le cours de l'eau le somme de 3,000 fr.

Enfin,

Enfin, en 1651, on fit le corps-de-logis, depuis le réfectoire jusqu'à la rue du collége ; on travailla la même année à la galerie des tableaux et à la porte royale.

Ainsi s'est élevé, à des époques différentes, ce vaste corps-de-logis, qui forma un des plus beaux colléges de la France, et dont la réputation ne tarda pas à s'étendre dans le monde entier.

DESCRIPTION DU COLLÉGE.

Ce collége (1), digne de la munificence royale, réunit dans son ensemble tous les avantages qui peuvent assurer le succès d'un établissement complet d'éducation nationale. Il est composé de cinq cours entourées de bâtimens vastes, commodes, et dont chaque corps-de-logis a sa destination particulière.

Une de ses cours, la ci-devant royale, avoit pour façade du fond, le château que le roi Henri IV donna au collége, pour faire partie de sa fondation.

Ce corps de bâtiment a été réédifié en 1784, ainsi que l'aîle droite de la même cour ; mais la révolution de 1789 a fait interrompre l'exécution d'un plan superbe, dont l'ensemble

____

(1) Les bâtimens de ce collége ont sur la rue une longueur de cent mètres. La profondeur de la plus petite des cours est de plus de cinquante mètres en œuvre Les bâtimens seuls contiennent huit cents mètres carrés ; les cours et basses-cours, mille centimètres ; les jardins et le parc, treize hectomètres.

R

auroit formé un des plus beaux édifices du royaume. On devoit poser sur le devant une grille de fer doré ; on devoit en même temps élargir la rue qui répond à la place de la Liberté, et pousser cet élargissement jusqu'à la rivière du Loir. Par ce moyen, on auroit procuré au collége un point de vue magnifique, et aux voyageurs l'avantage d'admirer en passant un des chefs-d'œuvre de l'art.

La cour du milieu, nommée la cour des Classes, a au rez-de-chaussée des appartemens appropriés à l'instruction de la jeunesse ; et au-dessus sont la bibliothèque et la salle des actes : celle-ci est décorée d'un théâtre, qui, aux jours complémentaires de chaque année, est consacrée aux exercices classiques. A gauche de la même cour, vis-à-vis la salle des actes, est une des façades de l'église, dont nous parlerons amplement ci-après.

La troisième cour, dite la cour du pensionnat, est entourée de bâtimens qui se correspondent les uns aux autres, et dans l'intérieur desquels on a pratiqué des dortoirs où chaque élève a sa chambre et son lit. Plus loin est la basse-cour du pensionnat : elle occupe un terrein assez vaste, et se termine aux douves du collége. A l'extrémité opposée, est la cour des charrettes, où on trouve des écuries, des remises et autres bâtimens indispensables à un grand établissement.

Les jardins, vastes et bien cultivés, ne sont séparés du corps-de-logis que par un canal d'eau qui vient de la rivière du Loir, et y retourne ensuite, après avoir arrosé les murs de la ville et du collége.

Le parc se présente ensuite ; et tout contribue à en faire une promenade délicieuse. Ses allées multipliées et croisées en tous sens, ses bosquets semés de plantes odoriférantes, ses tapis de verdure, l'ombrage de ses marroniers et de ses tilleuls, sa situation au midi, et son sol sablonneux, forment une partie de ses agrémens : aussi est-il, dans toutes les saisons, le rendez-vous des habitans de la Flèche, et la promenade favorite des étrangers.

Si le collége de la Flèche forme dans son ensemble une maison aussi magnifique qu'agréable, le même collége possède en particulier des chefs-d'œuvre dont nous allons faire mention.

Sa bibliothèque est un grand et superbe vaisseau, de 21 mètres de longueur sur 12 de largeur. Trente armoires, meublées des meilleurs ouvrages de l'antiquité et du siècle de Louis XIV, offrent un dépôt de plus de huit mille volumes. On y trouve la plupart des savantes productions des auteurs hébreux, grecs et latins ; une collection choisie des saints pères de l'église ; beaucoup de livres de droit, etc.

Elle possède, en outre, trois tableaux, qui méritent d'être cités.

Le premier, placé au fond de la salle, de cinq mètres de longueur sur deux de hauteur, représente le massacre des sept frères Machabées. Il est d'une belle composition et d'un fini précieux. C'est un tableau original que les jésuites avoient tiré de Rome ; mais on ignore le nom du peintre ; on le croit de l'école romaine (1).

Le second, en face du premier, est une descente de croix, copiée par Lépicier, d'après le tableau original de Lebrun, qui a été, dit-on, vendue trente mille francs. Cette copie a été envoyée au collége de la Flèche par l'école militaire de Paris, qui l'avoit placée sur le maître-autel de cette école, avant qu'elle eût acquis l'original.

Le troisième est la présentation de l'enfant Jésus au temple, par Guéral, dont les œuvres sont fort estimées. Ce tableau, un des meilleurs de ce peintre, est d'un dessin correct et facile. Sa hauteur est de trois mètres sur un et demi de largeur.

Avant la révolution de 1789, cette bibliothèque possédoit le buste en marbre blanc, de Louis XVI, avec cette devise :

Nobis alter Henricus.

1 7 8 o.

Il est pour nous un autre Henri.

Cette devise se rapportoit à la donation du collége aux pères de la doctrine chrétienne, et faisoit allusion à la fondation du même collége par Henri IV, en faveur des pères jésuites.

____

(1) Ce tableau a été déplacé depuis peu et transporté à l'oratoire du collége, où on peut le voir. Les jésuites en faisoient le plus grand cas.

UN autre objet de curiosité, avant 1793, étoit la galerie du collége. On y voyoit une riche collection de tableaux, dont la plupart représentoient les actions héroïques de Henri-le-Grand. On y trouvoit aussi les portraits des ancêtres de ce roi chéri, depuis saint Louis, chef de la maison des Bourbons. Les peintures subséquentes avoient pour sujets les armes et les alliances des seigneurs de la Flèche, depuis l'an 1070, jusqu'à l'époque de l'avènement de Henri IV à la couronne de France.

Parmi ces tableaux, on distinguoit celui qui représentoit la bataille de Fontaine-Françoise, où étoit Fouquet-la-Varenne, armé de pied en cap, et frappant un Espagnol qui dirigeoit un coup mortel vers la poitrine de Henri IV.

Dans un autre tableau, étoit le père Coton, aux genoux de Henri IV. Ce jésuite recevoit les clefs du château neuf, que sa majesté lui remettoit entre les mains. Dans le fond, on voyoit la ville de la Flèche avec son fameux clocher et sa flèche dorée, soutenue par un grouppe de chérubins.

ÉGLISE DU COLLÉGE.

DE toutes les parties du collége, une des plus dignes d'attention est son église. Henri IV, l'ayant choisie pour être la dépositaire de son cœur et de celui de Marie de Médicis, son épouse, n'épargna ni soins ni dépenses, pour rendre ce temple propre à recevoir par la suite ces dépôts précieux.

La première pierre en fut bénie le 7 juin 1607, et mise le lendemain, par le maréchal de Lavardin, sous le pilier qu'on devoit élever pour soutenir la voûte du caveau sépulcral ; et sous cette pierre on déposa une lame d'or, portant d'un côté l'effigie de Henri IV et celle de Marie de Médicis, et de l'autre, les armes de France et de Navarre. Mais ce ne fut que le 2 septembre 1637, que cette église fut consacrée sous l'invocation de saint Louis, par Claude de Revel, évêque d'Angers.

Plusieurs années après, le 4 septembre 1653, les autels collatéraux reçurent la consécration par Arnauld, évêque d'Angers.

Cette église, commencée le 7 juin 1607, et finie en 1621, est un édifice d'une construction élégante et simple. Sa longueur, depuis le fond du sanctuaire, jusqu'à l'entrée de la porte du milieu, est de quarante-sept mètres, et sa largeur de treize, sans y comprendre l'espace qu'occupent les chapelles collatérales, dont le nombre est de huit, quatre de chaque côté.

Au-dessus de ces chapelles, sont des tribunes ornées de balustrades, qui ont chacune cinq mètres de longueur sur trois de largeur. D'autres tribunes règnent autour du sanctuaire, et produisent, par leur forme circulaire, un effet agréable.

Ce temple, décoré dans son pourtour, de pilastres d'ordre dorique, est surmonté d'un entablement de même ordre, qui soutient la pendantive de la voûte ; et cet arrangement symétrique produit un effet aussi élégant que majestueux.

Le même temple possède d'autres chefs-d'œuvre d'architecture, dont nous allons détailler les beautés.

Le maître-autel, placé au chevet du chœur, fut commencé en 1633, par Pierre Corbucan, architecte de Laval, qui s'engagea à le faire construire pour la somme de sept mille francs, trois septiers de blé et trois pipes de vin.

Cet autel, d'ordre corinthien, est orné de huit colonnes de marbre rouge veiné de blanc, dont la hauteur est de trois mètres, y compris bases et chapiteaux. Le rétable, formant avant-corps, est couronné d'un fronton circulaire, accompagné de deux tours creusées, dans lesquelles on peut placer des statues, au moyen des niches qu'on y a pratiquées. De plus, cet autel est enrichi de beaucoup d'ornemens de sculpture, de goût antique et d'un beau travail.

Le sanctuaire mérite aussi une attention

particulière. Il est décoré d'un pavé en compartiment, de marbre précieux, d'espèces et de couleurs différentes. La bordure est du même marbre et d'un dessin correct.

Un autre chef-d'œuvre de la même église est la voûte de l'entrée principale. Cette voûte, très-hardie dans sa construction, est supportée par des cariatides soigneusement sculptées, d'une sculpture gigantesque, mais élégante.

Le buffet d'orgues, placé au-dessus de cette voûte, offre la symétrie la plus belle et l'ensemble le plus agréable. On ignore le nom du premier facteur ; mais on sait que cet orgue a été retouché et augmenté par Danville, célèbre facteur, et à qui la cathédrale d'Angers doit un des plus beaux buffets d'orgues qui soit en Europe.

En général, l'église du collége de la Flèche est en petit, ce que l'église du ci-devant noviciat des jésuites de Paris est en grand. Aucun défaut n'en dépare les beautés ; tout y est placé convenablement et pour le mieux.

Avant le régime du vandalisme en France, cette église possédoit des monumens dignes de la vénération de tous les gens de bien. Le cœur de Henri-le-Grand et celui de Marie de Médicis, son épouse, y étoient déposés dans des niches funéraires, pratiquées dans l'épaisseur du mur. A droite et à gauche du maître - autel, les quatre vertus accompagnoient ces cœurs si dignes du respect des Fléchois. D'un côté, la force et la justice gardoient le cœur d'Henri IV, et sembloient y tenir pour l'éternité. De l'autre, la prudence et la tempérance étoient là pour caractériser les qualités dominantes de ce dépôt royal.

Si ces statues, de l'œuvre de Sarrasin, sont restées en place, on en doit la conservation à M. Simon, architecte du collége.

On voyoit aussi autour du sanctuaire, les quatre patriarches d'un côté, et les quatre évangélistes de l'autre, de grandeur naturelle, d'une beauté peu commune, et dont l'exécution étoit de la main des frères saint Vincent, célèbres sculpteurs de la ville d'Angers.

Dans le même sanctuaire, contre le mur, à gauche du maître-autel, étoit le buste de Guillaume Fouquet de la Varenne, avec cette épitaphe :

« Ci gît haut et puissant seigneur, messire Guillaume Fouquet de la Varenne, seigneur, marquis de ce lieu, gouverneur des villes et châteaux d'Angers et de la Flèche, lieutenant-général pour le roi, en Anjou, qui, ayant été chéri de son roi, Henri-le-Grand, lui fit aussi aimer la compagnie de Jésus, et, par son crédit, lui procura pour collége cette maison royale. En naissant, il trouva la Flèche peu de chose, et en mourant, il laissa cette ville en réputation ».

Au-dessous de cette épitaphe, on lisoit :

« Messire René Fouquet de la Varenne, son fils, seigneur et marquis dudit lieu, gouverneur des villes et châteaux d'Angers et de la Flèche, lui a fait dresser ce monument. Priez Dieu pour le repos de son ame ».

A la droite du même autel étoit un autre monument, avec une épitaphe, qui apprenoit que ce monument avoit été érigé en faveur de Catherine Fouquet de la Varenne, fille de Guillaume, et femme de Claude de Bretagne, comte de Vertus (1).

Un caveau sépulcral, placé sous le sanctuaire, renfermoit encore les tombeaux en plomb de Fouquet-la-Varenne, de sa femme, d'un de ses enfans; et ce caveau avoit l'avantage de posséder les restes précieux de la plupart des grands hommes que la compagnie de Jésus avoit procurés aux sciences et aux belles-lettres.

Eh bien! tous ces monumens n'ont pu échapper aux coups désastreux du vandalisme. Les saints ont été culbutés et brisés; les ossemens de la Varenne, de sa femme et de son enfant, tirés de leurs tombeaux et foulés aux pieds; et le cœur d'Henri IV et celui de son épouse, arrachés de leur niche, ont été portés sur la place de la Révolution, le 7 vendémiaire an 2, et brûlés en présence du représentant du peuple Thirion....

Mais c'est trop long-temps s'arrêter sur un sujet si douloureux aux ames sensibles.... Au moins la postérité ne pourra accuser pour

______

(1) Cette Catherine fut mère de Marie de Bretagne, duchesse de Montbason, qui fut célébrée par les poëtes, et regardée par les courtisans comme la plus belle femme de la cour de Louis XIV.

auteurs de ce régicide, que quelques hommes égarés, abusés et trompés par l'erreur du moment. Elle se taira sans doute sur le compte des Fléchois. Courbés sous le joug du despotisme, et enchaînés par les menaces de la terreur, que pouvoient-ils opposer aux armes meurtrières du pouvoir tyrannique ? Rien que la résignation, les soupirs du cœur et le silence le plus profond.

Au reste, nous pouvons assurer qu'aucune des autorités de la Flèche ne fut ni consultée, ni convoquée sur ce forfait inoui. Il a été consommé à leur insu, par des mains étrangères vendues aux intérêts du vandalisme. Ce monstre avoit juré de tout anéantir, afin qu'on perdît, par la suite, le souvenir des monumens que nos ancêtres avoient fait élever à la mémoire des hommes de bien. Mais aveuglé par ses projets désastreux, il n'a pas pensé que l'histoire rediroit après lui ses forfaits abominables et ses attentats liberticides.

ORATOIRE

DU PENSIONNAT DU COLLÉGE.

Cette chapelle, bâtie sur l'étendue de la voûte du grand vestibule du pensionnat, est adossée à l'église, à laquelle elle communique par la tribune du milieu. Sa longueur est de seize mètres, et sa largeur de huit. Ce qu'elle offre de plus remarquable est son autel sculpté en menuiserie. Ce chef-d'œuvre a été exécuté d'après le modèle du maître-autel de l'église du collége. Toutes ses parties sont d'un fini précieux, et prouvent autant l'habileté de l'artiste, dans l'exécution, que le goût dans le dessin.

Cet autel, plus orné encore que celui de l'église, semble néanmoins beaucoup plus simple; et c'est en quoi brille le génie du savant artiste à qui nous en sommes redevable.

Cet homme, né à la Flèche, se nommoit Tessé; et son nom mérite d'être placé parmi les gens à talens qui ont honoré leur patrie par de brillans chefs-d'œuvre.

On voit, dans la même chapelle, le tableau du massacre des sept Machabées, dont nous avons parlé en faisant la description de la bibliothèque.

EMBELLISSEMENT

Fait au collége de la Flèche, sous le régime de l'école royale militaire.

En 1770, les administrateurs de l'école militaire de la Flèche, ayant senti la nécessité de procurer à cette maison des eaux fraîches et salubres, choisirent celles de la fontaine de Sas, pour en faire, tout à la fois, un objet d'utilité et d'agrément public.

dont l'exécution auroit ajouté de nouvelles beautés au collége de la Flèche.

Parmi celles qui se font admirer par l'élégance de leur forme, on distingue la fontaine au bas du grand escalier : tout en elle porte l'empreinte de la belle composition. Sa cuvette, de six mètres de circonférence, porte un vase du port le plus majestueux. Sa partie inférieure est garnie de sept robinets ; et la supérieure, surmontée d'un amortissement à moulure, offre des beautés alliées aux charmes des grâces.

Au moyen du grand contour de la cuvette et du peu d'épaisseur du piédestal, ce beau morceau de marbre noir, véiné de blanc, semble se soutenir de lui-même et n'avoir point d'appui.

Si le collége de la Flèche a reçu des embellissemens sous le régime de l'école militaire, il en doit aussi aux pères de la doctrine chrétienne. Ce sont eux qui, en 1784, ont commencé la belle façade du fond de la ci-devant cour royale, laquelle devoit être accompagnée de deux aîles superbes, que les malheurs de la révolution n'ont pas permis d'achever.

REVENUS DU COLLÉGE,

Avant la révolution de 1789.

E_N fondant le collége de la Flèche, le premier soin de Henri IV fut d'y attacher un revenu annuel de vingt mille francs ; et, pour remplir cet objet, il unit à ce collége les abbayes de Melinais, de Belle-Branche, et les prieurés de saint Jacques, de Luché, de l'Echeneau, ainsi que le droit de Papegai particulier à la province de Bretagne. Mais ces réunions, évaluées à vingt mille francs de rentes, prospérèrent si avantageusement entre les mains des pères jésuites, que bientôt le collége de la Flèche posséda un revenu de plus de quarante mille francs ; et, par la suite, ce revenu s'accrut à tel point, qu'à l'époque de l'expulsion de ces pères, en 1762, ceux de la Flèche jouissoient de cent vingt mille francs de rente, y compris :

1.° L'union de l'abbaye d'Unière, au collége, en 1747, à la charge de faire l'éducation d'un gentilhomme, au choix du baron de Montreuil ;

2.° Les rentes de la terre de Bonne, données par fondation de bourses ;

3.° La terre de Craon, acquise des deniers de la vente des arbres de la forêt de Belle - Branche ;

4.° Un excédant de dix mille francs de rentes, que les jésuites de la Flèche se firent accorder,

accorder, en exposant au roi que leurs revenus ne pouvoient suffire aux dépenses de leur maison.

___

EN remontant à la source des revenus du collége de la Flèche, nous avons puisé dans l'inventaire général des titres de cette maison, des faits historiques, tant sur les abbayes de Melinais et de Belle - Branche, que sur les prieurés de Luché, de l'Echeneau, de Jaillette, etc. ; et comme ces faits ont un rapport immédiat avec le sujet que nous traitons, nous avons cru indispensable d'en parler. D'ailleurs, l'intérêt qu'ils présentent, ne peut être qu'agréable au lecteur.

ABBAYE DE MELINAIS,

Unie au collége, en 1607.

LA tradition qui, au défaut de preuves matérielles, sert de témoin à l'histoire, rapporte de la manière suivante l'origine de la fondation de l'abbaye de Melinais.

Quelque temps après la mort de s. Thomas de Cantorbéry (1), Henri II, roi d'Angleterre et seigneur de la Flèche, étant à chasser dans la forêt de Melinais, trouva, dit-on, dans une grotte, un nommé Regnault, que

___

(1) Cet archevêque fut assassiné vers l'an 1179, sous le règne de Henri II, roi d'Angleterre, dont la mort arriva en 1186.

le prince reconnut pour avoir été un des officiers de sa maison, et un des assassins de saint Thomas de Cantorbéry. Il s'étoit retiré secrètement de la cour, et vivoit dans cette forêt où il faisoit pénitence de son crime.

On prétend que le prince, touché du repentir de ce gentilhomme, fonda auprès de son hermitage, l'abbaye de Melinais (1).

A l'appui de cette tradition, on cite une chapelle de saint Regnault, qu'on voyoit encore dans l'église de cette abbaye, en 1790, où le peuple se rendoit en grande dévotion, le premier dimanche du mois d'août, jour consacré à fêter ce saint personnage.

Cependant on ignore précisément la cause et l'époque de la fondation de cette abbaye. On croit néanmoins qu'elle eut lieu vers l'an 1180. Le plus ancien titre qui en fait mention, est une bulle du pape Lucius III, de 1181 (2).

On sait aussi que cette abbaye de l'ordre de saint Augustin a été effectivement fondée par Henri II, roi d'Angleterre. Son fils, Richard Cœur-de-Lion, aussi seigneur de la Flèche, y fit quelques dons particuliers; et, après lui, Raoul II, vicomte de Beaumont, accorda à cette abbaye des priviléges, des terres, et voulut que son église devînt la sépulture de sa famille. Il y fut inhumé, ainsi que sa femme et ses enfans.

----

(1) Suivant le rapport d'Hirel, ce fut Raoul, vicomte de Beaumont et seigneur de la Flèche, qui fonda et fit bâtir l'abbaye de Melinais, en 1209, qu'il donna ensuite aux chanoines de l'ordre de saint Augustin.

(2) Cette bulle prouve ici contre le sentiment d'Hirel, et remonte de 29 ans la fondation de Melinais.

En 1607, cette abbaye, donnée avec celle de Belle-Branche et le prieuré de Luché, pour faire partie de la fondation du collége de la Flèche, y fut unie par une bulle du pape Paul V, confirmée par lettres-patentes du roi Henri IV.

Depuis cette union, jusqu'en 1618, les jésuites s'accommodèrent avec les religieux de Melinais, soit en leur payant pension, comme faisoient les abbés commendataires; soit en leur laissant une partie des revenus, jusqu'au partage définitif qui se fit la même année 1618.

Le collége eut pour sa part le prieuré de Jaillette, des maisons, des fermes, des dîmes, des rentes, et la moitié du Pré-aux-Moines, proche l'église de sainte Colombe.

En 1635, les chanoines réguliers, réformés, ayant été introduits dans l'abbaye de Melinais, s'obligèrent à l'exécution du concordat et au partage qui avoit été fait entre les anciens religieux et les jésuites du collége de la Flèche.

Cet accord dura jusqu'en 1647, année où les nouveaux venus prirent des lettres de rescision contre ce partage. Les jésuites furent assignés à Angers; mais ils évoquèrent l'affaire au conseil, où ils la gagnèrent, avec dépens. Les mêmes jésuites eurent encore d'autres procès à soutenir pour le paiement des dîmes, qu'ils gagnèrent pareillement.

Une chose fort plaisante, c'est que, par le concordat passé entre les anciens religieux et les jésuites, ceux-ci s'étoient réservé un appartement meublé dans l'abbaye, avec cette clause particulière, que, pendant leur séjour à Melinais, ils seroient nourris aux dépens de la maison, eux, leurs gens, leurs chevaux et les ânes qu'ils ameneroient à ladite abbaye.

PRIEURÉ DE LA JAILLETTE,

Échu dans le partage que les religieux de Melinais firent avec les jésuites, en 1618.

LE prieuré de la Jaillette, situé dans la commune de Louvaine, à trois myriamètres d'Angers, fut fondé en 1194, par Geoffroi Loutois, seigneur de Jaillette. Avant cette fondation, il y avoit dans ce lieu une chapelle que le même seigneur avoit fait bâtir, pour y déposer les saintes reliques qu'il avoit apportées de Jérusalem.

Ce Geoffroi fit cette fondation en faveur de l'abbé de Melinais, qui, au moyen de cette donation, s'obligea d'y envoyer des religieux pour faire le service divin. De son côté, Loutois promit de pourvoir à leur nourriture ; et, pour remplir ses engagemens, il leur donna une partie de la seigneurie de Jaillette, et la dîme sur la totalité. Par la suite, on fit à ce prieuré quelques autres dons en terres et en dîmes.

En 1410, l'abbé de Melinais sollicita et obtint du pape Martin V l'union de ce prieuré à la mense abbatiale, à la charge néanmoins d'y faire célébrer l'office divin, comme on le faisoit anciennement.

Cette union, consentie par le pape, sembloit être irrévocable ; cependant elle fut cassée par le pape Eugène IV, son successeur.

Mais l'abbé de Melinais, oubliant dans cette occasion le respect qu'il devoit aux décrets du saint père, en appela comme d'abus. Il s'adressa aux pères du concile de Trente, assemblé en 1436. Le concile ordonna, par une bulle, que l'union faite par Martin V, subsisteroit en son entier ; ce qui fut exécuté par la chambre de l'église d'Angers, à laquelle le concile avoit adressé la bulle.

Quoique cette union parût alors à l'abri de toute réclamation, cependant les prieurs qui se trouvèrent par la suite pourvus de ce prieuré, ne laissèrent pas de se dire indépendans de l'abbé, quant aux revenus. Ils soutenoient que toute son autorité se réduisoit aux droits de visite et de correction.

Ces prétentions, de part et d'autre, occasionnèrent une infinité de procès, dans lesquels les abbés eurent constamment gain de cause : de sorte que ce prieuré n'a cessé d'être uni à l'abbaye de Melinais ; et ce fut comme faisant partie des revenus de cette abbaye, qu'il tomba dans le lot des jésuites.

En 1688, les mêmes jésuites achetèrent du seigneur de Jaillette, non-seulement le surplus de cette seigneurie, mais encore tous les biens et fiefs que le fondateur s'étoit réservés.

Les revenus de ce prieuré, lors de la vente qui en fut faite en 1791, consistoient en domaines, en cinq fermes, en rentes de blé, en dîmes, en droits seigneuriaux, et dans l'acquisition du reste de la seigneurie.

PRIEURÉ DE L'ÉCHENEAU,

Uni au collége, en 1607.

CE prieuré (1), fondé en 1354, par Girard de Bouju, seigneur de Basoges, a fait pendant long-temps partie de l'abbaye de Melinais. Il fut en effet fondé en faveur de cette abbaye, aux conditions suivantes :

1.º Que deux de ses religieux habiteroient le prieuré, pour y faire l'office divin ;

2.º Qu'ils célébreroient chaque semaine trois messes ;

3.º Qu'en outre ils diroient des messes de *Requiem*, pour le repos de l'ame du fondateur, de ses père et mère et de ses ancêtres.

Girard de Bouju donna, pour remplir les engagemens de cette fondation, le lieu de l'Echeneau, avec plusieurs pièces de vignes et quelques pièces de terres faisant partie des domaines de la métairie de l'Echeneau.

Par la suite, ce prieuré reçut un accroissement de revenus. Marguerite de Poitiers, vicomtesse de Beaumont, y fit don d'une dîme. A son imitation, Jean Cholet, prieur

---

(1) Quoique ce prieuré fît anciennement partie des biens de l'abbaye de Melinais, ce ne fut cependant que comme tel qu'il parvint au collége de la Flèche ; il y fut uni avec l'abbaye de Belle-Branche, dont il faisoit un titre particulier. Il étoit possédé en commande depuis très-long-temps.

de cette maison, fit présent de trois grandes fermes. Les jésuites ont aussi augmenté les revenus de ce prieuré de plusieurs pièces de terres et de quelques clos de vignes, les meilleurs du canton.

La jouissance de ce bénéfice a produit aux pères jésuites de la Flèche plusieurs procès qu'ils ont eu à soutenir contre le sieur de la Fontaine-Gauthier et contre le seigneur du fief de Lacinière, dont ils se sont tirés avec avantage.

PRIEURÉ DE LUCHÉ,

Uni au collége de la Flèche, en 1604.

Ce bénéfice, qui n'étoit originairement qu'une cure, fut donné à l'abbaye de saint Aubin d'Angers, par Raoul ou Rodulphe, vicomte du Lude, vers l'an 1058, avec tous les droits de l'église, dont le vicomte s'étoit mis en possession comme seigneur et patron du lieu.

Cette donation fut néanmoins désapprouvée par Hubert, vicomte du Lude, fils de Raoul, et même du vivant de son père. Mais comme l'argent adoucit l'humeur de l'homme le moins dévot, Hubert consentit enfin à laisser subsister cette pieuse fondation, moyennant une somme qu'il exigea, et que les moines lui payèrent.

Il paroît par les titres les plus anciens,

que les revenus de ce prieuré consistoient
principalement en dîmes, en terres, etc.

Ce qu'il a possédé depuis a été acquis,
tant par les anciens prieurs, que par le collége de la Flèche, auquel il fut uni par le
pape Clément VIII. Avant cette union, il
étoit tenu en commande; et c'est dans cet
état qu'il passa entre les mains des jésuites.

Au nombre des droits attachés aux possesseurs de ce bénéfice, ils avoient le privilége
exclusif d'instituer un maître d'école à Luché, à l'exclusion de tout autre seigneur,
et de donner des lettres de maîtrise aux bouchers, jusqu'au nombre de huit, et même
plus, s'il en étoit besoin. Pour prix de ces
lettres, chaque boucher devoit au prieur un
quartier de mouton le jour de l'Assomption
de Notre-Dame.

A peine les jésuites de la Flèche eurent-ils
la gestion des biens de ce prieuré, qu'ils
cherchèrent dispute, non-seulement aux religieux de l'abbaye de saint Aubin, mais aussi
au curé et aux seigneurs de fiefs. Ils action-
nèrent même les habitans de Luché, pour
la quotité de la dîme qu'ils ne prétendoient
payer qu'à raison de la vingtième gerbe, et
qu'un arrêt du parlement obligea de payer
à la treizième.

(Quant au prieuré de saint Jacques, voyez
la seconde partie de ces Essais, 2.ᵉ section.)

ABBAYE DE BELLE-BRANCHE,

Unie au collége de la Flèche, en 1607.

L'ABBAYE de Notre-Dame de Belle-Branche, de l'ordre de Citeaux, au diocèse du Mans, étoit située dans la commune de s. Brice, à un myriamètre de Sablé.

Ce fut Robert de Sablé, second du nom, qui fonda cette abbaye en 1150 ; et ce fut le pape Clément III, qui confirma cette fondation en 1156. On ignore en quoi consistoient les biens qui en faisoient partie ; mais on sait que plusieurs seigneurs et autres particuliers y ont fait par la suite de grands dons. Parmi ces bienfaiteurs, on compte les seigneurs d'Anthenaise ; Louis II, roi de France ; les seigneurs de Châteaugontier, de Laval, de Sillé-le-Guillaume, de Craon, de Montjean, des Roches, de Malheflon, du Plessis-Bouret, etc.

Cette abbaye avoit acquis, dans les premiers temps de sa fondation, une si grande renommée, que tout le monde la tenoit pour divine. On croyoit que son nom venoit du ciel, ou du moins qu'il avoit été donné à l'occasion d'un miracle. Voici la manière avec laquelle la tradition s'exprime à ce sujet.

« Comme dans ce temps les miracles procuroient aux abbayes de grandes richesses, les moines de Belle-Branche disoient et répétoient souvent, que le premier dessein n'étoit pas de bâtir cette abbaye dans l'endroit où elle le fut par la suite, mais à deux ou trois cents toises de là, dans un bois taillis, appelé le Bois de Natron. Que, comme on travailloit à ce bâtiment, dont les fondemens paroissoient déjà hors de terre, un aigle, venant du ciel, s'abattit sur le lieu où l'on travailloit, y prit une branche d'arbre, et alla la poser hors du bois taillis; ce qui sembla indiquer que c'étoit là où il falloit bâtir. En effet, cette indication de la part de l'aigle, fut prise pour un avertissement de Dieu. Aussitôt on abandonna le premier dessein, pour en commencer un nouveau à l'endroit désigné par l'oiseau céleste. »

Ce qui depuis a servi à confirmer cette opinion, est :

1.º Que cette abbaye portoit dans ses armes une aigle ayant une branche d'arbre dans le bec ;

2.º Que dans le bois de Natron on trouvoit de vieux fondemens et de vieilles masures ;

3.º Que cet endroit avoit retenu le nom de Vieux - Belle - Branche.

Mais ce qui est plus croyable, c'est qu'il y avoit dans le voisinage une ancienne noblesse, du nom de Belle-Blanche ; et que l'abbaye ayant été bâtie sur ce fief, a dû en porter le nom.

A l'égard de l'aigle, c'étoit l'arme des premiers fondateurs ; car il est certain qu'anciennement la maison de Sablé avoit une aigle pour arme.

En 1440, cette abbaye éprouva toutes les horreurs de la guerre. Les Anglois, s'en étant emparés, la pillèrent, la brûlèrent, et ne laissèrent subsister que peu de bâtimens.

La même abbaye éprouva encore tous les maux que la ligue fit naître en France. Comme elle étoit dans ce temps-là assez bien murée et défendue par des étangs inaccessibles, les habitans des environs vinrent s'y réfugier avec des armes, et n'en sortirent qu'en bateau. Mais il arriva que le 5 juillet 1592, des soldats, sous la conduite du capitaine d'Andigné, s'étant déguisés en paysans, se rendirent maîtres du bateau et de l'abbaye, sans être reconnus. Ils n'abandonnèrent ce lieu qu'après l'avoir saccagé et pillé ; et à peine en furent-ils délogés, que la garnison de Sablé s'approcha, comptant y trouver les ligueurs ; mais les ayant manqués, elle y resta jusqu'au moment où Lavardin y envoya un nombre suffisant de troupes, pour garder ce poste.

Quelques jours après, le capitaine d'Andigné revint à la charge, s'empara une seconde fois de Belle-Branche, fit la garnison prisonnière, et l'envoya à Châteaugontier, qui tenoit pour la ligue.

Le gouverneur de Sablé, instruit de la prise de cette abbaye par les ligueurs, mit en campagne un corps de troupes sous les ordres du capitaine le Fresne, qui, après une attaque vigoureuse, se rendit maître de l'église et de la maison conventuelle ; de sorte qu'il força l'ennemi de se loger dans la maison abbatiale, où il se battit sans relâche, pendant deux jours, et se sauva pendant la nuit du troisième.

Les royalistes, maîtres de cette forteresse, prirent eux-mêmes le parti de l'abandonner; mais ils ne battirent en retraite qu'après avoir chargé plus de cent voitures d'effets précieux. La seule grâce qu'on accorda aux moines, fut de composer avec eux pour le rachat de l'argenterie de leur église; et ce rachat, fixé à la somme de cent soixante écus, ne put s'acquitter que par l'emprunt que firent les religieux de pareille somme de la dame de l'Hermale.

Ce fut le pape Paul V qui unit cette abbaye au collége de la Flèche, à la charge d'en faire séparer la mense conventuelle, dont la jouissance devoit appartenir aux religieux.

La même année 1607, cette mense fut encore unie au même collége, par une bulle du même pape. Mais les moines, ayant interjeté appel comme d'abus, cette bulle fut déclarée abusive, par arrêt du parlement de Paris, qui ordonna que les religieux continueroient de résider à Belle-Branche, pour y faire l'office divin.

Forcés de se soumettre, les pères jésuites de la Flèche consentirent à partager avec les moines tous les biens de leur abbaye. On en fit deux lots; et ce ne fut qu'après beaucoup d'oppositions de la part de l'abbé de Citeaux, que les jésuites purent obtenir l'union de la mense conventuelle à la mense abbatiale; et cette union des deux menses eut lieu en 1686. Par ce moyen, tous les biens de l'abbaye de Belle-Branche firent partie des revenus du collége.

Ces revenus consistoient :

1.º En usage dans les bois et landes des Agets ;

2.º En seigneuries et droits seigneuriaux ;

3.º En dîmes sur six communes ;

4.º En prés, vignes, bois, etc. ;

5.º En 40 métairies et 22 closeries ;

6.º En huit ou neuf moulins ;

7.º En plusieurs maisons à Sablé et ailleurs ;

8.º En étangs, droits de pêche, de chasse, etc. ; et finalement dans la possession d'une forêt superbe.

DROIT DE PAPEGAI,

Donné en 1603, pour faire partie de la fondation du collége de la Flèche.

LE droit de Papegai, particulier à la province de Bretagne, consistoit en impôt ou billon qu'on prélevoit sur les vins qu'on vendoit en détail. Cet impôt étoit fixé à 45 sols sur chaque pipe de vin ; et le droit de billon se payoit d'après le prix du vin, savoir, autant de sous sur chaque pipe que le vin se vendoit de deniers le pot.

C'étoit sur ce droit que se prélevoient les sept mille fr. de rentes que le roi Henri IV avoit accordés pour faire partie de la fondation du collége de la Flèche.

Quant au nom de Papegai que portoit ce droit, en voici l'explication.

Il y avoit dans chaque ville et bourg de la province de Bretagne, deux compagnies de chevaliers ; l'une appelée les Chevaliers du Papegai de l'Arquebuse ; l'autre les Chevaliers du Papegai de l'Arc et de l'Arbalêtre.

Chaque compagnie tiroit dans sa commune, à un jour marqué de l'année, un oiseau de bois chevillé au haut d'une longue perche, qui étoit elle-même attachée au sommet d'un arbre dépouillé de ses branches. Cet oiseau s'appeloit Papegai ; et celui qui l'abattoit étoit nommé roi de la compagnie. Pendant les douze mois de sa royauté, il avoit le privilége de vendre une certaine quantité de vin en détail, sans payer les droits d'impôt et de billon. Ce droit d'exemption montoit, année commune, à deux mille soixante-cinq pipes.

En 1605, Henri IV supprima toutes ces compagnies, et réunit à son domaine les droits attribués aux chevaliers de l'Arc et de l'Arquebuse. Cette suppression faite sans le consentement des jésuites de la Flèche, les contraria au point qu'ils mirent tout en usage pour conserver ce droit lucratif.

Après plusieurs débats, ils obtinrent enfin en 1614, un arrêt du conseil d'état du roi, qui fixa ce droit, pour toujours, à dix mille francs par chaque année, à prendre sur les fermes de l'impôt et billon de Bretagne, au profit du collége de la Flèche.

PARTIE LITTÉRAIRE
DU COLLÉGE DE LA FLÈCHE.

PREMIÈRE ÉPOQUE.

MODE D'ENSEIGNEMENT,

OBSERVÉ SOUS LES JÉSUITES.

Aussi long-temps que les jésuites furent chargés de l'enseignement du collége de la Flèche, on y appela les professeurs les plus instruits de l'ordre ; et ces professeurs éclairés acquirent à ce collége une réputation si brillante, qu'il devint celui des quatre parties du monde (1). On y vit arriver des Américains, des Indiens, des Tartares, des Russes, et même des Chinois. La Flèche offroit alors l'élite d'une jeunesse florissante, que l'amour de l'instruction avoit attirée dans ses murs, et que l'émulation guidoit dans la carrière des sciences.

---

(1) Vers le milieu du dix-septième siècle, le collége de la Flèche étoit composé non-seulement d'étrangers des diverses nations du monde, mais de plus de mille écoliers françois et de cent vingt jésuites.

Les grands maîtres, chargés de l'éducation de cette jeunesse brillante, enseignoient non-seulement les principes de la langue hébraïque, grecque et latine, mais encore les préceptes de la morale, de la théologie, de la philosophie, de la physique et des belles-lettres.

Au surplus, voici la copie collationnée de l'acte de fondation du collége de la Flèche, qui va instruire le lecteur des motifs qui déterminèrent Henri IV à fonder ce collége, et le mode d'enseignement qu'il voulut qu'on y suivît.

« Henri, par la grâce de Dieu, se voulant joindre, autant qu'il nous sera possible, à la valeur et prospérité de nos armées, la piété, l'amour des choses saintes et l'instruction des bonnes mœurs, afin de mériter, par ce moyen, l'intercession des grâces, faveurs et bénédictions qu'il a plu à Dieu étendre sur notre état, et particulièrement sur notre personne ; après avoir sainement jugé que cela dépend en partie de l'éducation, conduite et discipline de la jeunesse, qui se ressent toujours de la première habitude, nourriture, impression qui lui ont été données dans ses plus tendres années ; nous avons résolu de mettre l'une de nos principales sollicitudes à rechercher les moyens de faire répandre de louables instructions dans notre royaume, de la faire instruire aux bonnes-lettres, et de la rendre amoureuse des fruits de l'honneur et de la vertu, autant que faire se pourra, pour tant plus capable, lorsqu'elle sera parvenue en âge, de

servir

servir le public; et d'autant plus que nous avons déjà vu, par expérience, combien les pères de la compagnie de Jésus sont propres à cet effet, et le grand profit qu'ils ont fait, tant par leur doctrine, que par bons et sages exemples, en plusieurs endroits de notre royaume; voulant favoriser particulièrement notre ville de la Flèche, en Anjou, demeure de nos ancêtres; pour ces causes et autres, avons, par notre présent édit, fondé et établi un collége en notre ville de la Flèche; voulons et entendons qu'il y soit nommé un séminaire général et universel, auquel seront enseignées toutes les sciences et facultés que les jésuites ont accoutumé d'enseigner aux plus grands colléges et universités de leur compagnie; savoir : la grammaire, les humanités, la rhétorique, la théologie, les langues latine, grecque, hébraïque; la philosophie, la logique, la morale, la physique, les mathématiques, la métaphysique, etc. etc.; et afin qu'ils ayent tant plus de moyens de s'instruire dignement, et faire les fonctions requises en pareille affaire, nous leur avons accordé, pour la donation dudit collége, la somme de vingt mille liv. de rentes, à prendre sur les biens et revenus des abbayes de Belle-Branche, de Melinais, et des prieurés de saint Jacques, Luché, l'Echeneau, que nous avons fait unir audit collége, et sur le droit de Papegai de la province de Bretagne, que nous affectons aussi pour les mêmes effets.... Et pour la demeure et habitation desdits pères, nous leur octroyons, par ces mêmes lettres-patentes,

T

notre propre maison de la ville de la Flèche, jardin et parc attenants ; promettons en outre leur faire bâtir l'église et collége, selon le dessin et projet que nous avons fait faire ; laquelle église nous avons choisie pour être la demeure de notre cœur et celui de notre très-chère épouse, après nos décès.

« Voulons et nous plaît qu'ils puissent jouir à l'avenir de toutes les choses susdites, aux charges et conditions que lesdits pères seront tenus d'entretenir audit collége toutes les lettres et sciences ci-dessus spécifiées ; qu'ils feront dire une messe tous les jours, où assisteront les écoliers ; laquelle messe, aux dimanches et fêtes principales, sera solennelle pour nous, etc.

« Si donnons et mandons, etc.

« Donné à Fontainebleau, au mois de mai 1607. »

JÉSUITES DISTINGUÉS,

Qui ont enseigné les humanités et les belles-lettres au collége de la Flèche.

DÈS que les jésuites furent mis en possession du collége de la Flèche, ils sentirent la nécessité d'y attacher des professeurs d'un mérite distingué, et propres à lui faire une brillante réputation. Parmi ceux qui ont illustré cette maison par l'enseignement, on compte les suivans :

BRUMOI, (Pierre) né à Rouen, en 1688, mort en 1742, âgé de 60 ans.

Pendant son séjour à la Flèche, le père Brumoi, occupé à l'instruction de la jeunesse, trouva encore assez de temps pour se faire connoître par quelques articles intéressans qu'il fournit au Journal de Trévoux; par la suite, il se chargea de rédiger cet ouvrage. On doit à ce savant jésuite le Théâtre grec et diverses pièces de poésie.

PORÉ, (Charles) né à Vendes, proche Caen, en 1675, mort en 1741.

Le plus bel éloge qu'on peut faire de cet habile professeur, est que la plupart des élèves confiés à ses soins, ont été, ou des savans instruits, ou des hommes célèbres. Il est au nombre de ceux qui ont fait revivre parmi nous les beautés de la langue latine. On a de lui deux recueils de harangues, six tragédies latines et cinq comédies dans la même langue.

DESFONTAINES, (l'abbé) né à Rouen, en 1685, mort en 1745, âgé de 60 ans.

Cet auteur, connu dans la littérature par ses ouvrages périodiques et critiques, enseigna d'abord les humanités au collége de la Flèche; et ce ne fut qu'après quinze ans de profession dans l'ordre des jésuites, qu'il rentra dans le monde où bientôt il devint célèbre par l'art avec lequel il fit revivre le Journal des Savans.

Outre ses feuilles périodiques, on a de

cet auteur la Traduction de Virgile, celle des Odes d'Horace, et autres dont le public fait encore une estime particulière.

FRÉRON, (Élie-Catherine) né à Quimper, en 1719, mort en 1776, âgé de 57 ans.

Cet auteur est un des professeurs jésuites qui illustra le plus le collége de la Flèche, par l'étendue de ses connoissances en tous genres. Rentré dans le monde, il aida l'abbé Desfontaines dans la composition de ses feuilles périodiques, et fit pour son compte un journal où la raison se trouve assaisonnée du sel de la bonne critique.

Ce qui caractérise particulièrement les productions de ce savant, est son talent à présenter les défauts d'un ouvrage, avec autant de goût que de finesse. Il eut pour ennemi Voltaire, qui cependant n'a pu se dissimuler que Fréron ne fût un homme de beaucoup de génie. Il en convint de bonne foi, en l'indicant à un de ses amis, comme le savant le plus versé dans la littérature françoise.

GRESSET, (Jean-Baptiste-Louis) né à Amiens, en 1709, mort en 1777.

Ce fut pendant le temps que Gresset enseigna les humanités au collége de la Flèche, qu'il composa la plus grande partie de son Vert-Vert; et ce fut à l'occasion de ce poème charmant, qu'il quitta l'ordre des jésuites. Son Méchant, comédie, jouée pour la première fois en 1747, mit le sceau à sa réputation. Comblé de gloire, il mourut, décoré d'un brevet de membre de l'académie des sciences de Paris.

DUCERCEAU, (Jean-Antoine) né à Paris, en 1670, jésuite et poète françois, est resté au collége de la Flèche, où il a composé, entr'autres pièces, celle sur la lenteur et la négligence du messager du Mans.

PROFESSEURS JÉSUITES ÉMÉRITES,

Retirés au collége de la Flèche.

DE tous les professeurs jésuites émérites, qui, après avoir parcouru une carrière honorable, se sont retirés au collége, pour y jouir en paix des fruits de leur gloire, ceux qui sont parvenus à notre connoissance sont :

PETAU, (Denis) né à Orléans, en 1583, mort en 1652, âgé de 69 ans.
Savant littérateur, le père Petau poussa si loin ses connoissances en chronologie, qu'elles lui procurèrent une invitation de la part de Philippe IV, roi d'Espagne, pour remplir une chaire en son collége impérial de Madrid ; et une autre prière du pape Urbain VIII, de se rendre à Rome. Ce savant, attaché à sa patrie, refusa les honneurs, et resta dans sa paisible retraite de la Flèche.

CAUSSIN, (Nicolas) né à Troies, en Champagne, en 1583, mort en 1651.

Tant que ce jésuite se borna à remplir ses fonctions de confesseur de Louis XIII, il mérita l'estime de son roi ; mais dès qu'il se mêla d'intrigues de cour, il trouva dans le cardinal de Richelieu un ennemi assez puissant pour causer sa disgrâce.

On a de ce jésuite, entre autres écrits, la Cour céleste, qu'on a traduite dans toutes les langues. Le succès prodigieux qu'eut cet ouvrage, fit dire que le père Caussin avoit beaucoup mieux fait ses affaires à la cour céleste qu'à la cour de France.

BAGOT, (Jean) mort en 1664.

Ce jésuite a honoré son ordre par ses talens, ses lumières et sa conduite exemplaire. Ce fut pendant son séjour au collége de la Flèche, qu'il composa son *Apologeticus Fidei*; ouvrage savamment écrit, mais un peu diffus.

VAVASSEUR, (François) né à Paray, en Bourgogne, en 1605, mort en 1681.

Ce jésuite s'est particulièrement distingué par le talent de la poésie. Ses ouvrages sentent quelquefois la contrainte ; mais ce défaut est partout couvert par de grandes beautés.

LA BORDE. Ce jésuite se distingua par une de ces découvertes heureuses que le génie seul est capable de produire.

Ce fut à la Flèche, en 1755, que le père la Borde exécuta, conjointement avec le

père le Merveil, son oncle, le clavecin électrique ; machine d'autant plus merveilleuse,
qu'elle rend tous les accords du clavecin,
au moyen des timbres, dont les marteaux,
isolés et chargés de feu électrique, agissent
sans que les moteurs soient apperçus.

JÉSUITES CÉLÈBRES,

Morts à la Flèche et inhumés dans le caveau
sépulcral de l'église du collége.

DESCHAMPS, (Étienne - Agard) né à
Bourges, en 1613, mort à la Flèche, en
1701, âgé de 88 ans.

Le grand talent de ce savant jésuite fut
d'amuser, d'intéresser et d'instruire. Il eut
pour amis deux grands hommes, le prince
de Condé et le prince de Conti. Il s'est fait
connoître du public par son livre *De Hae-
resi Janseniana* ; ouvrage dans lequel la nature de la grâce est profondément traitée.

TELLIER, (Michel) confesseur de Louis
XIV, né près de Vire, en 1643, mort à la
Flèche, en 1719, âgé de 76 ans.

Quoiqu'on ait reproché au père Tellier
des vices de caractère, on doit néanmoins
lui rendre cette justice, que la considération dont il a joui dans son ordre, lui étoit
acquise, autant par la régularité de ses mœurs,
que par ses connoissances en littérature. Ses
talens à débrouiller l'antiquité, lui ont valu

une place à l'académie des belles-lettres, qu'il occupa avec la plus grande distinction. Il eut un tort que la postérité aura peine à lui pardonner, celui d'avoir usé de son autorité pour faire passer la charrue sur Porc-Royal.

FONTENAI, (Pierre-Claude) né à Paris, en 1683, mort à la Flèche, en 1742.

On doit à ce savant jésuite les 9.e et 10.e volumes de l'Histoire de l'Eglise gallicane, et des dissertations judicieuses insérées dans le Journal de Trévoux auquel il donna une grande réputation.

BILLY, (Gabriel de) mort à la Flèche, le 20 décembre 1754.

Prédicateur estimé et homme de mœurs irréprochables, Billy acquit, par sa modestie et son éloquence, une grande considération parmi les membres de sa société, et une profonde vénération pour sa personne, partout où il prêcha.

BENOIT, (Bernard) mort à la Flèche, en 1760, dans un âge fort avancé.

Ecrivain judicieux, Benoît fut un des meilleurs rédacteurs du Journal de Trévoux. Il y travailla pendant vingt ans, et s'acquit dans ce travail, la réputation d'homme éclairé et de bon critique.

DE LIGNY, mort à la Flèche.

Ce savant ne vint demeurer à la Flèche, qu'après avoir prêché avec célébrité dans les principales villes de la France. Retiré dans sa cellule , il s'adonna à l'écriture sainte. On a de lui l'Histoire de la Vie de notre Sauveur , en trois volumes in-4°. (1)

Ce jésuite n'avoit qu'une apparence de menton. Cette portion de son visage étoit si petite , qu'on l'appeloit communément , le père sans menton.

Un jeune novice se permit un jour de lui mettre le pouce sur cette apparence de menton , en lui disant : *Ecce locus menti.* Le père de Ligny porta aussitôt le doigt sur le front du plaisant , et répondit : *Mentis ecce locus.*

CHARLEVOIX , (Pierre-François-Xavier) né à saint Quentin , en 1684 , mort à la Flèche , le 1.er février 1761 , âgé de 77 ans.

Appelé à la rédaction du Journal de Trévoux , le père Charlevoix y travailla pendant quatorze ans , avec l'applaudissement du public. On aimoit surtout à lire les savans extraits dont il remplissoit cet ouvrage ; et les pièces qu'il y fit paroître , contribuèrent beaucoup à soutenir sa réputation. Il s'adonna ensuite à l'histoire ; et sa plume féconde enfanta dans cette partie plusieurs écrits qui charment encore ceux qui se plaisent à la lecture des mœurs et usages des peuples à demi - civilisés.

---

(1) On vient de réimprimer cet ouvrage en deux vol. in-4., qu'on a ornés de 60 gravures exécutées par les artistes les plus distingués de Paris.

SAVANS

Sortis de l'école des jésuites de la Flèche.

DES maîtres aussi instruits que ceux que nous venons de citer, devoient nécessairement former des sujets de la première distinction. Aussi ont-ils donné aux sciences et aux armées des hommes qui s'y sont distingués. De ce nombre sont :

DESCARTES, (René) né à la Haye, en Touraine, en 1596, mort en 1651.

Ce fut au collége de la Flèche que René Descartes contracta l'habitude de méditer au lit une partie de la matinée.

Si ce savant, en terrassant les erreurs d'Aristote, en adopta quelques autres dont il ne put se garantir, comme son Systême des Tourbillons et son Traité du Fœtus ; on peut dire au moins qu'on lui doit une partie des lumières qui depuis ont éclairé les sciences.

Plus heureux en mathématiques, Descartes a découvert de grandes vérités qui ont mis les savans dans le cas d'en faire de beaucoup plus grandes.

VOISIN, chancelier de France, en 1644, mort en 1718.

Ce savant est un de ceux qui a le plus honoré le collége de la Flèche par les lumières qu'il y a puisées.

Jamais ministre d'état ne montra autant de probité, d'intégrité et de talens. Ni l'autorité royale, ni la crainte d'une disgrâce assurée n'ont pu lui faire oublier un moment ses devoirs, ni l'égarer du chemin de l'honneur. Nous allons en citer la preuve.

Louis XIV ayant promis la grâce à un scélérat insigne, lui fit délivrer des lettres de pardon. Voisin qui aimoit trop son maître, pour ternir sa gloire par une injustice, refuse de sceller le pardon. Sur le refus du chancelier, le roi demande les sceaux, s'en sert et les rend ensuite à son ministre.... « Ils sont pollués, dit Voisin, en les repous- » sant ; je n'en veux plus ». Le monarque, étonné de cette action, admire cette vertueuse résistance et s'écrie : « Quel homme » ! Alors, cédant à l'ascendant de la vertu, il prend les lettres et les jette au feu. « A présent, » répondit l'intègre ministre, je reprends les » sceaux ; le feu purifie tout ».

EUGÈNE DE SAVOIE, (le prince) né à Paris, en 1663, mort en 1736.

C'est au collége de la Flèche que le prince Eugène puisa le goût des sciences et les sentimens de la vertu. Il posséda toutes les qualités convenables à l'homme du monde, et tous les talens du guerrier. Il joignit à une grande profondeur de dessein, une exécution prompte. Ses lumières parurent partout où le danger fut éminent. Aussi grand capitaine qu'habile négociateur, il eut la gloire de conclure à Rastadt, en 1713, la paix entre la France et l'empereur.

Il fut tout à la fois guerrier, philosophe et protecteur des savans. Il eut pour Sauveur, habile mathématicien de la Flèche, l'amitié la plus tendre et la vénération la plus grande.

BUDE, (Jean-Baptiste) comte de Guébriant, maréchal de France, né le 2 février 1602, mort le 24 novembre 1644.

Envoyé fort jeune au collége de la Flèche, le comte de Guébrillant y fit des progrès rapides. Choisi par les jésuites, pour complimenter Louis XIII, lors de son passage à la Flèche, il s'acquitta de cette mission honorable avec tant de grâce et d'esprit, que le monarque augura bien de ses talens. La prédiction se vérifia par la suite.

Le comte en développa de grands dans les campagnes de 1636 et années suivantes. Il gagna plusieurs victoires, et n'en perdit aucune. Blessé au siége de Rotweil, il mourut d'une amputation qu'on lui fit au bras ; et, en descendant au tombeau, il emporta les regrets de son armée, de la cour et de tous les gens de bien.

ROHAN-POLDUC, (le comte de) élu grand-maître de l'ordre de Malthe, en 1775, et dont la mémoire est encore chère aux chevaliers de cet ordre.

SÉGUIER, avocat-général au parlement de Paris, orateur célèbre et magistrat intègre.

PASQUIER, né au Mans, conseiller de grand'chambre, est connu par la part active qu'il a eue à la suppression des jésuites, et par l'instruction de l'affaire de Damiens, assassin de Louis XV.

TALEYRAND - PÉRIGORD ; (les deux frères) l'un archevêque de Reims ; l'autre lieutenant-général des armées du roi et cordon bleu : celui-ci fut père du ministre actuel des relations extérieures.

SECONDE ÉPOQUE.

ENSEIGNEMENT PROVISOIRE.

Après l'extinction de l'ordre des jésuites, en 1762, le premier soin du gouvernement fut de veiller à leur remplacement. On chargea l'administration municipale de la Flèche de pourvoir aux places de régens ; et ces magistrats, jaloux de répondre à la confiance du gouvernement, appelèrent à ces places des sujets instruits, et dont les lumières ont justifié depuis la bonne opinion qu'on avoit conçue de leurs talens et de leurs mœurs. Tous ont rivalisé de mérites avec leurs anciens maîtres. L'enseignement fut à peu près le même qu'il avoit été sous les jésuites.

Cet enseignement provisoire, établi vers la fin de 1762, ne dura que jusqu'au mois d'octobre 1764. Alors le gouvernement forma le projet d'établir à ce collége un séminaire de la jeune noblesse, qui, en sortant de là, devoit entrer à l'école militaire de Paris, pour y recevoir le dernier degré d'instruction. Ce projet, grand et vaste, eut son exécution, ainsi que nous le dirons ci-après.

PROFESSEURS

DE L'ENSEIGNEMENT PROVISOIRE

du collége de la Flèche.

DONJON, (Louis) principal.

(Voyez la seconde partie de cet ouvrage, art. PRIEURÉ DE SAINT THOMAS, dans lequel nous avons eu occasion de faire l'éloge de l'abbé Donjon, comme curé de cette paroisse.)

JOUASSIN, professeur de 4.e, né à la Flèche, en 1746, mort en 1767.

Des mœurs douces et pures, une grande application au travail, et du goût pour tous les genres de sciences, furent les qualités distinctives de Jouassin. Il brilla comme orateur et comme poète. Son talent pour la chaire se développa tout-à-coup. Son panégyrique de saint Louis lui mérita un rang distingué parmi ceux des professeurs qui couroient la même carrière.

D'OLBEAU , professeur de 3.ᵉ, né à la Flèche , en 1737.

Ce savant s'est rendu recommandable parmi ceux qui ont rendu de grands services à la jeunesse. On peut aussi le compter au nombre des poètes agréables de notre siècle.

DUVIGNEUL , (Nicolas - Guyot) professeur de 5.ᵉ, né à Sablé , en 1741 , se distingua dans l'enseignement de la jeunesse et dans la littérature.

RIBOULET , (Ignace) érudit et professeur au collége de la Flèche , né en cette ville , en 1723 , mort en 1794 , âgé de 71 ans.

BOUCHER , (Pierre) professeur de 4.ᵉ, né à Mareil , proche la Flèche , se distingua par ses connoissances et son zèle infatigable.

TROISIÈME ÉPOQUE.

ÉTABLISSEMENT
D'UNE ÉCOLE MILITAIRE
au collége de la Flèche.

LES lettres-patentes portant établissement d'un pensionnat au collége de la Flèche, pour servir de séminaire à l'école royale militaire de Paris, sont du mois d'avril 1764. Le préambule est conçu en ces termes :

« Louis, par la grâce de Dieu, etc. Salut. Notre affection singulière, etc. etc.

» Nous avons donc jugé que le cours des études publiques, destiné à préparer à toutes sortes de professions indistinctement, devoit être le fondement de l'éducation de ceux qui seront par nous admis à notre école militaire, comme à celui de toute autre profession. Mais ce premier degré d'instruction ne pouvant se trouver que dans une école célèbre et nombreuse, ... *c'est ce qui nous a fait jeter les yeux sur le collége de la Flèche.* La noblesse de son établissement, les avantages de sa situation, l'étendue de ses bâtimens et les grands biens dont il a été doté, nous a paru remplir tout ce que nous avions à désirer à ce sujet ; et,
plus

plus jaloux de nous montrer l'héritier des sentimens et des vertus du grand roi qui le fonda , que de l'être de son rang et de sa couronne , nous avons vu avec la satisfaction la plus sensible , que , par un tel choix , nous ne faisions qu'accomplir ses vœux , puisque c'étoit pour l'éducation gratuite de cent pauvres gentilshommes , qu'il avoit donné sa propre maison , l'avoit décorée avec magnificence , et enrichie de ses bienfaits.

» En marchant ainsi sur ses traces , nous serons en état de distinguer, par les progrès de deux cents cinquante gentilshommes qui feront leurs études audit collége , ceux que le goût et les talens porteront au service militaire , d'avec ceux qui paroîtront plutôt destinés à servir notre état dans l'église , dans la magistrature , ou dans toute autre profession noble. Ils trouveront dans notre école royale , tout ce qui pourra leur être nécessaire pour se mettre en état de conserver à la nation françoise cette réputation de bravoure et de capacité , qui fut toujours son plus bel ornement.

» Toute la noblesse de notre royaume , dont la fortune , trop souvent épuisée au service , ne répond pas à la naissance , pourra aspirer à ces places ; mais les enfans de ceux qui auront été tués à notre service , ou qui seront décédés de leurs blessures , auront toujours sur les autres une préférence si bien méritée.

» Le libre et gratuit accès des classes de ce collége à tous les écoliers externes , sans distinction , mettra nos autres sujets en état

V

de profiter des bons maîtres dont il sera rempli....

» Les voies d'examen et de concours, ainsi qu'une juste confiance en notre université de Paris, sur le choix des sujets qui nous seront présentés pour la conduite et l'instruction de cette jeunesse, nous rendent sûr de leurs vertus et de leur capacité.... Enfin, le bon ordre et la sage administration que nous établirons en ce collége, et l'attention que nous nous ferons un devoir d'y donner, assurera à jamais le succès de toutes nos vues pour le bien de notre noblesse, etc. etc. »

RÉGLEMENT

DE L'ÉCOLE MILITAIRE.

ÉLÈVES.

Les qualités nécessaires pour être admis comme élève à l'école royale militaire de la Flèche, étoient d'être fils de gentilhomme ou bien d'officier blessé à la guerre, ou décédé à la suite de ses blessures (1).

Ces enfans ne pouvoient être admis à ces places, que depuis l'âge de huit à neuf ans,

____

(1) Par la suite, on y admit les fils de cheváliers de saint Louis, quoique leurs pères ne fussent pas nés gentilshommes.

jusqu'à celui de dix à onze, et les orphelins jusqu'à treize.

Ces élèves passoient de l'école de la Flèche à l'hôtel royal militaire de Paris, où, après avoir achevé leurs études, ils entroient au service du roi, en qualité de sous-lieutenans.

Ceux de ces élèves qui se destinoient ou à la magistrature ou au sacerdoce, restoient au collége de la Flèche, pour y faire leur philosophie ou leur théologie.

RÉGENS, PROFESSEURS, etc.

Un principal, un sous-principal, trois professeurs de philosophie, deux de rhétorique, cinq régens pour les classes secondaires, et des sous-maîtres, étoient chargés de l'enseignement des élèves et des autres écoliers externes.

Les places de principal, professeurs et régens, étoient à la nomination du roi, sur la présentation du recteur de l'université de Paris.

Outre la nourriture et le logement, les maîtres attachés à cet établissement étoient salariés, et leurs honoraires fixés :

Au principal. . . . . 1,500 f.
Sous-principal. 1,200
A chacun des professeurs. 1,100
Aux régens de 2e., 3e. et 4e. 1,000
A ceux de 5e. et de 6e. 900
A chacun des sous-maîtres. 500

La nomination du sous-principal , des sous-maîtres, des domestiques et autres serviteurs du collége, appartenoit au principal; il régloit aussi la dépense de la maison ; et cette dépense étoit d'autant plus considérable , qu'on tenoit trois tables séparées. La première étoit composée du principal , de l'inspecteur , des professeurs , régens et chapelains.

La seconde, du sous-principal, des sous-maîtres et de tous les élèves.

La troisième , enfin , de tous les domestiques et autres serviteurs du collége.

Bureau d'Administration.

Ce bureau , établi pour régir les biens et les revenus du collége , étoit composé de l'évêque d'Angers, qui le présidoit ; du lieutenant général et procureur du roi au présidial de la Flèche ; de deux notables choisis parmi d'anciens gentilshommes retirés du service ; du maire de la ville ; du principal du collége , et d'un inspecteur nommé par le roi , lequel avoit séance et voix délibérative (1). Le même inspecteur étoit aussi chargé de rendre compte au ministre de la guerre , des mœurs , de la conduite et des talens des élèves.

En cas d'absence de l'évêque , il nommoit

____

(1) Cet inspecteur, nourri au collége, avoit 1,5oo f. d'appointemens et un logement particulier.

un ecclésiastique en sa place ; et, dans ce cas, le bureau étoit présidé par le lieutenant général.

Une des obligations du bureau étoit d'administrer les biens du collége, à la charge de faire remettre par an, à l'économe séquestre, sur le montant des revenus des bénéfices, la somme de trente mille francs, pendant dix ans, à compter du 1.er janvier 1765 ; vingt mille francs pendant les dix années suivantes, et quinze mille pendant les dix années subséquentes.

Par la suite, on sentit le besoin de simplifier les rouages de cette administration ; et on crut y parvenir, en réduisant ce bureau à trois membres ; le maire de ville, le subdélégué et l'inspecteur.

La machine commençoit à produire de bons effets ; mais le changement de régime qui survint bientôt après, ne permit pas aux membres qui composoient ce bureau, d'achever l'ouvrage qu'ils avoient si heureusement commencé.

INSPECTEUR GÉNÉRAL.

A LA fin de chaque année, l'école militaire de la Flèche étoit inspectée par un des officiers de l'hôtel militaire de Paris, dont la mission étoit de vérifier tout ce qui concernoit l'instruction et la tenue des élèves ; mais il n'avoit aucune inspection sur le bureau ;

il lui étoit expressément défendu de s'immiscer dans aucune affaire de son administration.

BUREAU DE SANTÉ.

CE bureau, infiniment intéressant dans un établissement tel que celui d'une école militaire, avoit pour objet principal de conserver les jours et de former le tempérament des jeunes françois destinés à la défense de la patrie.

Cette administration médicale fut composée avec cet esprit de grandeur qui caractérisoit en tout les opérations du duc de Choiseul. Il mit à la tête de cet établissement deux médecins, l'un consultant, et l'autre ordinaire ; trois chirurgiens, dont l'un chargé de l'inoculation ; et cette partie fut confiée aux soins de M. Boucher, qui s'en acquitta en habile praticien, et qui depuis ne cesse de rendre, en ce genre, de grands services à ses concitoyens.

Quant au gouvernement manuel des malades, il fut confié à des sœurs grises, et les remèdes à un pharmacien en titre.

CLERGÉ DE L'ÉGLISE DU COLLÉGE,
du temps de l'école militaire.

EN établissant une école militaire à la Flèche, Louis XV pensa en même temps à assurer la partie du service divin. Il créa, en conséquence, quatre chapelains, qu'il salaria (1) et fit nourrir aux dépens du collége. Il s'en réserva la nomination, sur la présentation de l'évêque d'Angers.

Les fonctions de ces chapelains consistoient à enseigner aux élèves la doctrine chrétienne, à confesser et à prêcher ; ils devoient, en outre, dire une messe tous les jours, et officier avec pompe les dimanches et fêtes.

Indépendamment de ces chapelains, l'église du collége avoit cinq chantres et un organiste soldés par la maison.

Ces chantres (2) étoient assistés, dans leurs fonctions religieuses, par les professeurs, les régens, les sous-maîtres et tous les élèves qui se destinoient à l'état ecclésiastique ; ce qui formoit aux grandes fêtes un chœur aussi nombreux que superbe.

La richesse des ornemens de cette église répondoit à la majesté du culte. La décoration des autels étoit de la plus grande magnificence, et les ornemens de la somptuosité la plus recherchée (3). Le 4 juin de chaque année étoit surtout marqué par une

---

(1) Le premier avoit 800 f. d'appointemens, et les autres 600 f.

(2) La différence qui existoit entre les chapelains et les chantres, est que ceux-ci n'étoient ni logés ni nourris au collége. Le premier de ces chantres avoit 700 f. d'appointemens ; les autres 600 f., et l'organiste 150 f.

(3) Bien avant l'établissement de l'école militaire à la Flèche, le luxe de cette église fut porté si loin, que madame de Maintenon y envoya une brodeuse de la cour, pour conduire différens ouvrages de broderie en bosses, tant en soie, qu'en or et argent.

V 4

fête solennelle consacrée à la mémoire de Henri IV; et cette fête se célébroit avec le luxe et l'appareil des métropoles.

C E régime royal dura jusque vers la fin de 1775, époque à laquelle les élèves de l'école militaire de la Flèche furent disséminés, par bandes de cinquante, dans six différens colléges qu'on avoit destinés à leur éducation.

Ainsi fut renversé un établissement fondé sur des bases qui paroissoient être à l'abri de la destruction; mais l'envie de se distinguer par des projets nouveaux, fut, dans tous les temps, la manie des ministres françois. Le comte de St.-Germain, jaloux de surpasser ses prédécesseurs, fit de grandes réformes et de grandes bévues. Il attaqua le collége de la Flèche; et une seule idée de sa tête a suffi pour l'anéantir.

On prétend même qu'un motif moins généreux que l'économie dans les finances de l'état, entra pour beaucoup dans son projet de suppression. On nous a assuré que la destruction de l'école militaire de la Flèche fut l'ouvrage de la cabale et d'une trame ourdie par madame de ***, qui, pour faire pièce à l'évêque d'Angers, fit entrer le ministre dans son ressentiment.

PROFESSEURS

DE L'ÉCOLE ROYALE MILITAIRE DE LA FLÈCHE,

d'un mérite prononcé.

COSSON, professeur de rhétorique, est connu dans la littérature, par l'éloge du chevalier Bayard, que l'académie de Dijon a couronné. Cet ouvrage, outre les honneurs de l'impression, mérita à l'auteur un témoignage de considération de la part des officiers municipaux de Mézières. Cette ville acquitta sa reconnoissance envers Cosson, en lui envoyant une tabatière d'argent armoriée de son écusson.

MASSÉ, professeur de philosophie.
De tous les gens de lettres rassemblés à la Flèche, Massé passa pour un des plus célèbres. La beauté de ses expressions, la vivacité de son esprit, l'étendue et la variété de ses connoissances, en ont fait un savant d'un grand mérite.

On a de ce professeur des discours, des sermons, et quelques petites pièces de vers agréables et légères.

JACQUEMART, sous-principal, né à Vaucouleurs, en 1741.
Ce savant s'est distingué dans la carrière des lettres, autant par les avantages de l'esprit et les richesses de son imagination, que par la justesse de son raisonnement.

Appelé à l'assemblée constituante, il y brilla et par ses vertus et par ses connoissances ; et s'il n'eut pas l'honneur de présider l'assemblée , il eut au moins celui de siéger au bureau, en qualité de secrétaire.

Obligé de céder à l'orage, l'abbé Jacquemart se retira en Allemagne, où il composa une feuille périodique, qu'il rendit intéressante par des réflexions judicieuses. Sa mort suivit de près son exil ; et l'on perdit en lui un ami des bonnes mœurs et un zélé partisan des belles - lettres.

PORION, docteur en théologie et professeur de philosophie, né à Amiens, en 1744.

C'étoit en employant les armes de la raison, qu'il développoit à ses élèves les principes de la morale.

Nommé à l'évêché d'Arras, il fut un des évêques constitutionnels qui eut le bon esprit de prêcher l'obéissance aux lois, et de donner l'exemple des bonnes mœurs, par l'intégrité de sa conduite.

On a de cet homme estimable un poème latin, sur le mariage de Louis XVI, alors dauphin, dans lequel on trouve des idées ingénieuses et des images agréables.

PECHMÉJA, (Jean de) professeur de rhétorique, né à Villefranche, en 1741 , mort en 1785.

A vingt ans, ce jeune élève des sciences fut appelé au collége de la Flèche, pour enseigner la rhétorique qu'il professa avec l'approbation générale.

En 1773, l'académie françoise ayant proposé l'éloge du grand Colbert, Pechméja entra en lice; et s'il n'obtint pas la palme, il eut au moins le second *accessit*.

Mais l'ouvrage qui lui a particulièrement mérité un rang parmi les littérateurs de son siècle, est un poème en prose, divisé en douze livres, intitulé Télèphe, et dont les journaux ont fait dans le temps le plus grand éloge.

DUMAS, professeur et membre de l'académie des sciences, arts et belles-lettres de Châlons-sur-Marne, né à Issoudun.

Familier avec les trésors de l'antiquité, Dumas a su les multiplier, en traduisant en françois le Livre de Xénophon, connu sous le titre de l'Economique; traduction savamment conçue, et que le public a accueillie, en applaudissant au goût et aux connoissance de l'auteur.

La plupart des professeurs dont nous venons de parler, étoient agrégés à l'université de Paris; et cette agrégation ne s'accordoit qu'après avoir subi un grand nombre d'examens.

HOMMES DISTINGUÉS,

Sortis de l'école militaire de la Flèche.

Si les jésuites du collége de la Flèche ont eu le talent de procurer aux sciences et aux belles-lettres des élèves qui les ont cultivées avec succès, les professeurs de l'école militaire du même collége ont aussi fourni à la littérature et aux armées de terre et de mer, des savans instruits, d'excellens navigateurs et des tacticiens habiles. Ceux qui ont montré de grands talens dans l'art militaire, sont :

RIDOUET DE SARCÉ, né à Metz.

Dès son entrée dans l'arme du génie militaire, ce jeune élève montra les plus heureuses dispositions, tant pour l'attaque que pour la défense des places; il excella surtout dans les fortifications. Emule de Vauban, son ambition fut d'égaler son maître ; et peut-être se fût-il élevé à sa hauteur, s'il eût vécu plus long-temps. Il mourut dans un âge peu avancé, avec la réputation d'un des meilleurs officiers du génie militaire.

RIOM-MONTALEMBERT.

Nommé officier de marine, il sentit de bonne heure la nécessité d'en remplir les

fonctions avec honneur. Tous ceux qui pouvoient l'instruire étoient ceux qu'il fréquen-
toit de préférence. Il jouissoit en s'éclairant.
L'étude particulière qu'il fit des manœuvres,
lui assura un rang distingué parmi les plus habiles marins. Il vécut assez pour sa gloire,
mais trop peu pour la marine qu'il auroit
enrichie en la cultivant plus long-temps.

AUBERT - DU - PETITHOUARS , né à Saumur.

Il ne fut pas plutôt reçu dans la marine
royale, qu'il se distingua par l'assiduité à
l'étude. Fidèle à ses devoirs, il les aimoit
par goût et n'y manqua jamais.

Bientôt son habileté dans l'art de la navigation, lui valut la confiance du gouvernement.

Ce fut lui que le roi nomma pour faire la
recherche de l'infortuné la Peyrouse. Chargé
de cette mission honorable, Aubert - du-
Petithouars parcourut toutes les mers du
Sund , avec l'espérance d'y retrouver son
ami; mais ce fut en vain qu'il espéra ; son
voyage fut infructueux.

Le même navigateur fut aussi de l'expédition d'Egypte , et il périt à la bataille d'A-
boukir.

DUPONT - D'AUBÉVOIE, né à Baugé.

Ami des sciences et jaloux d'acquérir de
la gloire, Dupont , en sortant de l'école
militaire, demanda à servir la cause de la
liberté; il passa en Amérique, et devint un

des aides de camp du général Rochambeau. Il se signala dans toutes les affaires où il se trouva, et partout il développa les plus grands talens militaires.

BOISGELIN. (L'abbé de)

Dès son entrée à l'école militaire de la Flèche, l'abbé de Boisgelin justifia les hautes espérances qu'on avoit conçues de ses heureuses dispositions à l'étude. Une conception vaste, une imagination brillante et un jugement profond lui ont valu un rang distingué dans la république des lettres, et ensuite la place d'agent général du clergé de France, où l'abbé de Boisgelin développa, non-seulement de grands talens, mais encore une grande érudition.

Sa conduite toujours modérée, ses principes établis sur la charité chrétienne, et sa soumission aux décrets du saint Père, lui ont justement mérité les bienfaits du premier Consul, qui l'a nommé à l'archevêché de Tours.

HEDOUVILLE, général divisionnaire, né en 1743.

A peine ce jeune élève de Mars eut-il passé quelques mois à l'école militaire de la Flèche, qu'il prouva à ses maîtres combien il étoit digne des soins qu'on prenoit de son éducation. Sa principale étude fut celle de l'homme et des gouvernemens ; étude digne d'occuper et de fixer la méditation du sage.

Là guerre de la Vendée, commencée en 1793, lui procura l'occasion de se distinguer d'une manière grande et généreuse. Choisi pour pacifier les départemens de l'Ouest, il fut assez heureux pour réussir. Mais cette paix, si avantageuse à la tranquillité publique, ne dura qu'un moment. Bientôt la guerre se ralluma avec plus de force que jamais. La somme des maux croissoit de jour en jour.

Il falloit un sage, aimé de Dieu et des hommes, pour rétablir l'ordre; et le général Hedouville fut ce sage choisi pour offrir les palmes de la paix aux partisans du royalisme. Ses discours éloquens et sages, sa contenance fière et noble, surent enfin rallier les partis ennemis.

Au talent de pacificateur, Hedouville joint la science de bien asseoir son jugement. Négociateur judicieux et vrai, il arrive au but, non en se couvrant du masque de la dissimulation, mais en agissant avec loyauté. Fidèle aux devoirs de l'honneur, s'il engage sa parole, il n'y manque jamais. Mu par les sentimens de la justice, il prête un appui honorable à l'humanité, et son bonheur est dans celui du peuple.

HÉRAL. (Alexis - Joseph)

Dans le nombre des élèves de l'école militaire de la Flèche, qui ont figuré sur le Parnasse françois, on compte Joseph Héral. Très-jeune encore, il se saisit de la lyre d'Apollon; et le premier usage qu'il en fit, fut de célébrer les bienfaits que les sciences procurent aux hommes, en agrandissant leur demeure par les lumières de l'enseignement. Cette ode, composée pour l'ouverture d'une thèse générale de philosophie, est remplie d'enthousiasme et d'idées sublimes.

QUATRIÈME ÉPOQUE.

INSTALLATION

De la congrégation de la doctrine chrétienne au collége de la Flèche.

L'ÉCOLE royale militaire de la Flèche, abolie après quelques années d'existence, laissoit à désirer un établissement qui pût l'égaler en mérite. Enfin, des lettres-patentes données à Versailles le 20 mai 1776, vinrent élever sur ses ruines un nouveau régime qui fut confié aux soins de la congrégation de la doctrine chrétienne, aux conditions suivantes :

La congrégation se soumit et s'engagea :

1.° A entretenir au collége de la Flèche, un principal, un préfet d'études, des régens pour les classes secondaires, des professeurs de rhétorique et des maîtres nécessaires pour la conduite des pensionnaires.

2.° A payer des maîtres d'allemand, d'anglois, d'italien, ainsi que des maîtres de de mathématiques , de dessin , de danse , de musique et d'escrime.

3.º De faire faire tous les ans un cours de physique expérimentale , et de faire donner des leçons de droit naturel et de droit public , soit par des doctrinaires ou des maîtres étrangers.

4.º D'entretenir un pensionnat , non-seulement pour les élèves gentilshommes envoyés par le roi , mais pour les enfans des autres citoyens , de quelque classe qu'ils fussent , en payant 700 fr. de pension.

5.º D'établir ledit pensionnat à l'instar de celui de l'école militaire , et d'après les mêmes réglemens.

6.º De nourrir, entretenir , enseigner et loger les pensionnaires pour la somme de 700 fr.

7.º D'enseigner aux externes, et gratuitement, le françois , le latin et le grec , dans les classes communes du collége.

8.º D'en desservir la chapelle , et d'en acquitter les fondations.

9.º De se charger de la régie et administration des biens du collége , sans en prétendre aucunement la propriété , non plus que des bâtimens.

10.º D'entretenir lesdits bâtimens , aux frais de la congrégation , en bons et fidèles administrateurs ; d'en acquitter les charges locales et autres.

11.º De recevoir un plus grand nombre de gentilshommes envoyés par le roi , à mesure que les pensions accordées aux jésuites viendroient à s'éteindre.

X.

12.º De ne faire aucune coupe de bois extraordinaire, et de n'entreprendre aucune
construction nouvelle, que du consentement
du ministre de la guerre.

Ces conditions proposées et soumissionnées
par la congrégation de la doctrine chrétienne,
ayant été approuvées et acceptées par le roi,
sa majesté lui fit délivrer les lettres-patentes
du 20 mai 1776, dont le préambule est conçu
en ces termes :

« Louis, etc. Après nous être occupé des
moyens de perfectionner l'éducation et l'instruction des jeunes gentilshommes qui se
destinent à la profession des armes, il ne
nous reste plus qu'à faire connoître nos intentions sur ceux qui se trouvent appelés à
l'état ecclésiastique, ou aux fonctions de la
magistrature... C'est principalement en leur
faveur, que, par l'art. VIII de notre déclaration du 1.er février 1776, nous nous sommes
réservé de nous expliquer sur l'ancienne
fondation du collége royal de la Flèche. Ce
monument respectable de la bienfaisance de
Henri IV, de glorieuse mémoire, nous a
paru d'autant plus propre à remplir nos
vues, qu'il a été destiné par son auguste fondateur, à l'éducation gratuite de la pauvre
noblesse, et qu'en affectant les places que
nous nous proposons d'y établir, aux enfans de tous les gentilshommes de notre
royaume,... nous donnerons une nouvelle
preuve de notre affection aux différentes
classes dont notre noblesse est composée.
Nous aurions désiré pouvoir laisser le collége

sous l'administration qui y avoit été établie en 1764; mais après nous être fait rendre compte de l'état des biens et de ses charges, nous avons reconnu que, malgré les grandes libéralités des rois nos prédécesseurs, le revenu dont il jouit ne seroit pas suffisant pour l'entretien de cent gentilshommes, conformément aux vœux d'Henri IV, si nous ne prenions les mesures capables de simplifier et d'en diminuer les dépenses. C'est par ces considérations que nous avons favorablement reçu la proposition qui nous a été faite par la congrégation de la doctrine chrétienne, de se charger de l'administration dudit collége; d'y entretenir, dès aujourd'hui, cinquante gentilshommes, et d'en augmenter le nombre jusqu'à cent, à proportion de la diminution des charges et de l'amélioration des revenus.... Mais comme, au moyen de ce nouvel établissement, l'affiliation de notredit collége à l'université de Paris, ne peut avoir lieu, ... nous nous sommes déterminé à l'affilier à notre université d'Angers (1).

» Notredit collége de la Flèche se trouvant situé dans l'étendue de l'apanage de notre très-cher frère Louis-Stanislas-Xavier, nous nous sommes porté avec plaisir à lui donner une nouvelle marque de notre tendresse, en lui accordant, dès aujourd'hui, la présentation de douze des gentilshommes

______

(1) Au moyen de cette affiliation, ceux des élèves ou écoliers qui avoient fait leur cours de philosophie ou de théologie au collége de la Flèche, pouvoient se présenter aux examens de l'université d'Angers, et y obtenir les degrés de maître ès-arts, ceux de bachelier et licencié en théologie.

qui seront élevés audit collége. A ces causes, etc. »

Dès que les pères de la congrégation de
la doctrine chrétienne eurent pris possession
du collége de la Flèche, la sagesse de leur
administration ne tarda pas à les faire connoître de la manière la plus avantageuse.
Même avant la fin de la première année de
leur installation, ils surent s'attirer l'estime
générale de la nation françoise, et la confiance des pères de famille.

Tout prospéroit entre leurs mains savantes. Le pensionnat fut rempli d'une jeunesse
brûlante du désir de s'instruire ; et les externes, non moins jaloux d'acquérir des
connoissances, tâchoient d'égaler les élèves
par l'application à l'étude. On y voyoit aussi
des maîtres stimuler l'émulation par leurs
soins assidus.

Tel étoit l'état florissant de l'enseignement
au collége de la Flèche, lorsque la révolution
parut. Alors les biens étant vendus, les élèves
et les professeurs, abandonnés du gouvernement, furent forcés de retourner dans le
sein de leur famille.

A cet abandon général vinrent se joindre
d'autres maux. Une guerre intestine et malheureuse détermina les autorités constituées
à établir au collége un hôpital militaire.

Nous allons donner des notices sur les
professeurs de la congrégation de la doctrine
chrétienne, qui ont brillé à la Flèche, dans
l'enseignement des belles-lettres.

MEMBRES DISTINGUÉS

De la congrégation de la doctrine chrétienne
du collége de la Flèche.

En prenant possession du collége de la
Flèche, les pères de la doctrine chrétienne,
jaloux d'égaler en mérites les grands maîtres
de l'ex-école militaire, envoyèrent à la
Flèche des sujets d'élite, qui ont parfaitement justifié le choix que le public attendoit de leurs talens. Les plus distingués
de ces instituteurs sont :

CORBIN, (Le père) supérieur et principal.

Cet homme, estimable par ses lumières et
par ses vertus, s'est distingué, dans la république des lettres, par un ouvrage élémentaire sur l'éducation de la jeunesse : livre
savamment écrit, profondément raisonné,
et qu'un grand nombre d'instituteurs se sont
hâté de se procurer.

Les succès soutenus que cet ouvrage eut
dans l'éducation des élèves du collége, méritèrent au père Corbin la place de précepteur
du premier dauphin, fils de Louis XVI;
place que ce savant occupa jusqu'à la mort
de ce jeune prince.

VILLARS, supérieur et principal.

X 3

Arrivant au collége, l'estime et la considération dues au vrai talent, y suivirent le
père Villars. Aucun professeur ne posséda
comme lui l'art de développer les dispositions
de la jeunesse. Son mérite le porta de là à
l'évêché de Laval, ensuite au corps législatif,
puis à l'institut national. Partout grand et
vertueux, Villars honora les fonctions d'é-
vêque, de législateur et de philosophe, par
la variété de ses connoissances, la pureté de
ses mœurs et la bonté de son ame. Aujour-
d'hui, honoré de la confiance et de l'estime
du premier consul, il est un des commissaires nommés pour la nouvelle instruction
publique.

FERLUS, professeur de 4.ᵉ, est aujour-
d'hui un littérateur très-distingué.

MÉSANGÈRE, professeur.
C'est au collége de la Flèche que Mésangère puisa d'abord, comme élève, les connoissances qui depuis lui ont valu la réputation d'homme de lettres.

Nous lui devons, entre plusieurs ouvrages
de littérature, la première géographie dépar-
tementale qui ait paru en France : ouvrage
où le goût est joint à l'érudition, et l'instruction aux grandes vérités de l'histoire.

LABAN, professeur de rhétorique.
Deux années employées à la Flèche, à
donner d'excellentes leçons d'éloquence aux
élèves du collége, ont valu à Laban la
réputation d'instituteur éclairé et de savant

instruit. L'enseignement qu'il donna à la jeunesse avoit deux buts également sages, également utiles ; ceux d'inspirer l'amour du bien et l'horreur du vice. Dans tout, il vouloit qu'on se guidât par les lumières de l'étude, et qu'on puisât le bonheur dans l'instruction.

SÉQUELAS, professeur d'éloquence.

Nourri dans l'étude des langues grecque, latine et françoise, Séquelas en sentit vivement les beautés ; et ce fut en se pénétrant de leurs charmes, qu'il devint orateur et poète. Autant il excella dans l'art oratoire, autant il se distingua dans la poésie, par des pièces fugitives très-agréables, et en particulier, par son discours en vers, sur la liberté de la presse, imprimé en 1790.

ÉLÈVES

Sortis de l'école des pères de la doctrine chrétienne du collége de la Flèche.

Le peu de renseignemens qu'on a pu nous donner sur les savans formés à l'école des pères de la doctrine chrétienne de la Flèche, nous a forcé de restreindre cet article à des bornes peu étendues. Nous savons cependant que les deux frères Chappes sont sortis de cette école, et que c'est à la Flèche qu'ils ont inventé et fait le premier essai du télégraphe. Le projet étoit conçu ; mais il falloit s'assurer si les moyens d'exécution répondroient aux grandes vues des inventeurs. Chappes, l'aîné, se chargea de transmettre les signaux, et le cadet de les interpréter d'après les données convenues entre eux.

L'un alla se placer au sommet d'une montagne élevée, et l'autre sur une montagne éloignée de plusieurs kilomètres de la première. L'essai fini, on se rapprocha. Le cadet communiqua sa traduction ; elle se trouva conforme aux signaux : dès-lors les deux frères virent la possibilité de la réussite. Bientôt après, un télégraphe fut établi de Paris à Lille, en Flandres ; et bientôt sa grande utilité en fit multiplier le nombre.

Aujourd'hui Paris communique avec Lille, Dunkerque, Strasbourg, Brest, sans employer aucun courrier ; et, dans l'espace de deux à trois heures, la dépêche est transmise à plus de cent lieues.

CINQUIÈME ÉPOQUE.

MAISON D'ÉDUCATION,

Établie au collége de la Flèche.

C'EN étoit fait du collége de la Flèche, si, après la cession des hostilités, deux anciens professeurs du collége de la Flèche et membres de la doctrine chrétienne, n'eussent tourné leurs regards affligés sur cette maison jadis si florissante, mais alors dans l'état le plus déplorable. Désirant la rappeler à sa vraie destination, ils formèrent le louable projet d'élever sur ses ruines un établissement nouveau, digne de marcher de front avec les écoles centrales.

MM. Meyer et Maurin, secondés par les administrations municipale et centrale, et par la majorité des citoyens de la Flèche, autorisés par le gouvernement, prirent possession du collége de la Flèche, le 17 floréal an 5 de l'ère françoise.

Leur premier soin fut de rétablir tout ce qui avoit été dégradé, détourné et détruit. L'administration municipale les aida beaucoup, et leur fournit les moyens de réintégrer dans le pensionnat une grande quantité de meubles à l'usage des élèves.

De leur côté, les instituteurs s'engagèrent

à donner une instruction gratuite à tous ceux des enfans de la Flèche et autres jeunes gens, qui se présenteroient pour fréquenter les cours classiques.

Ils appelèrent en conséquence plusieurs anciens professeurs d'un mérite distingué, et des maîtres dans tous les genres d'étude, pour les aider dans l'enseignement de la jeunesse.

EXERCICE PUBLIC

Des écoliers du collége de la Flèche ,

An 9 de l'ère françoise.

Ce pensionnat étant du petit nombre de ceux qu'il importe de faire connoître, nous allons placer ici l'analyse des exercices publics de l'an 9; et cette notice suffira pour donner une idée du mode d'enseignement suivi dans ce pensionnat.

Dès le 30 fructidor, les élèves du pensionnat et les écoliers externes, interrogés sur toutes les parties des sciences, ont mis en évidence la mesure de leurs progrès. Tous ont répondu avec sagacité et précision.

Non loin d'eux étoient exposés aux yeux du public, des pièces d'écriture, de dessin, d'architecture; et toutes ces pièces ont reçu un juste tribut d'éloges. On a surtout admiré un paysage, une tête du premier consul , et deux morceaux d'une rare perfection.

On a vu avec le même plaisir, aux trois séances du soir, les élèves de la musique exécuter avec goût plusieurs symphonies et concertos de violons, de flûtes, de clarinettes, etc. On a vu aussi, avec satisfaction, les élèves, rompus dans l'art de la danse et de l'escrime, rivaliser avec l'adresse et les grâces. On a de même applaudi aux talens de l'art dramatique de ceux qui ont joué dans les pièces morales, dont la représentation a eu lieu le 3o fructidor et les jours suivans.

L'assemblée, composée d'un grand nombre de parens, d'une foule d'étrangers, et de la plupart des habitans de la Flèche, étoit encore embellie par la présence de trois préfets, de celle du général commandant la 22.e division militaire, des autorités civiles; en un mot, tout s'étoit réuni pour contribuer à l'illustration de cette fête. Les professeurs en ont relevé l'éclat par des discours en prose et des pièces de vers qui ont été vivement applaudis.

A la séance du soir, 3o fructidor, M. Malmouche, un des professeurs de littérature latine, a prononcé un discours sur la dignité de l'homme de lettres, dont il soutient si bien le caractère.

Le premier jour complémentaire, M. Bardet, l'un des professeurs de littérature françoise, a lu une épître adressée aux enfans d'Apollon.

Le même jour, M. Burget, l'un des

préfets d'études , a , dans un discours sur les avantages de l'éducation publique , parfaitement prouvé le but et l'utilité de cette éducation.

Le dernier jour des exercices , plusieurs élèves de rhétorique firent part au public de petits ouvrages qu'ils avoient composés , soit en prose , soit en vers. Le public les entendit avec intérêt.

M. de la Roche, l'un des professeurs de rhétorique , lut une pièce de vers sur les Siècles , qui excita l'enthousiasme général.

Contraint de nous arrêter à l'analyse , nous ne citerons de ce bel ouvrage que le parallèle de Henri IV et de Bonaparte. L'auteur s'adresse aux élèves du collége et leur dit :

> Élèves des beaux-arts , jeunes plantes , croissez
> Dans cet asile heureux que vous embellissez.
> Quels modèles sacrés vous offre son histoire !
> Là, Descartes , naissant , préludoit à sa gloire.
> Henri fondá ce temple ; et ce temple attendri
> Rappelle encor le nom , le doux nom de Henri.
> Il aimoit ce beau lieu, et sa cendre y repose.
> Votre reconnoissance est son apothéose,
> Et vos larmes d'amour ont coulé sur son sort.
> Consolez-vous pourtant; son grand cœur vit encor;
> Il vit dans un héros, comme lui votre père,
> Le sauveur des françois et l'amour de la terre ;
> Plus grand par ses exploits et par la liberté,
> Il le passe en fortune et l'égale en bonté ;
> Par lui renaît enfin à ses pompes antiques
> Ce lieu plein de grands hommes et d'ombres héroïques :
> Aux mânes d'un grand homme un grand homme a souri ;
> Et pour nous Bonaparte est un autre Henri.

A la suite de la lecture des Siècles, M. Maurin, l'un des deux directeurs du pensionnat du collége, a pris la parole, s'est adressé aux élèves, et leur a fait l'éloge de l'estime publique, si propre à élever l'ame aux actions héroïques.

« C'est l'amour de l'estime publique, a-
» t-il dit, qui inspiroit ces grands hommes
» dont l'histoire ne nous parle qu'avec l'en-
» thousiasme de l'admiration et de l'étonne-
» ment ; c'est lui qui fait naître les élans du
» génie et les plaisirs les plus purs ; mais
» aussi il exige les plus grands sacrifices.
» Cet amour a pour compagne inséparable
» la vertu, sans laquelle on n'obtient du
» public que le mépris et souvent l'indigna-
» tion, etc. »

Le citoyen Auvrai, préfet de la Sarthe, a terminé la séance par un discours touchant, dans lequel il appelle l'attention des élèves sur les avantages inappréciables de l'instruction.

« Oui, mes amis, s'est écrié ce brave ci-
» toyen, ces magistrats vertueux, élevés
» au premier rang par leur seul mérite ; ces
» guerriers magnanimes, sur la tête desquels
» brille la couronne éclatante de la victoire ;
» ces citoyens qui se sont réunis dans cette
» enceinte, pour être les témoins de votre
» triomphe, conserveront le souvenir de ceux
» d'entre vous qui auront été proclamés vain-
» queurs. C'est de ce jour célèbre que da-
» tera désormais leur inscription dans

» l'opinion publique. C'est pour toujours qu'ils
» seront recommandables aux yeux de leurs
» concitoyens, ... surtout s'ils savent, par
» une application suivie, se rendre dignes
» d'obtenir de nouveaux succès, etc. etc. »

F I N.

TABLE
DES MATIÈRES
Contenues dans cet Ouvrage.

Y

TABLE.

Fin de la Table.

E R R A T A.

PAGE 100, première ligne ; Charles : *lisez*, Charles Ier.

Même page ; transmis : *lisez*, transmises.

Page 101, septième ligne de la note ; de Châteauneuf : *lisez*, du château neuf.

Même page, seizième ligne ; François : *lisez*, Françoise.

Même page, vingt-quatrième ligne ; Mathurin : *lisez*, Matthieu.

Même page, dernière ligne ; laissa postérité : *lisez*, fille du juge de Baugé.

Page 103 ; religieux et hospitaliers · *lisez*, religieuses et hospitalières.

Page 111 ; Chambry : *lisez*, Chaubry.

Même page ; au château du Pin : *lisez*, à la cour des Pins.

BIBLIOTHÈQUE ROYALE

www.ingramcontent.com/pod-product-compliance
Lightning Source LLC
Chambersburg PA
CBHW061428060726
47597CB00002B/252